Amplie suas oportunidades profissionais, tenha mais liberdade e reconecte-se com a medicina

MUITO ALÉM DOS PLANTÕES E CONVÊNIOS

Um guia para empreender, inovar e prosperar na carreira médica

Carlos Eurico Pereira
Médico, empreendedor, investidor em healthtechs e mentor em carreira e negócios em saúde.

Rio de Janeiro, 2021

Muito Além dos Plantões e Convênios
Copyright © 2021 da Starlin Alta Editora e Consultoria Eireli. ISBN: 978-65-5520-248-9

Todos os direitos estão reservados e protegidos por Lei. Nenhuma parte deste livro, sem autorização prévia por escrito da editora, poderá ser reproduzida ou transmitida. A violação dos Direitos Autorais é crime estabelecido na Lei nº 9.610/98 e com punição de acordo com o artigo 184 do Código Penal.

A editora não se responsabiliza pelo conteúdo da obra, formulada exclusivamente pelo(s) autor(es).

Marcas Registradas: Todos os termos mencionados e reconhecidos como Marca Registrada e/ou Comercial são de responsabilidade de seus proprietários. A editora informa não estar associada a nenhum produto e/ou fornecedor apresentado no livro.

Impresso no Brasil — 1ª Edição, 2021 — Edição revisada conforme o Acordo Ortográfico da Língua Portuguesa de 2009.

Produção Editorial Editora Alta Books **Gerência Editorial** Anderson Vieira **Gerência Comercial** Daniele Fonseca	**Produtor Editorial** Illysabelle Trajano Thiê Alves **Assistente Editorial** Rodrigo Ramos	**Equipe de Marketing** Livia Carvalho Gabriela Carvalho marketing@altabooks.com.br **Coordenação de Eventos** Viviane Paiva comercial@altabooks.com.br	**Editor de Aquisição** José Rugeri j.rugeri@altabooks.com.br
Equipe Editorial Ian Verçosa Luana Goulart Maria de Lourdes Borges Raquel Porto Thales Silva	**Equipe de Design** Larissa Lima Marcelli Ferreira Paulo Gomes	**Equipe Comercial** Daiana Costa Daniel Leal Kaique Luiz Tairone Oliveira	
Revisão Gramatical Alessandro Thomé Antonio Rudolf	**Capa** Marcelli Ferreira	**Diagramação** Catia Soderi	

Publique seu livro com a Alta Books. Para mais informações envie um e-mail para autoria@altabooks.com.br

Obra disponível para venda corporativa e/ou personalizada. Para mais informações, fale com projetos@altabooks.com.br

---

Erratas e arquivos de apoio: No site da editora relatamos, com a devida correção, qualquer erro encontrado em nossos livros, bem como disponibilizamos arquivos de apoio se aplicáveis à obra em questão.

Acesse o site **www.altabooks.com.br** e procure pelo título do livro desejado para ter acesso às erratas, aos arquivos de apoio e/ou a outros conteúdos aplicáveis à obra.

Suporte Técnico: A obra é comercializada na forma em que está, sem direito a suporte técnico ou orientação pessoal/exclusiva ao leitor.

A editora não se responsabiliza pela manutenção, atualização e idioma dos sites referidos pelos autores nesta obra.

Ouvidoria: ouvidoria@altabooks.com.br

Dados Internacionais de Catalogação na Publicação (CIP) de acordo com ISBD

P455m   Perreira, Carlos Eurico

           Muito Além dos Plantões e Convênios: um guia para empreender, inovar e prosperar na carreira médica / Carlos Eurico Perreira. - Rio de Janeiro : Alta Books, 2021.
           288 p. ; 16cm x 23cm.

           ISBN: 978-65-5520-248-9

           1. Medicina. 2. Carreira médica. I. Título.

2021-699   CDD 610
                                              CDU 61

Elaborado por Vagner Rodolfo da Silva - CRB-8/9410

Rua Viúva Cláudio, 291 — Bairro Industrial do Jacaré
CEP: 20.970-031 — Rio de Janeiro (RJ)
Tels.: (21) 3278-8069 / 3278-8419
www.altabooks.com.br — altabooks@altabooks.com.br
www.facebook.com/altabooks — www.instagram.com/altabooks

SUMÁRIO

Dedicatória 5
Agradecimentos 7
Apresentação de Cristiano Englert 9
Prefácio de Maurício Benvenutti 11
Introdução 15

PARTE 1 — CONTEXTO ATUAL DA CARREIRA MÉDICA, MITOS E A IMPORTÂNCIA DO MINDSET EMPREENDEDOR

Capítulo 1 – O que é ser um médico nos dias de hoje e o que podemos aprender com os médicos do passado 21

Capítulo 2 – Mitos e crenças incorretas podem prejudicar o avanço da carreira médica 31

Capítulo 3 – A atitude empreendedora é o mais potente motor da carreira médica 41

PARTE 2 — COMO CUIDAR DE SUA TRAJETÓRIA PROFISSIONAL DESDE A GRADUAÇÃO

Capítulo 4 – Empreender é uma lição a ser vista desde os anos de graduação 51

Capítulo 5 – Os anos na residência são fundamentais para uma carreira de sucesso 63

Capítulo 6 – A carreira profissional fora do consultório 73

Capítulo 7 – A quem devemos atender, ao paciente ou ao cliente? 87

Capítulo 8 – O que você quer para si daqui para frente? 97

4 Muito Além dos Plantões e Convênios

PARTE 3 — A CARREIRA DO MÉDICO COMO DONO DE CONSULTÓRIO

Capítulo 9 – Os primeiros passos para abrir o consultório 109

Capítulo 10 – Os principais erros dos recém-chegados na profissão........... 121

Capítulo 11 – Sociedade vale a pena? 133

Capítulo 12 – Como o seu consultório pode crescer ao longo do tempo.............. 143

PARTE 4 — OPORTUNIDADES E DESAFIOS DA MEDICINA DIGITAL PARA A CARREIRA MÉDICA

Capítulo 13 – Sem inovação, não há futuro 153

Capítulo 14 – O mindset do Vale do Silício irá transformar
os consultórios 161

Capítulo 15 – A inteligência artificial vai transformar toda a medicina 171

Capítulo 16 – Blockchain e a segurança de dados na Saúde..................... 181

Capítulo 17 – A telemedicina, o futuro da medicina, está
a um passo dos consultórios..191

Capítulo 18 – Manter o foco no negócio atual ou investir
em estratégias inovadoras?... 203

PARTE 5 — O QUE O MÉDICO PRECISA SABER PARA ADMINISTRAR BEM SUA CARREIRA E SEU NEGÓCIO

Capítulo 19 – O que o médico precisa saber sobre comunicação
e marketing.. 215

Capítulo 20 – O que o médico precisa saber sobre negociação e vendas ... 227

Capítulo 21 – O que o médico precisa saber sobre finanças........................... 239

Capítulo 22 – O que o médico precisa saber sobre gestão de pessoas..........251

Capítulo 23 – O que o médico precisa saber sobre liderança.......................261

Capítulo 24 – A importância da boa gestão do tempo
para o bem-estar pessoal e profissional do médico................................. 271

Conclusão **281**

Índice **285**

DEDICATÓRIA

A meus filhos Enzo e Caio,
para que tenham uma vida significativa.

AGRADECIMENTOS

Em memória do meu avô.

Acredito que uma das principais qualidades em um ser humano é a gratidão. Por esse motivo, tenho sempre muito a agradecer, e quero aqui expressar minha gratidão a pessoas especiais, que marcaram e marcam minha existência.

Às mulheres da minha vida: a grande responsável pela pessoa que sou, minha mãe, Arlete Viana Machado da Luz, mulher de pulso forte, que sempre me estimulou a correr atrás do que eu desejava. À minha parceira, outra mulher fundamental na minha jornada, minha companheira de existência, aquela que escolhi para estar ao meu lado, minha esposa, Luciane Bernardi Pereira. Um homem só consegue fazer grandes realizações se tiver uma grande mulher a seu lado.

Ao meu falecido pai, Joaquim Nucci Pereira, pelos valores que conseguiu me transmitir na minha infância e adolescência, antes de adoecer, em especial a persistência e a honestidade, que sempre permearam meus passos. Aqui está, velho: plantei várias árvores contigo, tive filhos e agora escrevi um livro!

Aos meus irmãos, José Loutar e João Guilherme, meus melhores amigos para a vida inteira. Às minhas cunhadas e aos meus queridos sobrinhos, que tornam esses dois caras ainda melhores.

Ao esteio de minha família materna, e o responsável por me proporcionar cursar Medicina, meu querido avô, Eurico Machado da Luz, de quem, com muito orgulho, herdei meu segundo nome.

À memória do meu sogro, Hugo Cledi Bernardi, exemplo de integridade e bondade, que, junto de minha sogra, Ema Kucera Bernardi, me receberam como filho no seio de sua família.

À minha cunhada Mírian Kucera Bernardi (in memorian), grande amiga, exemplo para todos nós de garra e amor à vida, e aos seus filhos, igualmente guerreiros, Pedro e Júlia, que muito sofreram quando pequenos nas mãos do Tio Cacá.

A todos os meus professores, mestres que me guiaram no caminho do saber. Em especial, àquela que me alfabetizou, professora Denise Barbosa. Aos meus mentores na pneumologia, Dr. José Welington e Dra. Roseane Marchiori, e à minha orientadora de mestrado, Dra. Claudia Ramos Rhoden.

Aos meus colegas de profissão, que, mais que médicos, são seres humanos que se doam para salvar vidas e que abrem mão de conforto, família, amigos e festas para se dedicar ao próximo.

Aos meus irmãos de quimono, com quem compartilhei uma grande parte de minha vida sobre o tatame, onde aprendi ensinamentos preciosos, tais como a obrigação do homem de devolver à sociedade e ao próximo tudo aquilo de bom que deles recebeu, algo que está entranhado em meu DNA.

Ao meu amigo, ser humano ímpar, o fisioterapeuta Daniel Cruz, que me tirou da zona de conforto e me levou para um curso de palestrantes, no qual tive meu primeiro momento de "virada de chave" para um mundo novo, digital, e que se move em alta velocidade.

À minha grande amiga, mentora de negócios, Roberta Souza, sem a qual eu não teria trilhado e persistido nesta minha transformação digital. Obrigado, também, a Victor Morais e à sua empresa, Verzu, pela competência na produção de meus vídeos. Tenha sua tribo e se apoie nela quando todo o mundo achar que você enlouqueceu.

Ao Maurício Benvenutti, escritor incansável e audaz, que saiu do interior do Rio Grande do Sul para desbravar o mundo do empreendedorismo e da inovação e, com um propósito imenso, junto com sua esposa, a querida Nathalia Benvenutti, me encantaram e mudaram minha vida para sempre.

A Startse, empresa que admiro, com a qual tenho um caso de amor e da qual sou fã incondicional. Obrigado pelo que vocês fazem pelo empreendedor brasileiro e pelo nosso país, por lutarem para transformarmos o Brasil. Gratidão a Júnior Borneli, Pedro Englert, Cristiano Kruel, Felipe Lamounier, Felipe Giannetti, Claudinha Backes, Eduardo Glitz, Luiz Neto, Luan Oliveira, Maria Fernanda e toda a equipe.

Aos meus parceiros, colegas, sócios e colaboradores na Clínica Respirare, que vão muito além de suas funções, por mim e pela nossa causa, que é ajudar as pessoas. Gratidão especial aos Dr. Rogério Hein, Dr. João Classen, Dr. Eduardo Hermes, Dra. Juliana Hein, Dr. Jeferson Gass, Dr. Ricardo Carvalho, Ernane, Rochele, Clair, Luisa, Morgana, Rodrigo e Alcenir.

A todos meus pacientes, que sempre acreditaram na minha competência profissional e me ensinaram sobre resiliência, luta, garra, amor e a ser mais humano e menos arrogante.

À Editora Alta Books, que acreditou no projeto deste autor estreante, e aos competentes amigos que tornaram este sonho possível, Eduardo Villela e Leonardo Mourão.

Ao Grande Arquiteto do Universo, que guia nossos passos e, por vezes, nos carrega no colo.

Ao privilégio de viver o mais mágico período da história da humanidade, de poder impactar a vida das pessoas. E, acima de tudo, a todo amor, amizade, reconhecimento, felicidade e gratidão que recebo. Às vezes questiono se mereço tantas dádivas do universo.

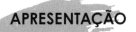
APRESENTAÇÃO

Todos esses momentos se perderão com o tempo, como lágrimas na chuva.
Philip K. Dyk — *Blade Runner*

Nesse clássico filme de 1982 que previa um futuro tecnológico, com replicantes, clones de seres humanos, mas com um tempo predeterminado de vida de apenas quatro anos, em uma das principais cenas, o próprio replicante salva a vida de seu principal algoz. Na Los Angeles fictícia de 2019, chuvosa e poluída, em um tempo em que humanoides convivem com seres humanos, Ridley Scott, o diretor, levanta questões filosóficas sobre como a máquina poderia um dia superar e também "sofrer" perante seu criador, o homem.

Muitos anos depois, já ultrapassada a data prevista no filme, nos deparamos, cada vez mais com novas tecnologias exponenciais, como inteligência artificial, impressoras 3D, realidade virtual, realidade aumentada, robótica, edições genéticas e sequenciamentos de genoma, que estão cada vez mais em nosso cotidiano, trazendo também anseios e mudanças em diversos setores.

O mercado da saúde, um dos maiores do mundo, também tem sofrido uma disrupção, palavra esta cada vez mais incorporada nos termos atuais, com aportes de mais de US$8,9 bilhões[1] no último ano para startups que trabalham na intersecção entre saúde e tecnologia, as famosas healthtechs, que, com seus produtos, se propagam a uma velocidade cada vez maior, como hemoglobinas carregando o oxigênio que fortalecerá o sistema. As grandes empresas de tecnologia, tais como Apple, Amazon e Google, também têm se posicionado fortemente nesse mercado, inclusive adquirindo startups e promovendo mudanças que podem levar a saúde a outro patamar no curto e longo prazo.

E onde o médico se encontra em toda essa revolução digital e mudanças de paradigmas? Esse é um dos principais temas abordados no livro do autor Carlos Eurico, médico pneumologista que "saiu da caixa" e se reinventou no meio de tantos desafios e oportunidades dentro desse mercado.

Adam Grant, psicólogo da Wharton Business School e autor renomado, nos diz que "Pessoas originais são aquelas que tomam a iniciativa de transformar sua visão em realidade".[2] Carlos Eurico é um exemplo de pessoa inquieta, inconformada e comprometida em construir um mundo melhor ao seu redor. Primeiro, inspirado por uma viagem ao Vale do Silício, ele realizou uma mudança interna e transformou

---

[1] Disponível em: <https://valor.globo.com/publicacoes/suplementos/noticia/2020/01>.

[2] GRANT, Adam. *Originais*: como os inconformistas mudam o mundo. Rio de Janeiro: Sextante, 2017.

sua carreira, abraçando o empreendedorismo, a inovação e as novas tecnologias na área da saúde. Em segundo lugar, ele escreveu este livro que agrega novos conceitos e práticas à vida do médico, tais como empreendedorismo, aprendizado contínuo, estabelecer conexões com diferentes profissões, nova relação médico-paciente, que são temas cada vez mais relevantes e necessários para a aplicabilidade de uma medicina moderna e mais humana. Carlos também conferiu especial atenção às novas tecnologias que estão mudando a saúde e explica como elas podem gerar muito valor na carreira dos médicos, além dos enormes benefícios para os clientes e sistemas de saúde.

Em particular, sobre a relação médico-paciente, hoje, mais do que nunca, a humanização e a experiência do cliente já nos mostram o quão importante é restabelecer uma nova relação na medicina, procurando cada vez mais encantar seu paciente, criar engajamento por meio de um novo marketing, novas plataformas digitais, mas nunca esquecendo o olho no olho, o toque e a busca de conhecimento em outras áreas, não apenas para diagnosticar e tratar melhor a doença, mas gerar saúde.

Porém, a grande carga horária de trabalho, demandas excessivas das mais variadas e, muitas vezes, o excesso de cobrança por parte de todo o sistema de saúde têm causado estresse nos médicos e despersonalização em seu atendimento. Carlos discute no livro tudo isso e nos revela as oportunidades que temos pela frente se estivermos abertos a repensar nossa relação com os clientes e a forma pela qual podemos estabelecer vínculo com eles.

Para nós, profissionais da saúde, este livro chega em um ótimo momento, justamente quando muitos de nós estamos repensando nossas carreiras e nos questionando sobre o que queremos para nosso futuro. Ele nos remete a um novo mundo, novas possibilidades, tais como o empreendedorismo, a gestão, o marketing e as novas ferramentas tecnológicas, que podem complementar e fazer parte da velha conhecida "maleta médica", possibilitando o surgimento de oportunidades pouco exploradas pelo meio médico atual. Essa inspiração e esse toque quase que revolucionário são apresentados como uma nova forma de pensar. É um livro para transformar nosso *mindset* e nos capacitar para essas mudanças.

A obra que você tem em mãos é o instrumento certo para te ajudar a dar novos rumos à sua carreira médica e a se reconectar com seu propósito profissional e de vida.

Cristiano Englert
é médico anestesiologista, investidor anjo, cofundador da Grow+ e mentor e *head* do centro de inovação HealthPlus.

PREFÁCIO

CARLOS EURICO,
um bom causador de problemas

Em um de seus artigos, Thomas Friedman, o premiadíssimo colunista do jornal *The New York Times*, resumiu, com a precisão de um braço robótico, a profundidade do impacto que o constante avanço da tecnologia vem provocando sobre a vida das pessoas. Nascido em 1953, Friedman escreveu mais ou menos o seguinte: "Para a nossa geração, tudo foi mais fácil; depois da faculdade, o que tínhamos de fazer era procurar um emprego. Já nossos filhos terão, eles mesmos, de inventar um emprego."

Não é um exagero do colunista. Vivemos, pais e filhos, em um período da história no qual processos, indústrias, segmentos, profissões e carreiras estão sendo desafiados por novas formas de trabalho, por inéditos modelos de gestão, por modelos de negócios até então nunca vistos. A humanidade, é verdade, já passou por outros ciclos de inovação: as máquinas a vapor, a eletricidade, a indústria petroquímica, a tecnologia da informação. Cada uma dessas viradas desestabilizou o status quo de sua época, destruiu e criou empresas e empregos. Mas nenhuma dessas transições históricas se deu com a velocidade com que as inovações vêm se apresentando atualmente.

Uma publicação recente da Deloitte Insights trouxe a informação de que a meia vida de uma competência nos dias de hoje é de cinco anos. Ou seja, as habilidades, aptidões e conhecimentos pelos quais investimos uma parte importante de nossa vida perdem, agora, metade de seu valor em cinco anos. Por outro lado, estamos vivendo cada vez mais tempo e em condições físicas muito melhores. Isso faz com que nos dias de hoje as carreiras se estendam por cinquenta, sessenta anos. Mas se nossas competências se tornam obsoletas em poucos anos, como fechar essa conta?

Assumindo a postura de aprender, desaprender e reaprender ao longo de toda a vida. Só quem for um *lifelong learner* conseguirá se adaptar e participar de forma ativa das aceleradas mudanças do presente e do futuro.

As inovações não estão afetando apenas as carreiras e a formação dos profissionais. As novas tecnologias desafiam indústrias inteiras a modernizar suas estruturas, revisitar seus modelos de negócios e a se desdobrar em criatividade para entregar bens que satisfaçam aos desejos crescentemente exigentes dos atuais consumidores. Inteligência artificial, impressoras 3D, internet 5G, drones, realidade aumentada, realidade virtual, sensores.... se todas essas tecnologias, tomadas de maneira isolada, já são vistas como desafios por muitos de nós, o que dirá daqui em diante, quando já estamos testemunhando o início do processo de combinação de quatro, cinco, seis, sete delas em um mesmo produto ou serviço. Tal convergência tecnológica confronta a maneira formal e tradicional que costumamos usar para resolver problemas e tomar decisões.

Esses terremotos tecnológicos sacodem todos os tipos de empregos, sejam eles qualificados ou não. Do lado dos próprios profissionais, quer aqueles que investiram muitos anos em sua qualificação ou os que se restringiram a uma formação básica, estes têm como única opção se reinventar. Devem fazer isso não apenas para se manter atualizados, mas também por terem, cada vez mais, diante de si a possibilidade de ter seu padrão de vida ameaçado, em um mercado que quer cada vez mais gente bem preparada.

Por tudo isso, é necessário que tenhamos posturas diferentes daquelas que foram adequadas para nossos pais. Uma das atitudes capazes de nos alinhar a este novo e veloz tempo é sermos desobedientes. Temos de desobedecer um pouco mais a normalidade das coisas. As grandes oportunidades, as inovações, os produtos e os serviços disruptivos não surgem do senso comum que permeia as organizações tradicionais. Elas nascem longe, nas fronteiras, nas bordas, nos limites dessas empresas comuns.

E quem são os responsáveis por essas quebras de paradigmas? Aquelas pessoas certinhas, que passaram toda a vida obedecendo a tudo o que lhes foi ordenado? Não, absolutamente não. Os responsáveis pelas ideias inovadoras que vêm transformando tão radicalmente nosso mundo, criando novas ocupações, abrindo espaços inéditos são aqueles que chamamos no Vale do Silício — onde moro há cinco anos — de *troublemakers*, causadores de problemas, em português. São pessoas de perfil inquieto, rebelde, questionador, desobediente. O Vale do Silício é cheio de gente assim, por isso é conhecido como Troublemakers' Land, a terra dos causadores de problemas. E é esse tipo que faz a grandeza do Vale, a maior usina geradora de inovações do planeta.

Carlos Eurico, o autor deste livro, entende a urgência de nos adaptarmos, superarmos e nos mantermos à frente dessa boa pressão tecnológica. Ele tem a mesma energia e o apetite por inovar que esses causadores de problemas. Eu o conheci lá, no Vale do Silício, quando ele participava de uma imersão nas empresas dali, com foco no setor de saúde. Estava ali guiado pela minha empresa, a StartSe, que promove essas imersões tecnológicas, das quais já participaram mais de 5 mil brasileiros. Aquela, da qual Carlos Eurico participava, era a primeira voltada para a saúde.

Foi uma honra e um prazer conhecer a magnífica figura desse médico competente e inovador, que me engrandece com seus conteúdos e faz com que eu me sinta mais inteligente em todas as oportunidades que temos de conversar. Na semana que passei em sua companhia no Vale, onde conhecemos as principais inovações que as empresas locais vêm produzindo para a área da saúde, me tornei alguém muito mais conhecedor desse segmento e mais conectado com o que o futuro prepara para a saúde, graças aos almoços, aos cafés e às conversas que mantive com esse meu amigo.

Pessoa extremamente antenada em relação ao futuro da prática médica, Carlos Eurico mergulhou no universo da saúde sem nenhum tipo de barreira e preconceito. Destemido, defende em público verdades que, muitas vezes, desafiam conceitos que muitas pessoas de sua área tratam como intocáveis.

Convido você, leitor, a percorrer, com olhos abertos e uma mente positiva, as páginas deste livro. Você será apresentado a um novo universo da medicina. Um universo que está em plena formação e, por isso, oferece diversos espaços abertos, que Carlos Eurico, um causador de bons problemas, lhe ensinará a explorar. Seja bem-vindo a essa nova dimensão.

Maurício Benvenutti
é empreendedor, sócio da StartSe e autor dos livros
Incansáveis e *Audaz*.

INTRODUÇÃO

AS MELHORES OPORTUNIDADES
da nossa história

Este é um livro otimista. Fala de boas coisas que vêm acontecendo e de outras possibilidades ainda melhores no universo da medicina.

Embora tenhamos o estranho hábito de ser críticos em relação ao que vivemos no presente, acreditando que o mundo do passado era melhor do que o atual, isso não é uma verdade. Um estudo[3] realizado pelo economista Max Roser, da Universidade de Oxford, mostrou que, nos últimos dois séculos, a humanidade experimentou um avanço fantástico na diminuição da pobreza extrema, no crescimento do número de alfabetizados, na melhoria das condições sanitárias, no aumento da liberdade política e no acesso a uma educação de qualidade. Apesar de todo o noticiário alarmista, nunca houve uma época de maior paz que a atual, quando a ocorrência de guerras entre povos é a mais baixa já registrada.

À medida que as doenças tratáveis vêm fazendo cada vez menos vítimas, o olhar das pessoas passou a se fixar em novos comportamentos capazes de proporcionar uma vida saudável e de bem-estar. Essa transformação, somada ao acelerado desenvolvimento tecnológico pelo qual passa a medicina — incluindo aí o crescente apetite do mundo empresarial em investir nas healthtechs, as startups voltadas para o campo da saúde —, vem criando um período inédito de excelentes oportunidades para o crescimento e o sucesso dos profissionais da saúde.

Abordar essas e outras oportunidades, oferecer sugestões de como os médicos podem se preparar ou ajustar suas trajetórias profissionais para usufruir do universo fantástico de mudanças, novidades e inovações pelas quais passa a área de saúde é o objetivo deste livro.

Grande parte do que será apresentado e discutido nesta obra está fundamentado em minhas experiências pessoais. Não faz muito tempo, comecei a ajustar meu

---

[3] ALTRUÍSMO EFICAZ. A curta história das condições globais de vida e por que é importante que a conheçamos (2017). Disponível em: <https://altruismoeficaz.com.br/2017/05/17/a-curta-historia-das-condicoes-globais-de-vida-e-por-que-e-importante-que-a-conhecamos/>. Acesso em: 20 jan. 2020.

comportamento profissional empurrado por essas transformações. Considero o que venho vivendo como uma experiência muito rica em descobertas e bons resultados. Minha visão sobre o alcance de meu trabalho como pneumologista expandiu-se de maneira notável. Passei a me ver e atuar como um empreendedor capaz de proporcionar ganhos muito mais significativos para meus clientes e a desfrutar de uma sensação de realização pessoal e profissional como até então nunca havia experimentado com tamanha intensidade.

O SUPER-HOMEM ESTÁ MORTO

Entre as transformações em curso, a que provocou o mais forte impacto sobre nós, médicos, diz respeito à nova imagem que passamos a ter diante das pessoas. Trato disso no primeiro capítulo deste livro. Até o século XX, médicos eram profissionais escassos. As pessoas vinham até nós e nos respeitavam e admiravam acreditando que tínhamos um poder quase sobrenatural de vencer a dor e a morte. Isso já não ocorre mais. Os avanços tecnológicos e a facilidade de se obter dados relativos às doenças condenaram aquele velho médico "super-homem" à extinção, fazendo surgir pacientes bem informados e questionadores.

Atropelados por esse movimento, alguns velhos mitos, que há muito rondavam a medicina, passaram a ter seus dias contados. Um deles é o de que a medicina seria um "sacerdócio", ou seja, uma atividade cercada por uma aura mística de misericórdia e abnegação que tornaria vergonhoso para o médico querer ter seu trabalho recompensado em dinheiro. Mostro, no Capítulo 2, como essa e outras visões fantasiosas não têm qualquer fundamento. Pelo contrário, como argumento no Capítulo 3, a atividade médica deve ser encarada como um negócio voltado a preservar e a recuperar a saúde das pessoas, que florescerá na medida em que deixarmos de lado nosso mindset fixo — a mentalidade que tem dificuldade em reconhecer que a medicina deve se movimentar em harmonia com a dinâmica do mercado — e desenvolvermos um mindset de crescimento, que está intimamente ligado ao empreendedorismo.

Adquirir as qualidades de um empreendedor bem-sucedido é algo para o qual os jovens médicos devem se empenhar tanto nos anos de graduação quanto no período em que se aprofundarão na especialização escolhida. Há várias estratégias para desenvolver essa mentalidade empreendedora, muitas delas estão expostas nos capítulos 4 e 5.

Além desse período de formação, surgirão as várias possibilidades de negócios no mercado de trabalho médico. Entre elas, a mais visível e almejada é a abertura do próprio consultório. Embora eu tenha uma firme convicção de que essa forma de trabalho deveria ser vista como uma porta que dá passagem a dezenas de outras excelentes oportunidades, sei que nem todo profissional médico sente-se atraído pela ideia de investir em um negócio próprio. Preferem instituições estruturadas, nas quais atuarão como colaboradores. Para estes, recomendo a leitura do Capítulo 6. Ali tratamos de possibilidades também recompensadoras, como o trabalho concursado em instituições públicas de saúde, a carreira na indústria farmacêutica, aulas e pesquisas na academia ou os plantões em hospitais privados.

Se há algo, no entanto, com que todos os médicos devem se preocupar em desenvolver e aperfeiçoar ao longo de qualquer um dos caminhos profissionais que escolher é o de cuidar de seus pacientes de maneira humanizada. A qualidade desse atendimento é que definirá seu sucesso ou fracasso profissional. Este é o tema do Capítulo 7, no qual também levanto uma questão que me parece o ponto nevrálgico dessa mudança de visão: devemos olhar para as pessoas que atendemos como pacientes ou clientes?

Acredito ser possível encontrar em todas as histórias de médicos um ingrediente único que é o responsável pelo fracasso ou pelo sucesso de suas carreiras: o planejamento. Trajetórias de sucesso têm planejamento; trajetórias de fracasso sofrem com a falta planejamento. Planejar é uma ação que traz ricos resultados quando decolamos já no primeiro dia de aula na faculdade, mas que será de extrema utilidade em qualquer fase da vida profissional. A maneira mais eficiente de montarmos tal planejamento é criar um bom plano de carreira, por escrito. No Capítulo 8 tratamos dessa necessidade de planejarmos nossa carreira médica.

O CONSULTÓRIO PASSO A PASSO

Dediquei um generoso bloco desta obra àqueles que se decidirem pela abertura de um consultório. Médicos devem saber que este é um empreendimento que traz certas complexidades e especificidades, a respeito das quais me aprofundei em quatro capítulos distintos: no Capítulo 9, trato da preparação prévia antes da abertura propriamente dita do consultório, na medida em que há questões relevantes para serem resolvidas, como a escolha do ponto, as características do espaço físico, a contratação de empregados e a reserva financeira para suportar a fase inicial do empreendimento. O Capítulo 10 traz exemplos dos principais erros cometidos pelos médicos na administração de seus consultórios, sobretudo nos primeiros anos de funcionamento.

Outra questão estratégica está no Capítulo 11, no qual apresento argumentos para refletirmos se vale a pena ou não termos sócios em nosso empreendimento. Mesmo que eles ofereçam a imensa vantagem de arcar com parte de nossos custos fixos e variáveis, devem ser escolhidos com o mesmo cuidado que teríamos ao decidir com quem nos casaríamos. Fechando o bloco, o Capítulo 12 oferece sugestões concretas para o crescimento dos resultados do consultório ao longo do tempo.

Nessa primeira metade do livro, tratamos de questões cruciais para a carreira médica que, poderíamos dizer, são atemporais, ou seja, sempre deveriam demandar a atenção dos médicos de há três, duas ou uma geração anteriores. Discorrem, portanto, sobre cuidados estruturais na condução da carreira médica. A partir do Capítulo 13 e até o 18, no entanto, examinaremos a repercussão que as inovações tecnológicas vêm trazendo para a medicina.

No primeiro capítulo desse bloco, o Capítulo 13, explico como já não é possível nos mantermos à margem dos avanços tecnológicos atuais, sobretudo aqueles da medicina digital, sobre a qual oferecemos um panorama geral. Já o Capítulo 14 nos apresenta o disruptivo universo das startups, destacando o perfil desses novos negócios nos quais os médicos podem se inserir com sucesso.

Considero os três próximos capítulos que compõem esse bloco especialmente educativos. É neles que apresento novíssimos movimentos tecnológicos que ainda são pouco compreendidos pela grande maioria dos colegas médicos. É assim que o Capítulo 15 nos informa sobre a maneira pela qual a inteligência artificial vem transformando a medicina, algo que é responsável por incutir, inclusive, alguns temores nos profissionais que não conhecem bem o tema. O Capítulo 16 também desbrava campos que ainda são cercados por algum mistério, como a tecnologia blockchain e seu papel preponderante para a segurança de dados na saúde.

A telemedicina, uma solução que me parece ideal para um país da extensão do nosso Brasil, é apresentada em todas as suas vantagens e desafios no Capítulo 17, e, diante de todas essas informações, o Capítulo 18 nos propõe uma reflexão: devemos manter o foco em nosso negócio atual ou investir em novas possibilidades profissionais na área da saúde tornadas possíveis pelo avanço da tecnologia?

MEDICINA NA PRÁTICA

Os cinco últimos capítulos têm como unidade trazer propostas extremamente práticas que serão úteis tanto para aqueles que estão no início de sua caminhada profissional, formando-se na universidade ou terminando residência, como para os profissionais que, no meio ou auge da carreira, sentem necessidade de fazer ajustes e aperfeiçoar suas estratégias. Se suas páginas fossem destacadas desta obra, reunidas em bloco e disponibilizadas separadas dos demais capítulos, poderiam receber um título como "Orientações práticas para médicos administrarem sua carreira e seu negócio". Mas faz todo sentido elas estarem aqui, e dão uma bem-vinda abrangência a esta obra.

Logo no Capítulo 19, apresento questões que, acredito, precisam ser conhecidas pelo profissional interessado em fazer uma boa comunicação e marketing de seu negócio. Onde veicular sua publicidade? Como se fazer presente nas mídias sociais? Que tipo de conteúdo produzir para o YouTube? O que pode valorizar sua marca profissional? O Capítulo 20 trata de um assunto que assombra 95% dos colegas: o que é preciso conhecer sobre negociação e vendas? Como definir o valor de sua consulta? Como lidar com maus pagadores? Devemos trabalhar para todo tipo de público, ou escolher um nicho específico?

De maneira relacionada, o Capítulo 21 listará os conhecimentos essenciais de finanças necessários para a boa condução de um consultório. Ali você verá, por exemplo, a importância de separar suas finanças pessoais das finanças do consultório. A falta de cuidado com esse item costuma ser a responsável por uma alta mortalidade de consultórios e clínicas.

Os dois capítulos seguintes — o que saber sobre gestão de pessoas, assunto do Capítulo 22, e no Capítulo 23, o que saber sobre liderança — também trazem sugestões de como o médico deve gerir pessoas nas duas pontas de suas funções: lidando com sucesso, por um lado, com seus funcionários, colaboradores, colegas médicos, sócios, e, na outra ponta, agindo como líder respeitado pelos seus clientes e também por outras instâncias da comunidade em que estamos inseridos.

Fechamos esta obra conversando sobre outro grande desafio da maioria dos médicos de todas as especialidades, experiências e estilos: a gestão do tempo. Falo tanto da administração do dia a dia, na qual devemos evitar atrasos e outros deslizes da gestão da nossa agenda, como também trato da otimização do tempo para melhor aproveitar nossos dias e reservarmos espaço para outras oportunidades pessoais e profissionais. Ofereço ainda, para o amigo leitor, nesse último capítulo uma mostra de como organizo minha própria agenda profissional.

ABRIR A MENTE

Não tenho dúvidas do quanto o domínio técnico sobre as questões que envolvem nossa profissão nos assegurará uma carreira sólida e capaz de nos trazer satisfação. Nesse conhecimento, incluem-se aqueles que dizem respeito estritamente à nossa prática médica, como também as habilidades necessárias para administrar nosso negócio e a capacidade de pensar sobre os próximos passos que queremos dar em nossa carreira — tudo isso será amplamente abordado ao longo do livro.

Meu desejo é o de que este livro o incentive a cultivar um *mindset* de crescimento, para que você desenvolva a flexibilidade e a abertura necessárias para ampliar seu acesso e sua interação com novas pessoas, tecnologias e ecossistemas na área da saúde. Sua carreira terá muito a ganhar em satisfação e resultados. Tenho feito isso e estou me tornando um médico e um ser humano cada vez melhor.

Boa leitura!

PARTE 1

CONTEXTO ATUAL
da carreira médica,
MITOS
e a importância do
MINDSET EMPREENDEDOR

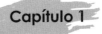

O QUE É SER MÉDICO NOS DIAS DE HOJE,
e o que podemos aprender com os médicos do passado

Pneumotórax
Febre, hemoptise, dispneia e suores noturnos.
A vida inteira que podia ter sido e não foi.
Tosse, tosse, tosse.
Mandou chamar o médico:
– Diga trinta e três.
– Trinta e três... trinta e três... trinta e três...
– Respire.
– O senhor tem uma escavação no pulmão esquerdo
e o pulmão direito infiltrado.
– Então, doutor, não é possível tentar o pneumotórax?
– Não. A única coisa a fazer é tocar um tango argentino.
Manuel Bandeira (1886–1968),
in *Libertinagem*, 1930

Sempre me recordarei de uma visita que fiz ao meu já falecido tio-avô Romeu Machado da Luz, logo que entrei para a faculdade de Medicina da Universidade Federal de Santa Maria. Primeiro médico na minha família — além de mim, outros dois primos distantes também seguiram a profissão —, meu tio-avô era um *cirujano*, pois, em 1960, após dez anos de estudos, se graduou em Medicina em Montevidéu, e acabou seguindo a sua carreira de cirurgião por lá mesmo, na capital uruguaia. Esse tipo de "migração" era comum, já que no Brasil havia poucas e disputadas vagas nos cursos de Medicina, e para quem morava em muitas cidades gaúchas do interior, era mais acessível ir a Montevidéu do que ir de trem a vapor a Porto Alegre, a capital do estado.

O que ficou marcado na minha memória, além da inusitada arquitetura de sua casa em forma de pirâmide, e de outra pirâmide, esta de metal, sobre a cama do casal, foi ele me mostrar os livros nos quais estudara em seus tempos de faculdade. Eram três, quatro volumes. Basicamente um livro de anatomia, um de fisiologia[1] e outro de patologia[2] ou clínica, e essa era praticamente toda a informação médica disponível naquelas décadas de 1950 e 1960. Não se falava em imunologia[3] ou em genética.[4] A penicilina, o primeiro antibiótico a ser produzido em larga escala, vinha sendo receitada havia apenas dez anos pelos poucos médicos que a conheciam.

Em um cenário como esse, no qual os horizontes da Medicina eram restritos e o público leigo não tinha qualquer acesso aos conhecimentos científicos, os médicos tinham uma convicção absoluta de sua própria importância dentro da sociedade. Eles expunham seus diagnósticos e suas receitas com uma certeza definitiva. E o faziam confiantes, mesmo quando a ainda incipiente informação médica não lhes sugerisse prescrever nada mais efetivo do que "tocar um tango argentino", conforme ironiza o poeta Manuel Bandeira no poema que abre este capítulo.

Bandeira descreve o diálogo imaginário de um doente terminal, possivelmente de tuberculose, doença da qual ele também foi vítima, com um doutor cujos recursos profissionais já haviam se esgotado. "Pneumotórax" foi publicado em 1930; a estreptomicina, o primeiro antibiótico que decisivamente enfrentaria a tuberculose, só surgiria em 1945.[5] Sabendo disso, não parece que era tão raro assim aos médicos da primeira metade do século passado terem de anunciar para seus pacientes que nada mais poderia ser feito para impedir que a doença completasse seu ciclo fatal.

MÉDICOS ONISCIENTES

Era, portanto, esse o mindset dos médicos daqueles anos passados: "conheciam" toda a medicina, podiam determinar quem escaparia ou não com vida de alguma doença, e a soma de todos esses poderes os fazia ser vistos pelas pessoas leigas como oniscientes. Muitos profissionais apreciavam e incentivavam essa admiração. Tornavam-se arrogantes. Algo que os empoderava ainda mais era o fato de

---

1 Ramo da Biologia que estuda as várias funções mecânicas, físicas e bioquímicas nos seres vivos, ou seja, o funcionamento do organismo.

2 Especialidade que pesquisa as doenças e as alterações que estas provocam no organismo.

3 Especialidade que estuda o conjunto dos mecanismos de defesa do organismo contra microrganismos ou substâncias que lhe são nocivos.

4 Ciência que tem como foco o estudo da hereditariedade e da estrutura e das funções dos genes.

5 HOPEWELL, P. C.; MURRAY, J. F.; SCHRAUFNAGEL, D. E. Treatment of Tuberculosis. A Historical Perspective. *Annals of the American Thoracic Society*, Vol. 12, n. 12, 1° dez. 2015. Disponível em: <https://www.atsjournals.org/doi/full/10.1513/AnnalsATS.201509-632PS>.

que não existia nesse período uma medicina baseada em evidências, mas, sim, na experiência. Ou seja, se eu, médico, fiz dez cirurgias em alguma especialidade, sou eu quem sabe como fazer essa intervenção. Esse meu jeito de fazer, eu diria, é a maneira correta de executar essa cirurgia.

Atualmente a Medicina não é mais assim. Ela, agora, leva em conta evidências baseadas no conhecimento científico, e não a experiência de um único doutor. Essa nova maneira de fazer ciência médica foi um dos fatores que esvaziou os "superpoderes" dos antigos doutores. Seguiu-se, então, um tempo de acelerada pesquisa, e o conhecimento médico passou a se expandir em um ritmo exponencial, o que acontece atualmente a uma velocidade inacreditável.

Já não era mais possível para uma só pessoa dominar todo o conhecimento que a Medicina produz, nem mesmo o de uma única especialidade. De acordo com o pesquisador norte-americano John Seely Brown, há algumas décadas, a vida útil de uma habilidade aprendida costumava se estender por cerca de trinta anos, hoje ela não dura mais do que cinco. Outros autores asseguram que, enquanto em 1900 o tempo requerido para dobrar o conhecimento médico era de cem anos, atualmente isso se dá em um prazo de dezoito meses!

O médico de hoje perdeu aquela certeza absoluta que nossos avôs e tios-avôs ostentavam. Primeiro, porque nós já não somos mais profissionais escassos, como aconteceu no passado, em que médicos eram figuras raras, principalmente em cidades menores. Em 2019, éramos mais de 472 mil médicos no Brasil; em 2020, somos meio milhão de profissionais, uma média de 2,5 médicos para cada grupo de mil pessoas, a mesma média dos países desenvolvidos.

Outra razão, como já foi dito, foi o acelerado crescimento do conhecimento médico, que tornou impossível para um profissional estar informado sobre todos os novos desenvolvimentos científicos, os medicamentos recém-desenvolvidos e novas técnicas surgidas, até mesmo na especialidade que escolheu. Nessa nova realidade, espera-se que o médico seja capaz de diagnosticar de maneira precisa uma eventual doença que esteja acometendo o paciente, e, caso ela não seja de sua especialidade, referenciar, ou seja, indicar um colega que seja especialista naquela patologia específica.

Com isso, o médico atual já não tem bases reais para se ver como alguém onisciente, como costumava ser a fantasia recorrente na mente de seus colegas do passado. Caso algum dos profissionais contemporâneos ainda insista em se enxergar dessa forma, dificilmente conseguirá respaldo para essa visão exagerada de si mesmo junto a sua clientela. Isso porque, hoje, ao contrário de algumas décadas atrás, a Medicina e os médicos vêm sendo vistos com algumas reservas pelas pessoas, e acredito que isso acontece exclusivamente por nossa própria responsabilidade.

PACIENTES DESCONFIADOS

Uma série de motivos se alinhou para que a sociedade passasse a enxergar o trabalho do médico com desconfiança. Há uma campanha constante e massiva nos meios de comunicação, e em algumas esferas políticas, que questiona o nosso desempenho e, como resultado, atinge de maneira contundente a credibilidade médica. Instalou-se uma visão distorcida de que a Medicina é capaz de curar qualquer enfermidade. Se um paciente morre, acredita-se, é porque o médico mostrou-se incompetente, negligente ou não dispensou a atenção necessária ao doente, pois acredita-se erroneamente que hoje em dia tudo é passível de cura.

As suspeitas de erros médicos são tratadas com um rigor desproporcional. Suspeitas, sim, porque, na maior parte das vezes, estas não se confirmam. E mesmo quando se mostram sem fundamento, a credibilidade dos médicos é diretamente atingida. Mesmo após esses profissionais serem absolvidos, jamais haverá uma publicação ou reportagem isentando o profissional e devolvendo-lhe a dignidade que lhe foi arrancada em troca de sensacionalismo e em busca de audiência. Talvez esse comportamento seja um dos fatores responsáveis pela morte lenta dos meios de comunicação e mídia tradicionais — a falta de isenção e a busca desmedida por audiência a qualquer custo.

O efeito dessas visões é muito ruim e faz com que o médico esteja sempre na corda bamba, pois as pessoas exigem e têm expectativas irreais a respeito desse profissional. Se algo não der certo, o culpado será sempre o médico.

Nesse panorama, ainda vemos dois tipos de médicos atuando no mercado. Mesmo diante dessa visão desfavorável, ainda persiste um tipo de profissional que não tem qualquer humildade e acredita ser capaz de resolver todos os problemas enfrentados pelas pessoas. Isso ocorre, apesar de todas as evidências de que o conhecimento médico se expandiu de tal maneira, que só se consegue dominar uma pequena parte dele. É possível esbarrar, por exemplo, com algum especialista que se considera o rei da Medicina. Ele pode atender por muitos anos a um paciente diabético, mas nunca o ter referenciado a um endocrinologista, o profissional que detém os conhecimentos mais atualizados para tratar a doença e evitar complicações no longo prazo.

Neste exemplo, o colega médico teria como comportamento típico receitar medicamentos para seu paciente poder enfrentar a diabetes sem ter informações sobre tratamentos mais eficazes ou drogas mais modernas. Quando o doente finalmente procurasse o tratamento com um endocrinologista, é possível que já tivesse perdido parcialmente a visão, comprometido a função de seus rins e padecido de outros problemas. Isso poderia ser evitado caso o colega de outra especialidade tivesse a humildade de reconhecer, no primeiro momento, que outro profissional, no caso, o endocrinologista, tem conhecimentos muito mais sólidos e atualizados para enfrentar aquela doença.

Felizmente, o segundo tipo de médico existente hoje no mercado é capaz de evitar malefícios como esses. Trata-se de alguém que desenvolveu uma visão mais consciente e moderna de onde devem ser instaladas as fronteiras de sua atuação. Por saber que os avanços constantes do conhecimento médico vêm exigindo uma grande especialização dos profissionais da área, esses médicos se esmeram em aprofundar o diagnóstico que fazem e, quando constatam que o paciente exige cuidados em especialidades ou até mesmo em doenças específicas em sua própria especialidade de atuação as quais eles não dominam, os referenciam para avaliação e até acompanhamento com colegas mais habilitados naquela patologia específica.

Talvez seja preciso reconhecer que esses médicos mais conscientes sejam também movidos pelo medo de errar ao propor tratamentos para enfermidades com as quais não tenham familiaridade suficiente. Mas isso não importa. Quando decidem encaminhar ou dividir a responsabilidade com outro especialista, beneficiam de maneira inegável os pacientes.

Em meu consultório, tenho como princípio sempre referenciar meus pacientes a outros colegas quando estou convicto de que os conhecimentos especializados deles serão mais úteis para aqueles que me consultam. Sou pneumologista, mas há doenças que não trato mais, mesmo quando estão em minha especialidade. Por exemplo, a hipertensão arterial pulmonar primária. Esta é uma doença rara. Ela afeta tão poucos pacientes, que eu não conseguiria, e talvez nem fizesse sentido, dedicar o tempo necessário para absorver toda a tecnologia ou todo o conhecimento que são necessários para tratar essa enfermidade. Existem centros de referência com reconhecida experiência que são capazes de lidar com essa patologia de maneira bastante eficaz, e o que faço quando me deparo com essa patologia no meu consultório, é estabelecer um diagnóstico correto e encaminhar o paciente para esses centros.

UM MUNDO MENOR

Mas se os médicos atuais cada vez mais deixam de lado aquela visão heroica que os antigos profissionais tinham de si mesmos, há algo que os doutores do passado praticavam com uma desenvoltura que raramente se vê nas novas gerações de médicos. Naquele tempo, em que a Medicina avançava a passos lentos, eles eram capazes de manter um relacionamento muito mais pessoal e caloroso com seus pacientes do que acontece atualmente.

Mas o que mudou? Por que os médicos de hoje não agem mais dessa forma?

O que acontece é que, naquela época, o mundo era menor. Ninguém havia ainda ouvido a palavra "globalização". A vida se dava em pequenas comunidades, as preocupações eram locais. Esse antigo médico se comportava na velocidade desse mundo. Tinha-se mais tempo, todos eram mais tranquilos. As pessoas que se deslocavam até o consultório médico eram atendidas por ordem de chegada, e estavam bem com isso. Ficavam sentadas uma manhã inteira esperando sua hora de falar com o doutor. Vestiam uma roupa de domingo, em sinal de respeito ao profissional. Quando no consultório, descreviam com minúcias suas dores, incômodos e medos. Eram ouvidas sem pressa e com simpatia.

Esse tempo se foi. A vida agora, como bem sabemos, corre mais rápido. Consultas se dão com hora marcada, e não há tempo para conversas longas e descontraídas com os médicos. Do outro lado da mesa, esses profissionais sentem a pressão dos planos de saúde, que pagam pouco pelas consultas, obrigando-os a receber um número de pacientes tão grande, que torna pouquíssimo provável existir ali um atendimento atencioso e minucioso. Com exceção de poucos profissionais já bem estabelecidos, a grande massa dos médicos trabalha em diferentes lugares. Estão sempre com os olhos no relógio, prontos para correr de um lado para o outro na cidade.

Não acredito que os médicos de hoje se tornaram desumanos ou desinteressados pelos seus pacientes. Como estamos em uma era em que tudo se dá de maneira rápida e está sempre em mutação, os médicos, como todos nós, não encontram mais espaço para cultivar boas relações ou demonstrar empatia por seus pacientes. Não é de se admirar, portanto, que exista essa descrença em relação à Medicina e aos seus profissionais.

Um dos principais motivos para essa mudança no comportamento médico está relacionado com a mercantilização da Medicina, que nos últimos trinta ou quarenta anos transformou a saúde no maior ramo de negócios existente. Nos Estados Unidos, por exemplo, essa indústria é a maior empregadora do país.

PACIENTES DESAPONTADOS

Uma consequência imediata desse, acredito que podemos chamar assim, desapontamento com os médicos é a grande procura pelas pessoas, mesmo as mais instruídas, por terapias que não gozam de qualquer comprovação científica. Essa confiança ingênua, potencializada pela internet, leva a decisões perigosas, como os movimentos contra a vacinação, que já fizeram ressurgir com força doenças infectocontagiosas já praticamente erradicadas em muitos países, o sarampo entre elas.

Acredito que essas pessoas recorrem a tratamentos alternativos porque encontram junto a eles o calor e a proximidade que os médicos de agora não estão mais podendo lhes dar. Isso porque os profissionais da saúde deixaram de lado essa parte mais emocional e espiritual da profissão e, ao longo do tempo, tornaram-se cada vez mais técnicos. Atualmente, há uma carência generalizada por atenção e proximidade das pessoas. E isso ocorre não apenas na relação entre pacientes e médicos. Somos bons para nos conectarmos virtualmente, em nossos celulares, com muita gente, mas temos pouca proximidade pessoal, no estilo olhos nos olhos, com os outros.

Já aqueles indivíduos que oferecem terapias alternativas e espirituais se comportam de uma maneira mais próxima às pessoas. Há massagens, toques, longas conversas, grandes grupos reunidos, música, risos. Eles podem oferecer seus serviços sem intermediários, não têm planos de saúde ou convênios olhando por sobre seus ombros, e podem dedicar o tempo que quiserem aos seus "pacientes".

De certa maneira, podemos dizer que essa forma de comportamento vem nos fazendo voltar quase 2.500 anos na história da Medicina. O grego Hipócrates (460 a.C. – 370 a.C.) notabilizou-se por afirmar que as doenças eram determinadas pelas mudanças climáticas, características raciais, influências ambientais. Ou seja, havia causas e efeitos relacionados às enfermidades, e elas poderiam ser explicadas de maneira racional.

Hipócrates rompeu com a crença, que existia até então, de que os responsáveis pelos males físicos eram espíritos, a magia, as punições dos deuses. Isso contestava a prática dos curandeiros, dos xamãs da época. Existia uma possível causa relacionada com uma determinada doença, dizia Hipócrates, e isso trazia algumas possibilidades de tratamento, desde que este conseguisse eliminar essa causa. Era algo que ia além das rezas, poções mágicas e alternativas subjetivas que, hoje, apesar dos incontestáveis benefícios dos medicamentos e procedimentos modernos, estão voltando a ganhar popularidade.

Dos tempos da Grécia Antiga até os dias atuais, a tecnologia foi se impondo à visão mágica do funcionamento do corpo humano. Mas, de novo, tudo indica que o atual formidável avanço médico correu demais, deixou para trás o humanismo e tornou-se técnico em excesso. Isso se não citarmos a grande especialização que os novos conhecimentos científicos geraram. Até 2018, o Conselho Federal de Medicina listava 53 especialidades médicas, e novas especializações estão sempre sendo criadas. O grande número de especialistas para os quais as pessoas são referenciadas pulveriza ainda mais o relacionamento entre paciente e médico, tornando-o mais superficial e impessoal.

FRONTEIRAS REDESENHADAS

No entanto, acredito que hoje estamos começando a redesenhar a fronteira que separa a Medicina tecnicista de uma Medicina mais humanista. Isso significa voltarmos nossa atenção para a importância da experiência pessoal, para a individualização do paciente, embora nunca deixaremos de lado os avanços científicos. Não adianta eu tratar um paciente em minha cidade baseado em uma experiência que foi desenvolvida na Europa. Lá os germes são outros, a resistência das bactérias aos antibióticos é outra. Preciso, portanto, conhecer a realidade de minha cidade, do meu hospital, e saber também quais são os microrganismos que vivem aqui.

O indivíduo é o que importa. Eu preciso trazer o conhecimento técnico que está disponível hoje para atender especificamente àquela pessoa. Se a tecnologia médica nos trouxe para um mundo acelerado, em que estamos ricos de informações, mas pobres de relações pessoais, acredito firmemente que será também a tecnologia que nos livrará de muitos procedimentos que hoje se acumulam na função médica. Livres de atividades repetitivas, teremos de volta o tempo necessário para dedicarmos às pessoas, como era feito com sucesso há algumas décadas.

Uma maneira de que esses avanços resgatem uma relação mais próxima entre nós e os pacientes reside na intensa especialização que está em curso na Medicina. Como já mencionei mais de uma vez neste capítulo, o crescimento exponencial do conhecimento científico tornou impossível que um profissional da área da saúde domine todo o conhecimento, até mesmo no ramo em que se especializou. Diante disso, o que se espera de um médico consciencioso é que ele encaminhe seus pacientes para um especialista que seja capaz de proporcionar um tratamento mais efetivo para aquela enfermidade.

Para decidir em que especialidade seu paciente terá melhores chances de cura, o médico necessariamente precisará estar atento ao que seu paciente está dizendo, a história dele, o que experienciou no passado, seus hábitos. Só assim conseguirá realizar um diagnóstico correto e propor a estratégia a ser seguida. Era exatamente isso que faziam os médicos do passado, e é isso que foi perdido nas consultas rápidas destes nossos tempos.

MUDANÇAS NOS CONGRESSOS

Outro sintoma de que a percepção de que é preciso resgatar a proximidade entre os médicos e seus pacientes está no tipo de profissional que vem frequentando os congressos médicos, nacionais e internacionais. Congressos médicos são eventos de grande importância para, claro, os médicos, mas também para a grande cadeia de negócios ligados à Medicina. Indústrias farmacêuticas, fabricantes de instrumentos, equipamentos e novas tecnologias médicas, editoras de livros de Medicina e muitos outros segmentos econômicos ligados à saúde costumam patrocinar esses encontros e custear a ida de médicos de destaque a esses eventos. A ideia é a de que esses profissionais diferenciados serão influenciadores capazes de divulgar os produtos e serviços apresentados durante o evento em seu "ecossistema", quando voltarem para casa.

A mudança ocorrida é a de que, até há dez anos, a indústria costumava convidar os professores universitários de destaque, os luminares do conhecimento, para participar desses encontros. Mas, desde então, os acadêmicos foram deixados de lado, os médicos que estão na linha de frente, no corpo a corpo com os pacientes, passaram a ser chamados para participar dos congressos. Faz sentido. São esses médicos, afinal, que prescrevem os remédios que a indústria produz. São eles que usam os equipamentos, softwares e instrumentos médicos.

A indústria identificou que, afinal, o médico que atende no dia a dia é que pode fazer a diferença na qualidade de atendimento. Esse reconhecimento faz com que nós, médicos, nos sintamos valorizados. Isso é fundamental para sentirmos que a Medicina que estamos praticando é de qualidade. Essa confiança na própria capacidade é percebida pelos pacientes, que passam a valorizar o profissional de saúde que os atende, criando um ciclo virtuoso.

Sempre entendi que, para nos considerarmos profissionais de sucesso, devemos desenvolver dois tipos de confiança. A confiança na nossa capacidade técnica, algo que conquistaremos com estudo e atualizações constantes, e a confiança de que seremos capazes de transformar esses conhecimentos técnicos em algo útil e reconfortante para a vida das pessoas.

Também proporciona sucesso a busca pela excelência em tudo o que se faz. Buscar a excelência na sua dedicação no período em que cursa a universidade; ser excelente quando atender aos pacientes; procurar olhar para as pessoas de uma maneira verdadeiramente interessada. Para os que sempre procuram a excelência, a carreira médica trará grandes satisfações, você será bem remunerado e terá a admiração e o respeito das pessoas.

MINDSET DE APRENDIZAGEM

Outro fator determinante do sucesso está em sua formação pessoal, familiar. Se você mantém relacionamentos afetuosos e respeitosos com as pessoas e se preocupa com as necessidades dos que o rodeiam, suas chances de sucesso aumentarão de maneira significativa. E, finalmente, neste mundo em que os conhecimentos se multiplicam a uma velocidade quase impossível de ser acompanhada, só terão sucesso aqueles que desenvolverem o mindset de aprendizagem.

A partir do momento em que você entra para uma faculdade de Medicina, terá de estudar por sua vida inteira. Não há a opção de, em algum momento, deixar de investir em sua formação. Talvez isso só seja possível no momento da aposentadoria. Pode ser que, quando chegar essa ocasião, você não queira deixar de lado os estudos. Não há nada que supere a satisfação de estarmos sempre nos renovando, transformando as novas informações em matéria-prima para nos tornarmos médicos melhores, seres humanos melhores e que têm o privilégio, compartilhado por poucos, de tornar mais leve a vida de nossos semelhantes e lhes legar a oportunidade de desfrutar de uma existência significativa e feliz.

Agindo dessa maneira, conseguiremos reunir o que aqueles dois mundos da Medicina sobre os quais falamos produziram de melhor: resgataremos a proximidade calorosa entre médicos e pacientes do passado e seremos profissionais cada vez mais competentes, por termos atualmente à nossa disposição fácil acesso a um vasto e crescente conhecimento científico. Para nos encaixarmos inteiramente nesse novo perfil médico, é necessário, no entanto, nos livrarmos de alguns mitos, dúvidas e percepções confusas que pesam sobre a carreira médica com potencial para provocar decepções entre os profissionais, sobretudo os mais jovens. Esse é o assunto de que trataremos no próximo capítulo.

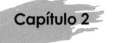

Capítulo 2

MITOS E CRENÇAS INCORRETAS PODEM
prejudicar o avanço da carreira médica

Há pouco tempo, fui procurado em minha clínica por um homem de meia-idade que apresentava um quadro psicológico bastante grave. Morador de uma cidade vizinha a Santa Cruz do Sul, onde tenho minha clínica, ele se queixava que há um ano tossia, todos os dias, de maneira intensa e contínua. Os médicos a quem recorrera haviam diagnosticado seu problema como sendo uma tosse alérgica, mas todos os tratamentos que sugeriram não haviam surtido qualquer efeito. Sempre tossindo, o homem se desesperava: "Olhe, doutor, o senhor é minha última esperança; se não resolver essa tosse, eu vou me matar", ele disse, sentado à minha frente.

Desconfiei do que poderia ser a enfermidade que o afligia. Disponho de tecnologia em minha clínica para fazer uma prova de função pulmonar completa. Exames feitos, eu já havia praticamente fechado o diagnóstico, mas o encaminhei para uma tomografia no dia seguinte, que confirmou minha suspeita: fibrose pulmonar idiopática. No mesmo mês em que a consulta fora realizada, solicitei a medicação para tratá-lo. No mês seguinte, ele iniciou o tratamento com a medicação específica para a doença, e no quarto mês, já estava completamente sem tosse, respondendo de maneira extraordinária ao tratamento.

Esse paciente é uma pessoa de grande influência em sua cidade. Profissional liberal de destaque, foi professor respeitado e querido durante muitos anos. Por conta de seu prestígio, é solicitado frequentemente para entrevistas e tem seu próprio programa em uma emissora de rádio. Ou seja, ele é um qualificado formador de opinião. O fato de eu ter diagnosticado corretamente a doença dele, enquanto outros profissionais não chegaram a um resultado preciso, e por eu ter lhe prescrito um tratamento que gerou grande alívio, certamente lhe deixou grato e seguro quanto ao meu desempenho profissional.

É provável também que ele tenha visto com satisfação a tecnologia e os equipamentos que mantenho em minha clínica, o que me permitiu fechar um diagnóstico rapidamente e de maneira assertiva. A forma como ele foi atendido, com funcionários que realizaram um pré-atendimento e, após sua passagem pela minha sala, explicaram em detalhes os procedimentos que esse paciente deveria seguir, também deve tê-lo feito se sentir acolhido e cuidado.

Por esses motivos, esse paciente muito provavelmente sempre falará positivamente de minhas qualidades profissionais para seu círculo de contatos e recomendará meus serviços àqueles que também necessitarem da expertise de um pneumologista. Quem entre nós, profissionais da saúde, não ficaria satisfeito em ter um paciente como esse; alguém com credibilidade em sua cidade e disposto a falar bem de nosso desempenho profissional? Mas se eu dissesse que essa feliz situação é resultado também de uma visão de marketing, talvez algumas pessoas fizessem uma careta de dúvida: "marketing? Será que médicos respeitáveis devem fazer marketing?"

O MITO DO MARKETING

Os equipamentos modernos, o atendimento e a rapidez do diagnóstico que têm lugar em minha clínica são também parte de uma estratégia de marketing, algo que muitos profissionais da área da saúde ainda enxergam como um recurso condenável e, até mesmo, antiético. Trata-se do mito do marketing, a fantasia, na qual muitos médicos acreditam, de que não devemos encantar nossos pacientes com um ambiente e um desempenho moderno, eficiente e competente. E não tenho dúvidas de que o único resultado dessa crença é dificultar o progresso da carreira profissional.

Estou convencido de que os médicos erram quando consideram ser desnecessário fazer marketing e investir em sua imagem pessoal. A atitude correta a ser tomada é exatamente contrária a essa. Essa rejeição à ideia de que precisamos divulgar a excelência de nosso trabalho e sermos reconhecidos pelo público como profissionais competentes e capazes de atender às suas necessidades de saúde é decorrência de uma percepção que deveria ter sido deixada há muito em um passado distante.

No passado, sim, porque essa ideia vem do tempo em que a oferta de médicos costumava ser menor do que a procura. Não havia, portanto, necessidade de se diferenciar diante da concorrência. Eram os pacientes que precisavam procurar os doutores, e não o contrário. Mas esse tempo mudou. Médicos já não são profissionais raros. Esse mito de que não é preciso fazer marketing da qualidade de seus serviços pode se tornar, no mundo em que estamos agora, um suicídio profissional.

Ser médico, e mesmo ser um médico especialista, que hoje também são muitos, transformou-se em uma commodity, ou seja, algo comum, sem qualquer característica capaz de destacar esse profissional diante dos demais, e de baixo valor agregado. Não se preocupar em fazer seu marketing pessoal é, portanto, subestimar os concorrentes. A competição hoje é muito grande, e quem não se destacar nessa corrida terá seu valor de mercado rebaixado.

Mas qual é esse diferencial que um médico pode ter? A excelência do trabalho que ele realiza e, como consequência, a maneira com que as pessoas passam a percebê-lo enquanto profissional. O marketing hoje já não está mais na mídia, na publicidade; ele está nas pessoas. Exaltar ou desacreditar alguém ou uma experiência é algo feito a partir do depoimento que as pessoas postam, por exemplo, nas mídias sociais. São os pacientes satisfeitos que farão o melhor marketing que os médicos podem ter.

SUCESSO É RUIM

A raiz dessa resistência do médico em promover seu próprio marketing está ligada a um mito maior, que considero ainda mais nefasto: o mito do sucesso. Trata-se de uma falsa generalização, um preconceito que olha desconfiado para qualquer pessoa que tenha sucesso. O brasileiro médio, quando vê alguém bem-sucedido, que alcançou algum êxito, imediatamente desqualifica esse bom resultado, dizendo que essa pessoa teve sucesso por ter lançado mão de algum ato pouco ético. É alguém, diz, que roubou, abusou da capacidade de seus empregados, levou vantagem ou trapaceou alguém. Definitivamente, nós não gostamos do sucesso.

Isso pode parecer um paradoxo, uma contradição. Afinal, todos nós queremos o sucesso e trabalhamos duro para isso. Mas basta alguém ter uma performance vitoriosa para se transformar em um suspeito. O Brasil tem dificuldades em entender que o sucesso é uma coisa importante e que devemos buscá-lo sempre, em qualquer profissão, em qualquer trabalho. De que devemos destacar, incentivar e nos espelhar no sucesso das pessoas, pois, quanto mais brasileiros forem bem-sucedidos, maior será o crescimento do país e mais oportunidades serão criadas. Ter sucesso não é necessariamente ter luxos, ser rico, levar uma vida extravagante. Na minha opinião, sucesso rima com excelência.

Se procuro a excelência no que estou fazendo, meu foco não está exclusivamente no dinheiro. O que estou buscando é executar minhas ações da melhor maneira possível. Se o principal objetivo é trabalhar com excelência, haverá uma grande chance de que eu atinja o sucesso. O dinheiro e outros confortos materiais virão como uma consequência natural dessa minha postura. Já que as coisas funcionam dessa maneira, por que eu me sentiria constrangido por ter sucesso? Por que eu criticaria alguém ou suspeitaria de sua idoneidade por ele ter triunfado em sua vida profissional?

Esse mito é particularmente rigoroso em relação aos médicos. Esses profissionais, insinua o mito, não devem almejar ganhar dinheiro, aspirar pelo sucesso. Médicos não podem pensar em sua profissão como um negócio, essa é a fantasia recorrente entre nós. Isso é um grande erro, pois, se você não tem foco no seu negócio, não consegue entender qual é a necessidade do seu cliente e, no final, atendê-la. Sim, eu digo cliente, no sentido moderno que essa palavra tem. Hoje, todos os empreendimentos, seja qual for sua natureza, estão voltados para os clientes e tentam ajustar seus produtos e serviços para entregar bem-estar, praticidade e valor a eles. Ou seja, seus produtos e serviços devem satisfazer plenamente as necessidades da clientela. Trabalhar bem o marketing significa servir bem aos clientes, proporcionar experiências positivas e qualidade de vida a eles.

Há algumas décadas, não era assim. As empresas despejavam seus produtos no mercado sem ouvir os consumidores, sem fazer qualquer pesquisa junto a eles. E aí, o que acontecia? Eram investidos milhões, e quando o produto ou serviço chegava no mercado, este não correspondia ao o que as pessoas esperavam dele. Todo o esforço e os gastos não traziam o retorno esperado. O produto criado, consumindo recursos preciosos na natureza, encalhava nas lojas, ou o serviço oferecido não despertava interesse. Aprendia-se, pagando um alto preço, que quem sempre mandou, de fato, é o cliente.

Ainda algumas vezes neste livro voltarei a essa questão de que me parece mais apropriado considerar as pessoas às quais nós, médicos, atendemos como clientes do que como pacientes. Isso porque, assim como nos demais negócios, também vem se firmando na Medicina a ideia de que os desejos e as demandas do cliente, ou seja, aquele que procura nossos serviços, devem estar no centro da equação que permitirá que sejamos viáveis profissionalmente.

Temos de atender aos anseios dos que nos procuram, muitas vezes atemorizados e sofrendo com as doenças que os afligem, proporcionando a eles a certeza de que suas dores e aflições serão levadas em consideração, dando-lhes a segurança de que serão atendidos por profissionais competentes e apoiados pelo que há de mais avançado em tecnologia, e entregar tudo isso no conforto de um ambiente acolhedor, moderno e com uma equipe de profissionais atenciosos.

NÃO SOMOS SACERDOTES

Acredito que a resistência em perceber os pacientes como clientes é gerada por outro mito, também arraigado: o de que a Medicina é um sacerdócio, ou seja, uma função de caráter nobre em razão da devoção que exige, e que deve ser exercida de maneira desinteressada pelos profissionais médicos. Se a Medicina é um sacerdócio, supõe-se então que os médicos devam trabalhar sem pensar em recompensas financeiras. Eles seriam movidos pelo amor a uma profissão que lhes dá a oportunidade quase divina de livrar seus semelhantes dos males que os afligem. Dinheiro não os interessaria. Afinal, não é essa a postura que se espera de um sacerdote?

Sim, a Medicina é uma atividade nobre e que exige grande dedicação, mas não há como concordar que médicos devam sempre trabalhar de maneira desinteressada, sem receber os meios necessários para sua subsistência e a de sua família, e nem que abram mão de manter uma reserva para tempos difíceis, ou que renunciem a ter uma vida confortável, e menos ainda que se incomodem por não ter recursos para investir em sua carreira, aparelhar seu consultório, custear seus cursos de atualização e progredir. Enfim, no sacerdócio, espera-se que as pessoas tenham uma vida modesta, renunciem a qualquer retorno material e recebam como recompensa a satisfação de terem ajudado ao próximo.

Acreditar que a Medicina é um sacerdócio gera ainda outro engano, o de que os pacientes de hoje enxerguem a nós, médicos, exatamente como se viam, no passado, os "sacerdotes". Estes eram pessoas dotadas de informações inacessíveis aos seres comuns, os senhores do conhecimento, os guias cujas orientações deviam ser seguidas com fé e sem questionamentos.

CONSULTA COM DR. GOOGLE

Mas as coisas já não se passam dessa maneira. Quando entram em um consultório, as pessoas já chegam com informações a respeito dos incômodos que estão sentindo. Elas passaram antes pelo "Doutor Google", que lhes mostrou vários sites com possíveis diagnósticos sobre sua potencial doença (muitos deles bastante inexatos e até mesmo assustadoramente graves), e se sentam diante do médico com muitas perguntas. Esse tipo de paciente, relativamente bem informado, já não aceita uma explicação superficial para as dúvidas que tem. Ele deseja mais informações, mais orientações, quer que o médico lhe dê atenção, e considero isso fundamental para revertermos o distanciamento que se estabeleceu entre os profissionais da saúde e seus clientes.

Além de estar munido de conhecimentos prévios, esse novo "paciente" tem uma postura mais ativa no momento de decidir qual procedimento seguirá para seu tratamento. O médico, com certeza, sempre continuará a ser visto como um guia, alguém que poderá oferecer os melhores caminhos para enfrentar uma doença. Mas a decisão final será compartilhada entre o médico, o "paciente" e seus familiares, especialmente quando as escolhas forem difíceis. Não há mais a passividade anterior. Caso não se considere satisfeito com as explicações que recebeu, ou com as sugestões de tratamento apresentadas, o doente, assim que sair do consultório, procurará uma segunda ou terceira opinião.

Mitos sobre os quais vimos tratando até então dizem respeito, sobretudo, ao trabalho dos médicos que já estão na ativa, trabalhando em seus consultórios. Mas há outra crença enraizada que traz impacto direto para aqueles que se preparam para ingressar no curso de Medicina, estão ainda cursando a faculdade ou acabaram de concluir seus estudos. Trata-se da ilusão de que ter um diploma de médico é suficiente para se ganhar bastante dinheiro e ter uma vida tranquila pela frente.

DINHEIRO RÁPIDO

Infelizmente, não é o que acontece. Isso talvez tenha sido verdade nas décadas de 1960 ou 1970, mas não é a realidade atual. É certo que a Medicina é a carreira com maior taxa de empregabilidade. Segundo dados divulgados pelo IPEA — Instituto de Pesquisa Econômica Aplicada, em 2013, 97% dos médicos conseguiam emprego[1] logo após se formarem. Mas se conseguem com relativa facilidade uma vaga de trabalho, os médicos já não têm os salários milionários que a fantasia ainda insiste em ofertar.

Exatamente porque acredita ser possível ganhar dinheiro rápido, o médico recém-graduado sai acelerado da faculdade e começa a aceitar imediatamente todas as propostas que surgem à sua frente, por piores que sejam as condições de trabalho e a remuneração seja baixa. Essa atitude é capaz de gerar dois grandes desafios.

O primeiro deles é que esse profissional se habitua e incorpora no seu dia a dia aqueles recursos que está recebendo nos vários postos de trabalho em que está atuando. Rapidamente ele estabelece um estilo de vida apoiado nessa renda e resiste a abrir mão de qualquer remuneração (em média, um médico trabalha atualmente em quatro a cinco diferentes lugares), pois isso traria uma queda no seu poder aquisitivo e ameaçaria eventuais compromissos financeiros que ele tenha assumido.

É como se ele se transformasse, nos anos que se seguirem à sua formatura, em um prisioneiro dos diversos trabalhos que assumiu no início da carreira. Dessa maneira, será muito difícil para ele se desvencilhar desses empregos para seguir, por exemplo, um curso de especialização, ou para ter uma carreira autônoma, montando a própria clínica, algo que poderá trazer muito mais satisfação profissional e recompensas financeiras em longo prazo.

O segundo desafio, que pode ser ainda mais sério, é que esse excesso de trabalho tem o potencial para provocar danos e sofrimento para esse médico. Quando você aceita trabalhar para várias empresas diferentes, que pagam pouco, você trabalhará doze, quatorze, quinze horas por dia. O relacionamento com a família será sacrificado, você não verá seus filhos crescer, o cônjuge se tornará insatisfeito e os desentendimentos terão início. Em um quadro assim, quando o médico também não tem tempo de cuidar de sua saúde física ou emocional, é inevitável ocorrer um *burnout* — estado de intenso esgotamento físico e mental provocado pelos excessos da vida profissional —, com toda a possibilidade de se instalar uma doença e de desencadear comportamentos nocivos, como fazer uso de drogas, álcool e tomar outras decisões ruins.

---

1 https://economia.uol.com.br/empregos-e-carreiras/noticias/redacao/2013/ 07/03/medicina-e-o-curso-com-mais-vantagens-profissionais-diz-ipea.htm

Um quadro de esgotamento como esse também terá repercussões no desempenho profissional. Os membros de sua equipe e seus pacientes se perguntarão como um profissional médico que não é capaz de cuidar da própria saúde e ter uma boa qualidade de vida conseguirá oferecer cuidados e bem-estar para as outras pessoas. E para tornar tudo ainda mais complexo, com o passar do tempo, ninguém irá querer mais ser atendido por alguém que esteja sempre triste, mal-humorado, depressivo. Todos nós queremos nos relacionar com alguém que tenha uma postura de sucesso e seja capaz de transmitir boa energia, vitalidade, segurança e confiança.

PACIENTES EDUCADOS

Uma das estratégias que esse médico pode adotar para aliviar a pressão provocada pelo excesso de trabalho é "educar" seus pacientes quanto à forma e frequência com que eles podem ter acesso a ele. Cito como exemplo a maneira com que meus pacientes entram em contato comigo. Todos eles têm acesso a mim por intermédio das redes sociais, com exceção do WhatsApp, aplicativo que o Conselho Federal de Medicina, enquanto este livro está sendo escrito, desencoraja que seja usado para dar orientações médicas.

Mesmo com todo esse acesso garantido, meus pacientes não têm meu número de celular nem o do meu WhatsApp, que são meios de comunicação de resposta imediata. Eles sabem que estou em todas as redes sociais e podem enviar suas dúvidas e mensagens a qualquer hora. Não responderei naquele instante, mas seguramente darei um retorno o mais rápido possível. Além disso, eles estão instruídos a procurar, em uma emergência, o pronto atendimento, que entrará em contato comigo, caso seja necessário.

O paciente nunca ficará desassistido, mas não estarei disponível 24 horas por dia, todos os minutos de minha vida, todos os dias da semana. Isso seria impraticável. Todos aqueles que são meus pacientes entenderam minhas razões. Não perdi nenhum deles, nem diminuiu a procura pelos meus serviços por causa dessa minha atitude. Mas não confunda esse meu posicionamento com inacessibilidade, uma atitude que, essa sim, maculará profundamente sua marca, gerando um marketing negativo significativo.

Trabalhar longas horas e enfrentar burnouts são resultado, no entanto, da falta de planejamento das carreiras médicas. E a crença de que médicos não precisariam planejar sua trajetória profissional, já que teriam um mercado de trabalho generoso, é outro dos mitos nocivos que prejudicam esses profissionais. Como já foi dito, quando o médico se lança de maneira impulsiva no mundo profissional, ele tende a chegar ao seu teto de ganho monetário rapidamente. Mas no momento seguinte, será difícil conseguir desenvolver os passos que permitirão a ele ampliar de maneira mais qualificada seus horizontes profissional e financeiro.

É preciso, portanto, pensar em uma carreira planejada, organizar-se para responder a questões como: a que grau de profissionalização quero chegar? Que reservas terei de ter para acompanhar um curso, talvez no exterior, que me obrigará a passar alguns meses sem ser remunerado? Quando abrirei minha própria clínica? Que equipamentos terei de adquirir? Terei quantos colaboradores trabalhando comigo? Nunca é demais lembrar que o mercado de trabalho como está configurado exige um processo constante e ininterrupto de atualização profissional e de investimentos em técnicas e equipamentos que nunca cessará. Fazer todos esses movimentos sem um planejamento cuidadoso traz uma grande possibilidade de fracasso.

Na média, o profissional que conclui uma pós-graduação terá uma melhor remuneração do que aqueles que são clínicos-gerais. Os que se especializarem terão ganhos maiores do que os pós-graduados. Mestres têm salários menores do que profissionais com doutorado, e por aí vai. Certamente devemos ter um conhecimento geral da Medicina, mas em algum momento precisaremos nos aprofundar em alguma área para nos diferenciarmos no mercado. E esse tipo de formação exige investimento de tempo e dinheiro e, portanto, um planejamento cuidadoso de carreira. No Capítulo 8 conversaremos sobre a importância do planejamento de carreira, quais reflexões devemos fazer a respeito e como podemos criar um planejamento consistente.

SER UMA EMPRESA

Tenho a convicção de que precisamos encarar nossa carreira como se ela fosse uma empresa. Empresas que não planejam seu crescimento e não têm claro seus objetivos alcançam um sucesso limitado ou, na maior parte dos casos, são engolidas pela concorrência. É preciso fazer benchmarking, que significa avaliar sua empresa em relação às concorrentes, incorporando desempenhos melhores de outros empreendimentos ou aprimorando os seus próprios métodos. Entender o que está acontecendo no mundo ao redor, perceber quais são as tendências da profissão médica e decidir que estratégias adotar para se manter sempre afinado com o que de novo surgir no mercado são também medidas obrigatórias.

Assim como fazem as empresas, os médicos devem controlar seu desempenho profissional estabelecendo objetivos-chave, metas e utilizando métricas para medir seus avanços ou o quanto está faltando para chegar ao que se pretende. Há vários softwares e aplicativos no mercado, alguns dirigidos especificamente aos médicos, capazes de mensurar, por exemplo, a quantidade e a qualidade do atendimento que é proporcionado aos pacientes, e como esses parâmetros estão evoluindo.

Tais dados podem, inclusive, servir como base de informações para outras empresas, que têm interesse em monitorar o comportamento de clientes, o uso de medicamentos, entre outras variáveis. Startups e grandes empresas já farejaram as potencialidades desse mercado e oferecem soluções na forma de SaaS — Software as a Service, que permite ao médico utilizar os serviços desses programas, pagando uma taxa mensal ou anual pelo uso, sem precisar investir na compra desses softwares. É possível, portanto, empoderar as pequenas empresas e os profissionais autônomos dando-lhes acesso, com custos suportáveis, a tecnologias de gestão avançadas.

As grandes possibilidades que a Tecnologia da Informação vem abrindo para os profissionais autônomos nos autoriza a questionar também a crença de que as faculdades de Medicina preparam aqueles que por elas passam exclusivamente para serem médicos voltados para o atendimento de pessoas. Os softwares de uso médico que acabamos de citar, por exemplo, não podem prescindir da presença de um profissional da saúde na equipe que irá desenvolvê-los. As healthtechs, que são uma tendência de novas startups voltadas para o campo da saúde, criam oportunidades para médicos desenvolverem softwares que permitem montar serviços de consulta nutricional, diagnosticar a baixo custo algumas doenças infecciosas ou mesmo auxiliar na detecção precoce de certos cânceres.

MUDANÇAS PROFUNDAS

E não é só a área de tecnologia que apresenta novas oportunidades de trabalho para os médicos. Professores universitários, professores de pós-graduação, médicos militares, cientistas, peritos, empreendedores, empresários de sucesso também surgem dos bancos das faculdades de Medicina. Mas não tenho dúvidas de que estamos no limiar de mudanças muito mais profundas na carreira médica. Iremos muito além dos pediatras, ginecologistas, cardiologistas e clínicos-gerais que vemos hoje.

Talvez com mais urgência do que os demais profissionais de outras áreas, nós médicos teremos de nos apropriar das inúmeras áreas do conhecimento humano que não param de se expandir. Teremos de nos tornar experts em inteligência artificial, em cirurgia robótica, em telemedicina. Especialidades já existentes, como a oncologia, também deverão sofrer transformações profundas com o advento e desenvolvimento da imunoterapia.

Certamente ainda chegará o dia em que olharemos para trás e consideraremos muito estranho aquele tempo em que usávamos quimioterápicos, que tantos efeitos colaterais traziam para as pessoas e que muitas vezes não as curavam de cânceres, no máximo prolongando em alguns meses a vida dos pacientes. Esse dia chegará em breve, derrubando mais um mito, o de que todas essas transformações estão ainda distantes e, portanto, não precisamos ainda nos preocuparmos com elas. Elas estão aí, mais próximas do que imaginamos. Para tirarmos o máximo proveito delas, teremos de adotar uma atitude empreendedora, o que é o tema do próximo capítulo.

Capítulo 3

A ATITUDE EMPREENDEDORA É O MAIS
potente motor da carreira médica

A clínica na qual trabalho começou a ser construída dez anos antes do dia em que, finalmente, me sentei à minha mesa para atender o primeiro paciente. Esse prazo tão longo não foi responsabilidade de algum pedreiro preguiçoso, ou porque, no meio da empreitada, o dinheiro ficou curto. Esse espaço de uma década foi o tempo que separou meu primeiro insight sobre como seria meu futuro consultório até a, digamos, simbólica entrega da chave virtual desse espaço. Nele eu desenvolveria, e ainda desenvolvo, um trabalho que me dá muita satisfação.

Mais importante: o desenrolar desse processo de uma década confirmaria e consolidaria uma atitude empreendedora com a qual venho pautando minha trajetória. E tal atitude, acredito fortemente, é de vital importância para todos os médicos que pretendem ter uma vida profissional rica em realizações.

Despertei de meu sonho de me tornar um empreendedor e o tornei real na forma de uma clínica no centro de Santa Cruz do Sul após ter feito o curso de Marketing e Gestão de Consultórios na Fundação Getúlio Vargas. Era um curso curto, de alguns poucos dias, mas que me impactaria de maneira profunda. Passar por aquelas aulas fez com que eu me sentasse e pensasse no que queria para minha carreira e minha vida. Naquela ocasião, eu estava em um consultório pequeno, sem espaço para as coisas que eu gostaria de fazer. Eu desejava acrescentar novas tecnologias à minha atuação como médico, mas não havia como incorporá-las às dependências de onde eu trabalhava.

Explicarei de maneira detalhada mais adiante neste livro, no momento em que tratar do planejamento de carreira, no Capítulo 8, quais foram os passos que percorri para desenhar minha carreira. Aliás, "desenhar" pode ser compreendido literalmente, já que, nos anos em que imaginava como seria minha clínica, eu registrava no papel a planta com a posição da sala, o corredor, onde ficariam os equipamentos, como circulariam os pacientes, e por aí em diante, construindo meu projeto mentalmente. Registrar meu sonho por escrito, como eu fiz, revelou ser de fundamental importância para meus projetos se tornarem reais. Esse é um procedimento que funciona como o combustível para empurrar adiante nossos planos, e outros empreendedores também concordam com essa afirmação.

No entanto, apenas o lápis com que rabiscamos nossos projetos no papel não será uma alavanca capaz de movimentar nossa carreira. A energia que nos empurrará para a frente será gerada por uma mentalidade de crescimento. Para identificar como funciona essa mentalidade, tomarei emprestada do livro *Mindset: A nova psicologia do sucesso*, de Carol Dweck,[1] professora de Psicologia da Universidade de Stanford, na Califórnia, a afirmação de que existem dois tipos de mindset quando se trata de empreender sua própria carreira: o mindset fixo e o mindset de crescimento.

O mindset fixo é o daquela pessoa para a qual todo tipo de ação, principalmente de mudança, é sempre difícil. "Não vai dar certo. Está bom do jeito que a coisa é. Por que vou mudar?" Pessoas assim não gostam de sair da sua zona de conforto e desanimam ao acreditar que serão incapazes de mudar qualquer comportamento com o qual estejam habituadas. É claro que essa é uma mentalidade que os desencoraja. Costumam dizer que não têm capacidade para inovar, que já estão velhas demais para agir de outra maneira e que as coisas são modernas demais para elas.

Por outro lado, com aquelas pessoas que desenvolveram o mindset de crescimento, tudo acontece exatamente ao contrário de como visto pela tribo dos mindsets fixos. Na turma do crescimento estão aqueles que, diante de qualquer desafio, tendem a se manifestar de uma maneira positiva: "Vamos lá, vamos ver o que acontece! Estou disposto, vamos tentar!" Eles sabem que o máximo que poderá acontecer de negativo é não dar certo. "Se isso acontecer, errarei e tentarei novamente, e aprenderei com meu erro!" Posso assegurar que essas afirmações são uma grande verdade. Na minha opinião, qualquer um é capaz de aprender.

Essa atitude está intimamente ligada ao empreendedorismo, à mentalidade de crescimento. Não há como negar que o desafio de empreender traz inevitavelmente riscos para aqueles que querem se envolver em um novo negócio. Mas sempre que você se arriscar em um negócio, sua chance de atingir bons resultados será grande, ao passo que ficar quieto no seu canto, sem se mexer, dificilmente trará bons resultados.

DOIS BRAÇOS E DUAS PERNAS

Mas, afinal, de onde vêm tais mentalidades? Ter um mindset fixo ou de crescimento é algo que está relacionado com a personalidade de alguém? É possível, para uma pessoa com um mindset fixo e conservador, desenvolver uma mentalidade de crescimento? Acredito que essas diferentes posturas recebem uma forte

---

1 DWECK, C. S. *Mindset: A nova psicologia do sucesso*. São Paulo: Objetiva, 2017.

influência dos ambientes e das oportunidades que podem estar presentes em sua vida. Certamente, há também uma questão psicológica da personalidade da pessoa que tem peso importante em seu maior ou menor apetite por correr riscos e buscar mudanças e inovações em sua carreira e vida. Mas tenho uma forte suspeita de que o ambiente familiar e a maneira como você foi encorajado ou desestimulado a tomar iniciativas é determinante para a formação de um futuro empreendedor.

Identifico na minha própria trajetória o papel desempenhado pelos meus pais na minha formação. A começar pelo meu pai, um homem que sempre tentou fazer várias coisas diferentes, e também pela postura de minha mãe, que, não raro, quando eu lhe pedia coisas, me incentivava com frases como: "Ah, você tem dois braços e tem duas pernas, então vai lá e tenta. Se não der certo, tenta de novo!"

Quando eu era um pré-adolescente em São Gabriel, minha cidade natal, localizada próxima à fronteira com o Uruguai, no Rio Grande do Sul, eu queria que meus pais me dessem dinheiro para comprar fichas para jogar fliperama. Para quem não era adolescente na década de 1980 e início de 1990, explico: as casas de fliperama, ou diversões eletrônicas, dispunham de jogos eletrônicos em equipamentos grandes, do tamanho de geladeiras, que funcionavam com fichas. Eu era fascinado por aqueles jogos.

Mas a resposta paterna quase sempre era um "não", reforçado pelo seguinte, digamos, encorajamento: "Se quer jogar, te vira, não vou dar dinheiro para isso." É claro que, nessas horas, eu não ficava nada satisfeito em ouvir um "não". Fechava a cara, mas tomava uma atitude. Eu reunia meus irmãos, que eram mais jovens do que eu, montava uma "banca de revistas" na garagem de casa, e abordávamos as pessoas na rua, implorando para que comprassem aquelas revistas usadas. No final, conseguia fazer um dinheirinho e ia correndo perder todo ele no fliperama.

Sim, esse "incentivo" de meus pais, mesmo se eles não estivessem conscientes de seu papel de facilitadores, certamente foi relevante para que eu desenvolvesse o desejo de empreender ou, pelo menos, que eu não me sentisse exageradamente inseguro diante de novas oportunidades profissionais que eu criasse para mim ou eventualmente surgissem. No entanto, tenho a convicção de que, mesmo para aqueles que cresceram em ambientes nos quais não era preciso se esforçar muito para receber presentes e mesadas, ou a família manifestasse um temperamento mais acomodado, é possível treinar e desenvolver uma mentalidade de crescimento.

CONVIVER COM PESSOAS POSITIVAS

Uma atitude que pode aproximar você desse mindset empreendedor é conviver com pessoas que tenham uma mentalidade produtiva e inovadora. Há um ditado bastante conhecido no ambiente empreendedor que diz que somos a imagem e a semelhança das cinco pessoas com as quais mais convivemos. Se você conviver com pessoas que tenham esse mindset, gente disposta a crescer, dar a cara a tapa, testar novas possibilidades, você também acabará desenvolvendo esse modelo mental.

Muitos entre nós, quando somos colocados diante de alguma oportunidade, escutamos nosso mindset fixo dizer: "Não, não, isso aí não é para mim!" Mas agora que sabemos que há outra mentalidade possível, a de crescimento, que pode nos dar um empurrão para a frente, podemos abrir bem nossos olhos para outras vozes interiores. Elas poderão enxotar essa primeira reação derrotista e dizer "não" àquele primeiro não. "Quem sabe? Vamos tentar, vamos experimentar..."

É nesse momento que começa uma mudança de atitude. Muitas vezes essa transformação será lenta, mas sempre terá o mérito de tornar você consciente de que seu mindset é fixo e que ele deverá ser trocado por uma mentalidade diferente que não recuse o novo, que não fuja dos desafios. Como fazer isso? Uma das maneiras é, como foi dito, observar a forma como as pessoas que têm sucesso agem em sua carreira profissional e até na vida pessoal. Também é fundamental frequentar cursos, ler livros e assistir a vídeos desses empreendedores. Fazendo assim, nos sentiremos encorajados e inspirados com a maneira com que esses personagens superaram seus desafios e conseguiram bons resultados profissionais.

Qualquer empreendedor que aspire ao sucesso deve ter claro, antes mesmo de começar sua caminhada, aonde quer chegar. Qual é meu sonho? O que quero realizar? O que desejo alcançar?. São perguntas que precisamos fazer a nós mesmos. No meu caso, naquele momento em que concluí meu curso na Fundação Getúlio Vargas, pensei em que eu queria ter uma clínica, com um número determinado de metros quadrados, uma quantidade determinada de salas e uma disposição de móveis e corredores que permitisse aos pacientes sair de minha sala, realizar exames em um cômodo alguns metros adiante e, depois, voltar à consulta, sem perder tempo e sem estresse.

Também imaginei que eu e outros profissionais que trabalhassem comigo seríamos capazes de dar a cada um dos pacientes as orientações necessárias, de acordo com o resultado de seus exames. Minha meta era a de que essa disposição e esses procedimentos agilizassem o tratamento e proporcionassem às pessoas, muitas delas vindas de outras cidades, um diagnóstico mais célere e, portanto, uma solução mais rápida para o problema de saúde delas.

DINHEIRO É CONSEQUÊNCIA

Neste primeiro momento, em que se define o ideal, o sonho ou o objetivo a ser alcançado, é preciso não cair na tentação de colocar o dinheiro como o foco principal. Claro, dinheiro é algo de enorme importância, e nossos projetos devem levar em conta e prever que sejamos capazes de ter os recursos necessários para uma vida confortável e segura. Mas ele virá como resultado de sua trajetória, que trará frutos muito mais generosos na medida em que você se identificar e ser feliz com a maneira escolhida para tocar sua carreira.

O foco, portanto, deve estar no que você quer construir. E o que se quer construir? Você, com certeza, responderá com afirmações como estas: "Quero ter uma carreira de sucesso, uma clínica bem aparelhada, bonita e acolhedora. Quero construir um empreendimento que leve meu nome para outras pessoas por muitos anos. Pretendo ter uma bela carreira como professor universitário." São sonhos como esses que são capazes de nos trazer realizações e felicidade, algo que um saldo bancário gordo não necessariamente proporcionará. Você tem de focar em um propósito, como ajudar a resolver os problemas que as pessoas têm. Aspirações que trazem em si o desejo de fazer os outros mais felizes são as que costumam aumentar nossas chances de sucesso pessoal e profissional.

E não é só isso. O mindset de crescimento e a atitude positiva que o acompanha são de grande relevância para garantir uma carreira profissional feliz e são fundamentais para o bom exercício profissional. É muito difícil para um médico ajudar um ser humano que está sofrendo caso ele próprio não tenha uma atitude positiva. "Vai dar! É possível! Você pode se reinventar e mudar sua vida!" É esse tipo de encorajamento que os pacientes precisam e esperam ouvir. Quando eles estão doentes, estão também com medo. Por esse motivo, quando se sentem protegidos e estimulados, desenvolvem um estado mental que poderá ser a diferença entre superar ou não a doença.

Imagine alguém que passou por um terrível trauma relativo às suas condições físicas. Uma pessoa que teve, por exemplo, uma perna amputada. Essa pessoa terá de refazer toda sua vida. Se durante esse período tão delicado ela estiver ao lado de alguém de mindset fixo, esse paciente dificilmente terá em quem se espelhar para se sentir estimulado a transformar aquele momento de imensa dificuldade em algo positivo para si. Em uma situação assim, será muito mais difícil superar seus medos, seu derrotismo, sua depressão e voltar a ter uma vida significativa. Ao contrário, se esse paciente contar com a presença de alguém positivo, com um mindset de crescimento, provavelmente se sentirá muito mais apoiado. Suas chances de se adaptar mais rapidamente à sua nova condição, e com menos sofrimento, será muito maior.

Por todas essas razões, estou convencido de que desenvolver uma mentalidade empreendedora é algo fundamental para nós, médicos. Considero que agora é o momento correto para essa nova maneira de enxergarmos nossa profissão e carreira. Todas as mudanças na sociedade, sociais, materiais, tecnológicas e culturais, estão apontando para essa direção. Convidar meus colegas a deixar de lado o mindset fixo e abrirem-se para seu lado empreendedor tornou-se uma das missões que escolhi para este momento de minha vida. Essa é, inclusive, uma das razões pelas quais decidi escrever este livro.

Percebo, em meu círculo de conhecidos, que a maior parte dos médicos ainda não abriu os olhos para esses novos tempos. Há aqueles que decidem empreender, inovar, estão prestes a mudar suas atitudes, mas a maioria não percebe a velocidade com que o mundo está se transformando e a necessidade de que a gente também mude com a nova realidade. Para esses, a chance de ter sucesso daqui para a frente será cada vez menor. O médico precisa ter uma nova atitude.

Como disse nos capítulos anteriores, não somos mais os donos da verdade, os únicos detentores do conhecimento. Hoje as pessoas estão muito mais informadas e exigirão outra postura de nossa parte. Teremos de ser muito mais parceiros de nossos pacientes do que simplesmente chegar até eles e ditar todas informações, determinações e decisões, como se fôssemos senhores da verdade. Enxergo nosso papel mais como o de facilitadores no caminho das pessoas do que de alguém que decidirá e dará a palavra final sobre o que deverá ser feito.

Alguns médicos percebem essa mudança, mas preferem manter uma postura conservadora, por temer os riscos de investir em novos empreendimentos ou transformar sua maneira de atuar. Riscos fazem parte do empreender. Porém, não é razoável correr riscos de maneira irresponsável. O bom empreendedor é alguém que estuda muito seus passos e, sobretudo, planeja cuidadosamente o que fará. Riscos, portanto, devem ser planejados. Há a possibilidade de errar e as coisas não darem certo? Sem dúvida. Mas também o erro deve ser protegido, e minimizado, pelo planejamento.

CAMINHÃO SEM FREIO

Errar feio, estrondosamente, irresponsavelmente, de uma maneira tal que não haja qualquer salvação possível é algo que pode ser totalmente evitado. Temos de dizer para nós mesmos: "Virei até aqui. Além deste ponto, não adianta mais insistir, porque daqui em diante será só perda de tempo e dinheiro." Essa postura é tranquilizadora, para nós mesmos e nossos eventuais sócios. Torna o risco do empreendimento algo controlável. Empreender não é como descer uma montanha em um pesado caminhão sem freios. Empreender de maneira planejada é deslocar-se por uma estrada que tem subidas, descidas e curvas, mas em que há vários retornos e pontos de parada. E você estará no controle do veículo durante todo o tempo.

Se o negócio não der certo, será uma pena. Mas o melhor é virar a página, entender onde foi que se errou e partir para outro empreendimento, outra ideia. Ou talvez voltar ao ponto de partida e tentar mais uma vez. Fixar um limite até onde é razoável insistir em um negócio é de fundamental importância. O plano deve prever o tempo máximo que você investirá no empreendimento e o limite de dinheiro a ser gasto nesse negócio. Esgotados esses prazos, caso não surja o resultado esperado, a experiência deve ser arquivada sem apego, e, então, partirmos para outra.

Mas aqui é preciso chamar a atenção para algo que costumo chamar de "a cultura do erro". No Brasil, erros costumam ser vistos como algo muito ruim, uma tragédia da qual é melhor nos esquecermos o mais rapidamente possível. Nós, brasileiros, ao que parece, somos muito avessos ao segundo lugar no pódio. Ou se é campeão, ou um fracassado.

Em outros lugares, como na mentalidade que impera no Vale do Silício, erros são vistos como um aprendizado. A falha é valorizada como uma excelente chance de aprender. Se você errou, subentende-se que refletirá sobre aquele erro, identificará o que não deu certo e não cometerá os mesmos equívocos novamente. Ou seja, você aprendeu uma lição, e isso o tornou mais apto a ter sucesso na próxima tentativa.

Negócios na área médica, seja um pequeno consultório, uma clínica ou mesmo um hospital, estão sujeitos a escolhas e variáveis que podem se alinhar de uma maneira favorável e trazer o sucesso ou, ao contrário, se expressar em uma sucessão de desafios e decisões mal avaliadas que podem impedir o empreendimento de florescer. É razoável esperar que o negócio comece a se mostrar como uma experiência bem-sucedida em um intervalo que pode variar de seis meses até um prazo próximo a três anos.

Sim, concordo, seis meses e três anos são extensões de tempo bem distantes entre si, mas os fatores que podem impactar os negócios são tão diversos, que cravar um intervalo de tempo determinado não faria sentido. Há, no entanto, algum consenso entre os que empreendem de que o espaço de 42 meses, ou seja, três anos e meio, é o tempo usual no qual uma empresa deixa de ser uma startup e se torna uma jovem adulta.

É também possível que, após esse período, esse empreendimento se mostre lamentavelmente como um doente terminal, sem qualquer possibilidade de sobrevivência. Diante desse quadro, a decisão mais acertada será encerrar suas atividades, sem insistir em manter viva uma ideia que não decolou. Ou, em uma perspectiva menos dramática, a empresa pode até sobreviver como um pequeno negócio, não correspondendo a toda aquela potencialidade inicialmente imaginada. Nesse momento, ou o empreendedor se conforma em seguir com um negócio modesto, ou desiste e parte para o planejamento e a execução de uma nova ideia.

Na minha opinião, nós, médicos, saberemos se nosso consultório terá ou não sucesso e começará a colher os primeiros frutos em um prazo entre dois e três anos. A maioria entre nós com certeza terá de fazer um planejamento prévio, uma poupança financeira e administrá-la de maneira organizada para conseguir suportar esses anos iniciais. Após esse período, ficarão claras as perspectivas que o empreendimento oferecerá para o futuro. Reservar algumas economias para os primeiros anos de consultório, quando o volume de entrada de dinheiro ainda é pouco previsível, parece uma decisão óbvia e obrigatória, mas poucos médicos fazem isso. Sem recursos e nem estratégias definidas para suportar esses primeiros anos, lamentavelmente, acabam morrendo na praia.

O QUE É O SEU ÓTIMO?

Mas talvez você não consiga nem ao menos saber como começar a organizar uma poupança que lhe permita esperar o tempo necessário para que seu negócio amadureça. É possível que você definitivamente não se veja como uma pessoa empreendedora. Talvez você tenha mesmo um mindset fixo. Mesmo assim, dificilmente terá como evitar inovar sua forma de atuar em uma profissão que se transforma em uma velocidade tão intensa quanto a Medicina.

A primeira coisa a fazer é enxergar aonde queremos chegar. Fazemos isso olhando para outras pessoas e negócios que chegaram a um patamar em que gostaríamos também de estar. É olhar em volta, ou para dentro de si mesmo, e se perguntar: "Do que eu preciso para viver bem? O que desejo deixar como meu legado para este mundo? O que eu gostaria de conquistar?" Esse é o passo número um: estabelecer o que é o seu "ótimo".

Definir a meta que você quer alcançar e entender bem onde você está agora é algo bastante relevante, pois a distância que separa esses dois pontos será preenchida pelo conhecimento, o qual você adquirirá por intermédio do estudo, da convivência com outras pessoas e do planejamento de suas ações. Ao tornar-se mais bem informado e preparado, você saberá com clareza que providências e atitudes deverá tomar e assumir para se tornar um médico melhor.

Pessoalmente, escolhi investir de maneira intensa em minha busca pelo conhecimento. Li muito, e leio todos os dias. Viajei por outros países e fiz e faço cursos pela internet para completar minha formação como empreendedor. Estive no Vale do Silício, fiz um MBA em Marketing, Empreendedorismo e Negócios e tento frequentar os lugares e ambientes nos quais esse movimento de empreendedorismo e inovação ocorre de uma maneira significativa. Nós médicos temos uma maneira própria de reagir diante dos desafios. Costumamos dizer: "Se farei alguma coisa, farei da melhor maneira possível". Isso porque sempre temos um grande senso de responsabilidade sobre aquilo que fazemos e dizemos, pois estamos lidando literalmente com a vida das pessoas. Não podemos, portanto, errar.

Procurar nos desenvolver é uma decisão poderosa. Tenho convicção de que o empreendedorismo, venha ele na intensidade que for, é um dos, se não o único, caminhos para evoluirmos e sermos seres humanos melhores. Como consequência, influenciaremos o ambiente ao nosso redor, nossa cidade, nosso país. Isso é algo que, se quando éramos adolescentes não surgiu de maneira natural em nossa vida, devemos buscar desenvolver desde nosso primeiro dia na faculdade de Medicina.

Exatamente como cuidar da futura trajetória profissional já nos anos de graduação em Medicina é o assunto de que trataremos no próximo capítulo.

PARTE
2

COMO CUIDAR
de sua trajetória
PROFISSIONAL
desde a
GRADUAÇÃO

Capítulo 4

EMPREENDER É UMA LIÇÃO A SER APRENDIDA
desde os anos de graduação

Sempre que penso sobre as razões que me levaram a desenvolver a atitude empreendedora, me recordo com gratidão de várias pessoas que contribuíram generosamente para que eu me tornasse o que sou hoje. Nesses momentos, também me lembro de um personagem que foi fundamental como gerador de um dos pontos de inflexão que tive em minha vida profissional. Falo de minha rinite.

O pontapé inicial aconteceu em um final de semana, quando eu estava na UTI do Hospital Universitário, no início de meus estudos de graduação na faculdade de Medicina da Universidade Federal de Santa Maria, (RS). Eu costumava perambular pela UTI olhando prontuários, observando procedimentos, querendo aprender tudo o que podia naquele ambiente. Estava ali incomodando os plantonistas com perguntas, quando chegou o professor da disciplina de pneumologia para avaliar alguns pacientes.

Ele me viu ali, percebeu que eu fungava todo o tempo e me perguntou quem eu era. Expliquei que era estudante de Medicina. "Você é um doutorando?", ele indagou. Doutorandos são os estudantes que estão no internato, no último ano do curso. "Não", respondi. "Estou no terceiro semestre." Ainda olhando para mim, o professor quis saber o que eu estava fazendo ali, em um final de semana. "Eu quero aprender", respondi. Ele disse: "E essa rinite? Você não tem vergonha dessa rinite? Tem que tratar."

"Rinite? Que rinite?" As pessoas que têm rinite — aquela inflamação da mucosa da cavidade nasal cujos sintomas são espirros e coriza, um fluxo nasal acentuado — quase nunca se dão conta de que o nariz está pingando, que estão fungando e fazendo outros sons estranhos todo o tempo. Eu era um desses que não percebia a própria doença.

Ao final daquela estranha conversa, o professor me fez um convite: "Já que você está tão interessado, vá segunda-feira ao ambulatório de pneumologia. Você poderá participar do ambulatório, e aproveitamos para tratar essa sua rinite." Na segunda-feira, eu estava lá. Tratei minha rinite e minha asma, tornei-me monitor na disciplina e, por fim, escolhi a especialidade de pneumologia para a minha vida profissional como médico.

OPORTUNIDADES SURGEM DO NADA

Conto esse fato aqui para mostrar que, assim como aconteceu comigo, oportunidades surgem quando menos esperamos. Do nada. Mesmo quando estamos ainda nos primeiros anos da graduação na faculdade. Acredito que, quando temos um espírito empreendedor, somos nós que provocamos essas oportunidades. No meu caso, eu estava lá naquela UTI, em um domingo. Poderia estar em casa, fazendo qualquer outra coisa, mas o que estava buscando era aprender. Foi por estar ali que recebi um convite. E fui atrás desse convite. Não fiquei tímido ou envergonhado de ir lá, bater na porta e dizer: "Olá, eu sou aquele estudante que estava domingo na UTI; aquele da rinite."

Da mesma maneira que o empreendedorismo é dependente de termos um interesse genuíno por alguma coisa, também as oportunidades costumam aparecer quando esse interesse está presente. Um exemplo disso foi quando fui admitido no ambulatório de pneumologia, algo que já era bom por si só, e foi ali que conheci um dos mais relevantes mentores em minha carreira. A figura do mentor é de fundamental importância para qualquer profissional, seja ele do ramo que for. É um privilégio ter alguém experiente que se disponha a nos orientar profissionalmente, dividindo sua experiência e expertise conosco. No entanto, não devemos ficar sentados e esperar que a sorte faça um bom mentor surgir em nossa vida. Devemos procurá-lo de maneira ativa. Voltarei a falar dos mentores mais adiante, ainda neste capítulo.

É possível desenvolver uma atitude empreendedora já nos anos de graduação no curso de Medicina. Mas há ainda outras condutas das quais não devemos nos esquecer e que também são decisivas para sermos, mais tarde, inovadores e produtivos. Uma delas, que embora pareça óbvia e, muitas vezes, não recebe atenção, é o bom entendimento das disciplinas básicas ensinadas em salas de aula, nos ambulatórios e laboratórios. São algumas matérias, tais como anatomia, fisiologia, microbiologia e clínica médica, entre outras. Embora essencial, esse conhecimento é uma commodity, ou seja, um aprendizado que todos os outros médicos têm (ou pelo menos deveriam ter), e, portanto, não parece ser uma qualidade que destacará você da multidão.

No entanto, entre essas commodities estão matérias que os universitários costumam considerar chatas e difíceis, principalmente quando envolvem matemática e cálculos. Exemplo delas são a estatística, epidemiologia ou metodologia científica. Tenho a convicção de que algo que diferencia o estudante e o futuro médico de seus pares, desde o início, é entender o quão importante essas matérias "chatas" são para sua carreira profissional. Por quê? Porque essas disciplinas farão uma grande diferença para conseguirmos ler, entender e tirar as conclusões adequadas de trabalhos científicos e saber quais, entre as muitas pesquisas e informações técnicas que eventualmente chegarem às nossas mãos, são importantes e dignas de atenção.

CHATAS E ESSENCIAIS

Não tenhamos dúvidas de que, para um médico, é fundamental saber ler um artigo publicado e reconhecer sua validade científica e técnica. Dessa maneira, saberemos se as conclusões desses trabalhos são adequadas para serem incorporadas ao nosso dia a dia profissional. E o instrumento para avaliarmos a relevância de um artigo científico é o conhecimento que adquirimos com essas "disciplinas chatas". É preciso entender algo de estatística para checarmos se um determinado artigo tem consistência em seus dados. Precisamos conhecer metodologia científica para nos assegurarmos de que um pesquisador seguiu os procedimentos adequados para nos apresentar uma determinada conclusão.

Não devemos ter ilusões, é obrigatório acompanharmos publicações especializadas em artigos científicos médicos, para nos inteirarmos dos muitos avanços tecnológicos que estão presentes na medicina atual. E há dezenas delas. Algumas consagradas, tais como as publicações britânicas *British Medical Journal* e a *The Lancet*, ou as norte-americanas *New England Journal of Medicine*, *The Journal of the American Medical Association* e a *Annals of Internal Medicine*. Existem muitas outras, voltadas para assuntos gerais ou para especialidades. Uma maneira de avaliar sua relevância é informar-se sobre o "Fator de impacto", um índice bibliométrico baseado no número de citações utilizado para avaliar a importância de periódicos científicos em suas respectivas áreas — de cada uma delas.[1]

Um argumento a mais para defender a importância de ler essas publicações: os livros técnicos são excelentes para entendermos sobre anatomia e fisiologia, por exemplo, ramos da Medicina que se modificam muito lentamente ao longo dos anos. No entanto, outras disciplinas, a exemplo da farmacologia, terapêutica clínica, radiologia e diagnóstico por imagem, mudam em prazos curtíssimos, e essas mudanças demoram anos para chegar aos livros didáticos, mas são rapidamente divulgadas em artigos científicos. Portanto, para nos mantermos sempre atualizados, à frente de nosso tempo, é nas publicações especializadas que encontraremos as informações mais recentes.

Nem é preciso dizer que, tanto para ler publicações científicas como para diversas outras necessidades dos médicos inovadores e empreendedores, entender bem o inglês também é uma commodity. Trata-se de uma habilidade tão necessária e insubstituível para os médicos de hoje como saber sacar dinheiro em um caixa eletrônico ou ser capaz de reservar uma passagem aérea por meio de um aplicativo.

---

1 No Brasil, o Portal de Periódicos da CAPES (Coordenação de Aperfeiçoamento de Pessoal de Nível Superior), uma fundação ligada ao Ministério da Educação, disponibiliza para a comunidade acadêmica acesso à base de dados do *Journal Citation Reports*, que apresenta o Fator de Impacto para mais de 10 mil revistas científicas em 82 países. Disponível em: <http://www.periodicos.capes.gov.br/>.

Se você fala inglês e, melhor ainda, domina também outras línguas, isso lhe abrirá muitas portas. Na minha época de estudante, o mundo era muito maior do que é atualmente. Tínhamos dificuldade para viajar até mesmo para fora de nosso Estado. Além disso, não havia ainda a internet, com toda a gigantesca facilidade de contato e comunicação que ela oferece. Hoje é possível fazer estágios e cursos fora de sua cidade e de seu país muito mais facilmente. Você pode até não querer ir para o exterior, mas deve estar atento ao fato de que é bem alta a possibilidade de que boa parte de seus colegas estará lá aprimorando a formação, e, quando o momento chegar, estarão no mercado de trabalho mais bem posicionados do que você.

INICIAÇÃO CIENTÍFICA TRAZ SUCESSO

Volto a insistir no ponto de que, para um médico, é fundamental ser capaz de ler um trabalho científico para saber quais são as informações que têm seriedade e competência técnica. Nos anos de graduação, uma prática eficaz para desenvolver esse conhecimento é participar de grupos de pesquisa e se envolver com trabalhos e pesquisas científicas. Acredito que isso seja algo a ser feito desde o começo da faculdade. Além de agregar valor ao currículo, a participação em grupos de pesquisa desenvolve a curiosidade dos estudantes de Medicina. Dessa maneira, será fácil para eles entenderem que há muitos outros assuntos importantes para se conhecer e que não estão nos textos básicos do dia a dia das aulas.

Há levantamentos mostrando que alunos participantes de projetos de iniciação científica, quando se tornam profissionais, têm mais sucesso do que aqueles que não viveram essa experiência. Na minha formação, a iniciação científica foi extremamente importante, e participei dela desde os primeiros semestres da faculdade de trabalhos e projetos científicos. Isso fez com que eu obtivesse um dos melhores currículos de minha turma e me permitiu fazer estágios fora de minha universidade.

Na época em que eu era um graduando em Medicina na Universidade Federal de Santa Maria, era possível pleitear estudar no sexto ano em outras universidades e instituições hospitalares, como no Grupo Hospitalar Conceição e na Santa Casa de Misericórdia de Porto Alegre. Entre os inscritos, eram escolhidos aqueles que tivessem os melhores currículos. Consegui isso graças aos projetos científicos nos quais me envolvi. Portanto, participar de grupos de iniciação científica é de fundamental importância.

Há, ainda, outro ganho para aqueles que superam os preconceitos e a preguiça e estudam a sério as tais matérias "chatas". Como eu disse, em algumas delas temos de desenvolver outras habilidades, tais como a matemática e resolução de equações. É o que acontece na disciplina de epidemiologia. Mas se você dominar o essencial dos números, será bem mais fácil lidar mais tarde com a gestão de negócios. Gerir exige manejar números, pois muitos aspectos da gestão estão relacionados com cálculos e leitura de gráficos. Essa sugestão tem uma relevância ainda maior quando se constata que, infelizmente, nos cursos de Medicina é ensinada pouquíssima coisa, ou nada, a respeito da gestão dos negócios da área.

Outra lacuna do ensino nas faculdades que também deve ser preenchida pelos estudantes diz respeito à tecnologia. Devemos entender que a tecnologia faz cada vez mais parte da Medicina e da carreira médica, e isso só aumentará. Teremos de entender de inteligência artificial, de telemedicina e de muitos outros avanços que ainda surgirão e com os quais nem sonhamos ainda. A atitude proativa em relação aos conhecimentos tecnológicos não é mais uma opção, mas a única maneira de se manter relevante e competitivo no mundo atual.

CARGA PESADA

Mesmo aqueles alunos que preferirem acompanhar apenas o currículo dado pela faculdade, sem se preocupar em desenvolver atividades extracurriculares, terão pela frente uma forte carga de trabalho. O curso de Medicina é pesado. Uma dica é pegar leve nas primeiras semanas de estudo. No início, você certamente se cansará, achará tudo difícil. Terá, talvez, dificuldade com os estudos e lerá menos do que seria necessário. No entanto, a concentração adequada para os estudos virá com o tempo, e você conseguirá finalmente dedicar mais horas aos estudos em livros, e o processamento pela sua memória do que foi visto será maior.

O que me ajudou no início de minha trajetória foi estipular uma rotina diária de estudos. É de grande importância que essa determinação esteja escrita em sua agenda: "Eu preciso ler e estudar todos os dias!" Estudar é um aprendizado. Nós temos de aprender a estudar. Se pegarmos os livros apenas de vez em quando, nunca adquiriremos a disciplina e a concentração necessárias. Ao contrário, se você desenvolver essa rotina, passará a se sentir confortável com seus estudos e, com o tempo, terá de dedicar cada vez menos horas aos livros.

Outro nome pelo qual pode ser chamada essa rotina é gestão de tempo. Saber gerir o tempo é muito útil nos anos de graduação. Para além desse período, gerenciar bem o tempo é algo que nos tornará produtivos e voltados às atividades que escolhemos para nosso dia a dia profissional: teremos mais tempo à nossa disposição do que aqueles que têm pouco foco e acabam se tornando agenda de outras pessoas. Quando fazemos esse gerenciamento, aprendemos também a definir prioridades e saber o que tem valor para nós.

Com o desenvolvimento dessa habilidade já na época da graduação, aprenderemos a valorizar aquilo que é, de fato, importante, e não gastaremos tanta energia com aquelas disciplinas que são parte de um currículo velho, ultrapassado, e que no seu dia a dia não fazem mais grande diferença. Cursei uma universidade pública, na qual havia uma carga horária muito grande. Mas algumas das disciplinas não fizeram quase nenhuma diferença em minha formação. Pelo menos, não da maneira como elas foram ministradas. Por perceber meus estudos dessa forma, eu me dedicava a outras coisas que considerava mais importantes do que aquelas matérias pouco relevantes, e não me arrependi de ter agido dessa maneira.

A gestão de tempo e a definição de prioridades são aspectos importantes do planejamento mais amplo da carreira. Planejar uma carreira é definir onde se quer chegar e traçar um plano para que você tome os caminhos certos para atingir seu objetivo. Se você, por exemplo, quer fazer uma especialização no exterior, é necessário que você domine bem o inglês. Portanto, se a especialização é planejada para daqui a quatro anos e seu inglês é rudimentar, comece desde já a aprender o idioma.

DEFINIR METAS

A sugestão que eu daria é a de que você escreva aonde quer chegar. Colocar no papel nossos planos tem o poder quase mágico de gravá-los profundamente em nossa mente e nos encorajar a seguir em frente. Estipule algumas metas que você pretende alcançar ao longo da sua trajetória enquanto estudante. "Eu gostaria de estagiar em um determinado lugar; estudar a língua estrangeira tal e tal para cursar alguma especialização no exterior; gostaria de fazer cursos extracurriculares para poder entender melhor determinada área de meu interesse ou para me capacitar em alguma técnica; quero entender de marketing na saúde; mergulhar na tecnologia e na informática médica" são alguns desses objetivos que formarão seu planejamento de carreira.

Outras metas, já pensando em seu futuro profissional, poderiam ser a de ter um consultório, ser dono de uma clínica, trabalhar na indústria farmacêutica, em um hospital, associar-se a outros profissionais. Determinar quais são os objetivos que você pretende atingir o obrigará a decidir que habilidades você precisará adquirir para chegar lá. Boa parte das condições para você desenvolver tais habilidades não estará disponível nos currículos da universidade, e será necessário procurar a ajuda de profissionais mais experientes ou fazer cursos além da grade formal de disciplinas. Os anos de graduação são um dos melhores momentos para você fazer isso. Dessa maneira, você cultivará um olhar empreendedor desde o início de sua carreira. Se você se acostumar a agir assim desde cedo, será muito mais fácil. Quando terminar a faculdade e entrar para o mercado de trabalho, já estará com o olhar calibrado para enxergar as oportunidades que surgirem e, na mão contrária, possibilitar que as oportunidades também enxerguem você.

Nunca se deve esquecer, no entanto, que, mesmo quando deixar a faculdade e tornar-se um profissional pleno, as habilidades que você tenha adquirido irão torná-lo diferenciado dos demais médicos por muito pouco tempo. Se o conhecimento está disponível para você, também está para todas as outras pessoas. Teremos de sempre fazer cursos e nos educar continuamente para enfrentar e satisfazer as exigências do mercado, que estão sempre se renovando. Não é mais possível parar de pedalar.

A boa notícia, no entanto, é que hoje, não interessa onde você esteja, mesmo em uma localidade remota, sempre poderá se apropriar de qualquer lugar do mundo. Basta que você tenha vontade de aprender. Não interessa sua idade, o país em que você mora. A internet praticamente nos igualou em termos de oportunidades, mesmo que cada um tenha sua fórmula própria de aprendizagem.

Isso é algo que devemos levar em conta: aprender a estudar é uma arte que será dominada individualmente. Ou seja, a estratégia que Maria usa para aprender coisas novas é diferente daquela que João utiliza. E esses dois estilos podem ser completamente diversos daquele que funcionará para mim. Podemos utilizar várias formas de aprendizado até descobrir qual é a mais adequada para nós. Ouvir, gravar a própria voz, assistir vídeos no YouTube, ler, fazer resumos por escrito, usar fichas de estudo, algum aplicativo de flashcards, escutar um curso inteiro pelo smartphone, em uma viagem de ônibus. Todas as maneiras podem nos ajudar.

ESTUDO EM GRUPO

Encontrar o próprio estilo de aprender é uma das sugestões que faço. Outra dica, que usei com sucesso em minha carreira, é se aproximar de pessoas curiosas, sedentas por conhecimento e que gostam de estudar, diferenciando-se como estudantes bem-sucedidos, e descobrir como elas fazem para absorver conhecimento com eficácia. Para mim, o que funcionou de maneira bastante satisfatória foi estudar em grupo. Éramos um grupo de quatro colegas e estudamos juntos por praticamente todo o período na universidade.

A fórmula do estudo em grupo me parece a mais indicada para uma faculdade, como a de Medicina. Esse é um curso que exige muitas e muitas horas de leitura. Se você estudar sozinho, é provável que caia no sono, caso se sinta cansado e desestimulado. No nosso grupo, conseguimos evitar que esse tipo de problema aparecesse. A gente praticamente se mudava um para a casa dos outros nas épocas mais puxadas de estudos e de provas. Estudando juntos, uns estimulavam os outros ,e conseguíamos nos manter acordados por mais tempo.

Faz uma grande diferença interagir com pessoas que têm os mesmos objetivos que você e também o desejo de chegar mais longe. Devemos nos lembrar de que o lado contrário disso, ou seja, nos aproximarmos de colegas de faculdade que não têm grandes objetivos na vida acadêmica, pode nos atrasar bastante. São aquelas pessoas que estão ali só por estar, ou só querem festa em todos os momentos. Fazer festa é bom, precisamos disso, mas é importante olhar para o futuro e pensar que tipo de profissional queremos ser. Daí, se aproximar de pessoas que têm projetos parecidos aos seus parecerá mais lógico do que se juntar a quem não tem plano algum.

Segundo alguns autores, uma das principais formas de aprendizagem e retenção de informações ocorre quando você consegue explicar ou ensinar um assunto para outra pessoa. Eu sempre aprendi muito ensinando as pessoas que estudavam comigo. Também passei a entender muito melhor as disciplinas quando, entre os que faziam parte desses grupos de estudo, estavam aqueles que sabiam mais do que eu sobre assuntos nos quais eu enfrentava dificuldades. Em relação aos professores da faculdade, o sentimento é similar. Hoje percebo que aqueles que eram os mais queridos e simpáticos deixaram muito menos marcas em minha vida profissional do que os chatos, que eram exigentes quanto à compreensão dos conteúdos de suas disciplinas. Em minha vida profissional, me lembro todos os dias daqueles mestres mais rigorosos.

Também devemos nos aproximar de pessoas que alcançaram sucesso na carreira médica que almejamos. Ao olharmos para elas, saberemos o que elas fizeram e que foi além da média. Pergunte a elas o que fez diferença em suas carreiras. Quais foram as pessoas que as inspiraram? Por que alcançaram sucesso no que fizeram? Ao entender quais foram os fatores que influenciaram a trajetória vitoriosa delas, você encontrará um norte para orientar o seu próprio caminho.

NETWORK

A construção de uma rede relacionamentos (network) começa no banco escolar. São os nossos amigos, colegas, professores e todas as demais pessoas que acreditam no nosso potencial e em nós com a certeza suficiente para nos recomendar aos outros. O resultado de uma boa network é, por exemplo, um professor que nos dará uma carta de recomendação — algo que parece um pouco antigo, mas ainda tem bastante eficiência — para que sejamos aceitos em uma universidade no exterior. É, ainda, um colega que nos apresenta para um empresário, com o qual poderemos fechar um bom negócio. São pessoas que nos recomendam a futuros pacientes.

Pode-se fazer networking em praticamente todos os lugares em que nos encontramos com pessoas e temos a oportunidade de conversar com elas. Isso pode acontecer, além das faculdades, praticando esportes, visitando colegas ou empresas, em festas, eventos sociais e, um lugar que costuma ser muito adequado para esse tipo de socialização, em congressos e eventos médicos. Os primeiros estágios que consegui em São Paulo surgiram dos contatos que fiz em congressos médicos, nos quais estavam professores de diferentes universidades.

Foi quando deixei a vergonha de lado e pedi: "Posso fazer estágio, posso acompanhar seu serviço?" Sempre fui muito bem recebido. Ainda hoje me encontro com alguns desses professores em congressos. Às vezes eles dizem: "Lembra quando você era aluno e enchia a minha paciência para pedir estágio no meu hospital?" Eles valorizam quem faz esses pedidos, como eu fiz, pois procurá-los mostra que estamos verdadeiramente interessados.

Muitas pessoas, sobretudo quando ainda são jovens estudantes, têm dificuldades, por desconhecimento ou insegurança, em fazer contatos com gente que poderia ser uma importante influência em suas carreiras. Não há razões sólidas para temer se aproximar das pessoas e conhecê-las.

A seguir, apresento algumas dicas que podem afastar as dúvidas mais comuns que surgem quando estamos tentando formar uma rede de relacionamentos:

- **Só aceite gente boa** — As pessoas que o atenderão de maneira atenciosa são, na maioria das vezes, as que têm algo a lhe oferecer. Quem é, de fato, bom em alguma especialidade não teme a concorrência e, portanto, sempre atenderá àqueles que buscam seus ensinamentos de maneira simpática e generosa. Se você se aproximar de uma pessoa e ela não lhe tratar bem, tenha certeza de que ela nunca seria alguém que você admiraria. Deixe-a de lado e procure outra pessoa. Você não deve ter medo de se aproximar dos outros. Quem é de fato brilhante entende que a empatia é fundamental para se ter sucesso. São essas pessoas empáticas que terão o que lhe oferecer.

- **Não tema o ridículo** — Não se envergonhe de fazer uma pergunta em uma conferência, mesmo que seja uma questão que possa parecer tola para a maioria das pessoas. Não há nada de ridículo em querer esclarecer suas dúvidas. A maioria dos participantes em uma palestra ou aula não tem coragem de se manifestar, mesmo quando têm dúvidas. Não seja como eles.

- **Seja genuíno** — Sim, você não deve temer fazer perguntas, mas só faça isso se seu interesse for genuíno. Não pergunte só por perguntar, para se mostrar. Se sua dúvida for verdadeira, ela nunca será ridícula. Demonstrar interesse honesto, não só pelo conhecimento, mas também pelas pessoas com as quais você convive, fará grande diferença a seu favor e enriquecerá sua network. Quando buscamos alguém por admiração e com honestidade de propósito, torna-se mais fácil conseguirmos realmente nos aproximar dessa pessoa.

- **Suba a escada** — Se você não consegue se aproximar diretamente de alguém porque essa pessoa tem um status muito elevado ou por ser muito solicitada ou protegida por assessores, isso não é motivo para desanimar. Preste atenção àqueles que são próximos de quem você quer fazer contato. Network é uma escada. Pode ser necessário que você suba alguns degraus até estabelecer o relacionamento desejado. Talvez fazer um estágio em uma instituição ou colaborar em uma pesquisa em que a personagem que você admira esteja envolvida. Outra alternativa é se aproximar de alguém que tenha contato direto com o indivíduo do qual você quer se aproximar e pedir para que ele o auxilie nessa aproximação.

- **Use a internet** — Se as portas estão fechadas ou a pessoa que você quer colocar em sua rede anda correndo para baixo e para cima, sem tempo para conversas, busque contatá-la via online. Hoje é possível encontrar qualquer um e fazer contato pelas redes sociais. Algumas delas, tal como o Linkedin, são mais favoráveis para a network. Pesquise as pessoas que têm interesses profissionais e técnicos parecidos com os seus e entre em contato pela internet.

Se depois de ler essas sugestões você ainda tem dúvidas se a sua aproximação será bem-vinda, posso falar de minha experiência pessoal para lhe garantir que sim: caso a pessoa com a qual você queira fazer contato tenha um mindset de compartilhamento, ela o receberá de maneira calorosa. Na minha condição de professor e palestrante, sempre considerei estimulante ser procurado por alunos de graduação e pós.

Tenho prazer quando alguém me procura interessado nos assuntos que eu domino. Da mesma maneira que as pessoas a quem procurei foram receptivas comigo, também divido com alegria meus conhecimentos. A maioria dos professores e especialistas tende a agir dessa maneira. Não há, portanto, por que evitar se aproximar delas.

Como eu disse, congressos médicos são excelentes oportunidades para se fazer uma boa network. Aliás, eles são organizados tendo entre seus objetivos exatamente promover essa troca de experiências e facilitar contatos. Como neles há uma grande movimentação de público, as estratégias de aproximação são diferentes daquelas que se faz em ambientes mais tranquilos.

Uma das formas de se aproximar de algum palestrante que você admira, e cuja aula o impressionou, é, ao final da conferência, agradecer o ensinamento que você acabou de receber, fazer algum comentário sobre a exposição, enfim, demonstrar interesse genuíno e entregar o seu cartão de visita (não, eles não morreram com o WhatsApp). Se você já vai ao congresso com a intenção de fazer contato com alguém especificamente, a primeira tarefa é estudar a pessoa, ler o currículo dela, se inteirar sobre qual linha de pesquisa que ela segue, com quem ela trabalha. Dessa maneira, você fará o contato já com algumas informações e perguntas previamente preparadas. Um levantamento como esse não é difícil de se fazer pela internet. Essa atitude será interpretada como uma mostra de seu interesse pela história daquela pessoa. Ela perceberá isso e ficará lisonjeada, o que tornará muito mais fácil a aproximação.

PROCURANDO UM MENTOR

Além dos contatos que devemos fazer com especialistas da nossa área, colegas e outras pessoas que sejam significativas para constar em nossa network, há outro personagem de grande relevância a cultivar. Trata-se do mentor. Embora sejam comuns em países como os Estados Unidos —o Vale do Silício é um exemplo disso; lá, empreendedores jovens e mesmo mais maduros têm mentores —, essas importantes figuras não são tão comuns aqui no Brasil.

O mentor é uma pessoa experiente em alguma área do conhecimento que atua como um guia e conselheiro para outros profissionais, em geral mais jovens do que ele. É alguém que inspira, estimula e orienta. Não é preciso que eu me alongue na explicação da importância de termos o apoio de alguém mais experiente do que nós. É muito mais fácil para você trilhar um caminho se ouvir os conselhos e avisos das pessoas que já conhecem os passos daquela estrada. Se elas se dispõem a lhe mostrar quais são as dificuldades e as opções que você encontrará, esse será o melhor dos mundos.

Às vezes, boas oportunidades passam por nós sem que as percebamos, por falta de experiência. Da mesma maneira, uma ameaça à nossa carreira acadêmica e profissional pode se aproximar perigosamente sem nos darmos conta. Um mentor por ter mais experiência do que você, pode trazer ensinamentos que facilitarão e encurtarão sua caminhada e o livrarão de perigos.

Em minha vida, fui auxiliado por mentores excepcionais. Aliás, tornei-me pneumologista por influência de um competente mentor, aquele a que me referi no início deste capítulo, que me aceitou no ambulatório de pneumologia e, de quebra, ainda tratou minha rinite. Procure você também bons mentores. Aproxime-se das pessoas que você admira, com as quais você gostaria de ser parecido. Elas significarão muito em sua vida.

No entanto, haverá um momento em que seu mentor já terá esgotado o repertório dele e proporcionado o conhecimento de que você precisava até então. Terá chegado a hora, portanto, de procurar outra pessoa que possa orientá-lo. E isso se repetirá ao longo de sua carreira. Sempre precisaremos de novos mentores ao longo de nossa vida. Faz parte do crescimento.

PÉ NA ESTRADA

Até aqui, tratamos de ações a serem tomadas no período de graduação que podem reforçar, ou mesmo desenvolver, o espírito empreendedor do futuro médico. São atitudes que, de modo geral, se dão no ambiente formal acadêmico. Há algumas iniciativas que são relevantes para reforçar o empreendedorismo e que acontecem longe das salas de aula.

Quando estamos envolvidos profundamente com a vida acadêmica, podemos ter alguma resistência em acreditar que fora dali exista algo que possa acrescentar conhecimentos úteis à nossa formação. Digo isso com conhecimento de causa, porque eu mesmo interpretei de maneira desfavorável, e que hoje vejo ter sido incorreta, a decisão de dois veteranos de trancar os estudos para passar um ano no exterior. Sua intenção era aperfeiçoar seus conhecimentos em outro idioma.

Na época, achei que eles haviam feito uma loucura. Esses veteranos haviam atrasado em um ano suas trajetórias como estudantes, tanto que perderam a vaga na turma deles e acabaram vindo a fazer parte de minha turma, tendo se formado conosco. "Eles se formariam mais velhos do que os colegas, estariam em desvantagem por esse motivo", pensei na ocasião. Hoje vejo que esse pensamento foi incorreto. Pessoas de sucesso, e conheço algumas que se tornaram bilionárias, fizeram algo parecido e deixaram os estudos temporariamente de lado para adquirir uma experiência que só uma temporada fora do Brasil seria capaz de proporcionar.

Hoje aconselho vivamente que os jovens estudantes aproveitem as oportunidades que surgirem para tomar uma atitude semelhante a de meus colegas da faculdade. Devem aproveitar as oportunidades que surgirem, quando ainda são jovens, não têm compromissos como família, filhos ou uma carreira já em andamento. Não percam essa chance, eu digo. O mundo está pequeno, muito mais próximo de nós, está muito mais fácil dar esse passo do que há duas, três décadas. A experiência de conviver com culturas e pessoas diferentes daquelas que circulam em nosso dia a dia é riquíssima.

ATRÁS DE NERUDA

Faço essa autocrítica por não ter compreendido e até reprovado o comportamento desses colegas viajantes, mas gostaria de deixar registrado que eu também me aventurei fora dos limites da faculdade em uma experiência que guardo com carinho em minha memória. Foi em uma época em que me apaixonei por autores latino-americanos, em especial o poeta chileno Pablo Neruda (1904-1973).

Em companhia de um colega "fora da caixa", pois queria ser diplomata, também apreciador da literatura latino-americana, viajamos de carona pelo Chile e Argentina para conhecer os lugares por onde nossos admirados autores viveram. Para conseguir dinheiro para a viagem, por alguns meses medimos a pressão arterial das pessoas no calçadão de Santa Maria, cidade onde estudávamos, e recebemos algumas doações.

Com cerca de 300 dólares no bolso, mochila e barraca nas costas, colocamos o pé na estrada, sempre de carona. Assistimos a várias peças teatrais, todas gratuitas, pois o dinheiro era curto. Visitamos as casas onde viveu Pablo Neruda. Conversamos com pessoas. Foi uma experiência inesquecível e transformadora. Se em sua vida você age e tem a cabeça só voltada para questões técnicas, sua criatividade ficará sufocada, e seus horizontes diminuirão. A diversidade de pessoas e experiências é insubstituível para nos tornarmos seres com possibilidade de entender e transformar este mundo.

Experiências como essas não devem se restringir apenas ao período em que somos jovens universitários. Devem também ser uma estratégia de formação nos anos de especialização, que é o assunto do nosso próximo capítulo, e ao longo de toda nossa vida adulta.

Capítulo 5

OS ANOS NA RESIDÊNCIA SÃO FUNDAMENTAIS
para uma carreira de sucesso

Então os seus seis anos de graduação chegam ao fim. Depois da colação de grau, e mães e pais emocionados na formatura, parte dos seus colegas coloca o diploma debaixo do braço e vai até o Conselho Regional de Medicina do Estado. Lá eles recebem o número de inscrição, dizem adeus aos estudos e já começam a exercer a profissão de médico. Mas a maioria ainda tem um bom pedaço de estrada pela frente.

Passada a ressaca das comemorações, ou até mesmo com a cabeça ainda latejando, esse grupo voltará correndo para a mesa de estudos e se preparará para concorrer a uma vaga na residência médica. Terão de estudar bastante. Algumas dessas provas de admissão são tão concorridas quanto o próprio vestibular. Os que passarem por esse funil ainda terão, de acordo com a especialidade que escolher, de dois a até seis anos de atendimento, plantões e aprendizados pela frente até receberem o título de especialistas. Essa foi a trajetória percorrida por, pelo menos, 62,5% dos médicos brasileiros que se tornaram especialistas em alguma área da Medicina, de acordo com dados do Conselho Federal de Medicina publicados em 2018.

Aqueles que escolhem não se especializar, por não terem conseguido uma vaga na residência médica, pela urgência em trabalhar ou por qualquer outro motivo, são os chamados generalistas. Muitos entre eles são excelentes profissionais, mas que sempre serão vistos pelos possíveis pacientes e empregadores como tendo um valor menor do que o de um especialista. E, como consequência, terão salários menores e prestígio inferior ao dos colegas que cursaram as especializações oferecidas na residência médica.

Deixo claro aqui que a função do generalista é algo de grande importância. Não é possível ser um bom especialista sem ter uma visão ampla e profunda de todo o organismo humano, suas funções e como ele reage diante das doenças. Um especialista que tem essa percepção generalista do corpo humano será, sem dúvida, um profissional completo. Por esse motivo, devemos cursar um, dois anos de Medicina interna antes de partir para a especialização. A Medicina interna, ou clínica médica, segundo o Conselho Federal de Medicina, é a especialidade generalista com conhecimento abrangente na saúde do adulto, podendo o médico atuar em consultório, clínicas, ambulatórios de hospitais públicos e privados e enfermarias.[1]

UMA NOVA PROFISSÃO

Imagine toda a pressão de enfrentar uma disputa dura com colegas, os quais, em muitos casos, podem estar vindo de todo o Brasil, para tentar aquela residência específica; a urgência de ter dinheiro para o próprio sustento, ou o da família; e a dúvida relativa a se aquela especialidade se tornará irrelevante em poucos anos em razão dos avanços tecnológicos da Medicina, e teremos momentos de grandes desafios para o recém-formado.

Mesmo diante de uma corrida de obstáculos como essa, acredito que vale muito a pena você seguir uma especialidade médica. Além da satisfação pessoal que uma escolha acertada trazerá, tornar-se especialista aumentará a percepção de valor sobre seu trabalho e sua marca pessoal. Isso sem levar em conta o fato de que o Brasil necessita de mais especialistas em determinadas áreas para proporcionar um melhor atendimento para as pessoas.

Entretanto, há alguns cuidados que devem ser observados no processo de decidir que especialidade você seguirá. O primeiro deles é, obviamente, que se escolha algo que você goste de fazer. Trabalhar vários anos de sua vida em algo com o qual você não sinta prazer é um sofrimento pelo qual ninguém merece passar. Tendo decidido que residência médica você quer seguir, tome um cuidado extra, e esta é outra dica: aproxime-se dos profissionais que já estão nessa especialidade e pergunte a eles como está esse mercado. Há boas oportunidades de trabalho? Eles estão felizes naquela especialidade? Estão fazendo sucesso?

Outro cuidado a ser tomado exige uma certa habilidade em ler o futuro. Olhe para o horizonte e veja o que está surgindo de inovação e de tecnologia nessa especialidade. Será que novas descobertas não encurtarão a vida útil desse ramo da Medicina? Há muitos caminhos pela frente, ou esse ramo já está sendo substituído, em grande parte, pela tecnologia? Será que eu ainda terei trabalho daqui a dez ou quinze anos nessa especialidade que escolhi?

É preciso também prestar atenção à geografia. Em que regiões ou cidades do país estão as melhores oportunidades de trabalho para sua especialidade? Há cidades, ou mesmo bairros, em que a oferta de determinados profissionais já é bastante alta, o que reduz as chances de trabalho. Talvez você tenha, depois de formado, de se estabelecer em uma determinada cidade por outras razões. Por exemplo, a cidade em que sua família tenha um negócio com o qual, em algum momento, você terá de se envolver. Ou é ali que moram seus pais já idosos, que precisarão de sua presença.

---

1 https://portal.cfm.org.br/images/PDF/competenciasclinico.pdf

Mas o problema é que nessa cidade já existe uma dezena de médicos com a mesma especialidade que você pretendia seguir. Aquele mercado, ali, está saturado. O que fazer? Se não é possível mudar de cidade, talvez você deva escolher cursar uma especialidade em que haja poucos profissionais atuantes ou mesmo que estejam em falta na cidade, para que tenha melhores chances de trabalho.

CAMINHOS ALTERNATIVOS

Outra sugestão que considero importante é não fechar a porta para nenhuma oportunidade. Isso significa que você não deve focar todo seu esforço em querer ser um especialista exclusivamente naquela área que escolheu. Dá para fazer isso? Sim. Eu mesmo tenho três especialidades: em pneumologia, tisiologia (os médicos que terminam a residência em pneumologia saem com duas titulações: em pneumologia e em tisiologia, que é a especialidade em tuberculose) e medicina do trabalho. E ainda tenho habilitação em função pulmonar.

Eu me especializei em medicina do trabalho já pensando em ter uma ocupação que me remunerasse enquanto estivesse cursando pneumologia, à época o ramo da Medicina que me interessava de maneira mais profunda. Eu sabia que precisaria de algum tempo até conseguir me estruturar como pneumologista, e, até que esse momento chegasse, trabalhei contratado em empresas como médico do trabalho. Esses contratos garantiram a minha subsistência e a de minha família nos primeiros anos no mercado, antes de eu me firmar na pneumologia.

Vejo alunos de Medicina que focam na especialidade desde muito cedo e, ao final dos anos de universidade, o mercado para aquele ramo já não está tão bom quanto parecia no início do curso. Ou, o que também acontece com frequência, o estudante não consegue ser aprovado para a residência médica na especialidade desejada e tem de ir para o mercado como um médico generalista.

Por exemplo, um universitário tem uma ideia fixa desde cedo: "Quero ser cirurgião plástico! Não me interessa pediatria e nem qualquer outra especialidade! Meu negócio é a cirurgia plástica!" Mas e se ele não conseguir ser aprovado quando for disputar com os outros muitos que também sonham em serem cirurgiões plásticos? Ele precisará de muito daquele conhecimento, antes desprezado pela sua inexperiência e arrogância, pois terá de encarar plantões nos quais o conhecimento médico geral é fundamental para sua atuação.

A conclusão é a de que devemos manter sempre abertos alguns caminhos alternativos. Isso não só quando estivermos terminando a graduação, mas ao longo de toda nossa vida profissional. Precisamos ter essa flexibilidade mental para aproveitar as oportunidades que surgirem e nos adaptarmos às mudanças pessoais e profissionais pelas quais sempre passaremos.

Como contei no capítulo anterior, minha escolha pela pneumologia se deu em razão de uma oportunidade. Na verdade, entrei para a faculdade de Medicina pensando em ser médico do esporte, mas na Universidade Federal de Santa Maria não havia tal especialidade. Já contei aqui como surgiu, então, a oportunidade: eu estava em um final de semana na CTI do Hospital Universitário, tentando aprender com os plantonistas, quando um professor de pneumologia conversou comigo e me convidou para acompanhar os trabalhos no ambulatório em que ele atuava. Fui até lá e gostei. Na sequência, tornei-me monitor, depois residente, até que me tornei especialista proprietário de uma clínica voltada para o tratamento de distúrbios respiratórios.

Uma força adicional que impulsionou minha escolha foi a admiração que passei a ter por esse professor. Isso é algo comum entre nós, alunos de Medicina: querer seguir os passos profissionais de um mestre a quem admiramos. Nada contra esse tipo de escolha, mas devemos tentar fazer com que uma decisão importante como essa não seja motivada apenas pelo nosso lado emocional.

Afinal, esse professor, com toda a segurança e desenvoltura que demonstra, é alguém que já tem, provavelmente, dez ou mais anos de estrada. Está estabelecido. É seguro de si. Por isso pode parecer tão admirável aos nossos olhos. Mas será que a especialidade pela qual ele se decidiu também será boa para nós? Será que nos sentiremos também realizados e felizes nela? Tornar-se especialista em algum ramo da Medicina é uma decisão que terá impacto por muitos anos em nossa carreira. É uma decisão que deve ser tomada com maturidade, mesmo sabendo-se que, quando ela chega, estamos ainda com vinte e poucos anos de idade e nossa experiência de vida não é assim tão longa.

É preciso prestar atenção, principalmente, a alguns erros que são comuns no momento de escolher uma especialidade médica e que podem resultar em uma carreira profissional pouco satisfatória. Um desses equívocos é escolher uma especialidade pela qual você não tenha afinidade. Como? Por que alguém faria isso? Tal equívoco é mais comum do que parece. A pessoa pode preferir tentar uma vaga em uma residência médica na qual seja mais fácil de ser aprovado por não haver tanta concorrência.

Isso pode ser um convite a uma vida de frustração com a profissão. Causará menos sofrimento estudar um pouco mais e investir na própria formação do que simplesmente desistir. Sim, sempre há a possibilidade de que alguém que tenha escolhido uma especialização que não era a sua preferida acabe por se identificar com aquela carreira. Mas se você correr atrás do que realmente deseja e mesmo assim não for aprovado, pelo menos não se arrependerá mais tarde por não ter ncm ao menos tentado.

Mesmo quando o aluno consegue ser aprovado na especialidade que desejava, isso não garante que ele poderá se acomodar na mesa de seu consultório e ter uma vida profissional repleta de sucessos. Esse é outro erro. Quem fica parado é ultrapassado e perde espaço no mercado. Hoje, como mostram as estatísticas, ser um médico especialista é uma espécie de commodity, pois não faltam esses profissionais no mercado, à exceção de poucas áreas ainda carentes de especialistas. Portanto, não basta que eu seja um profissional especializado; eu tenho de desenvolver outras habilidades.

O QUE VIRÁ PELA FRENTE?

Sempre será um grande desafio olhar para a frente e conseguir decifrar o que o futuro reserva para o mercado de trabalho médico. Será que essa minha especialidade me garantirá um futuro razoável daqui para a frente? Será que não estou apostando todas minhas fichas em um conhecimento que em poucos anos se tornará obsoleto?

Em que direção exatamente a Medicina evoluirá é uma questão impossível de ser respondida com precisão e certezas. Ninguém pode responder a essa questão de maneira totalmente segura. Porém, há algumas pistas. Certamente a inteligência artificial, sobre a qual já comentamos, promoverá grandes mudanças naquelas atividades e especialidades que se apoiam fortemente em tarefas repetitivas e mecânicas.

A inteligência artificial está para este momento que atravessamos como a internet esteve para os anos 2000. Há mais de duas décadas a internet vem mudando nossa vida nos mais surpreendentes detalhes, como em nossa maneira de ver o mundo. O impacto da inteligência artificial também será, sem dúvida, profundo, ainda que não saibamos exatamente a extensão das transformações que virão.

Mas já podemos prever que uma de suas aplicações imediatas será sobre aquelas atividades que lidam com muitos dados e estatísticas. Todos sabem que um computador é capaz de processar informações e fazer cálculos a uma velocidade muito superior à dos seres humanos. Se as tarefas são repetitivas e previsíveis, a tecnologia é capaz de analisar montanhas de dados e chegar a conclusões centenas de vezes mais rápido e com muito mais precisão do que nós.

Dessa maneira, especialidades básicas de diagnósticos, como a patologia e a radiologia, serão diretamente impactadas pela inteligência artificial. Sempre será necessária, sem dúvida, a presença de um olhar médico ou de um técnico para os casos mais complexos e inusitados, mas aqueles profissionais sentados a uma mesa o dia inteiro, olhando para os raios x e produzindo laudos a partir do que enxergam neles, é algo que não existirá mais em um futuro próximo. Uma máquina fará isso de maneira bastante confiável e com menor margem de erro.

Isso será melhor para os pacientes, que terão a leitura de seus exames feita de maneira quase imediata e com mais exatidão, e deixará também os profissionais livres para se desenvolver em outras necessidades que nem sabemos ainda quais serão. No entanto, é inevitável que haja um impacto no mercado de trabalho de especialidades que hoje lidam com rotinas já há muito estabelecidas. Um microscópio conectado a um computador provavelmente nos dará muito mais agilidade nos diagnósticos, reduzindo a necessidade de um especialista humano em patologia.

A própria medicina interna, a clínica geral e outras especialidades que não têm muita tecnologia embutida e que estão baseadas no raciocínio diagnóstico — ou seja, o paciente descreve seus sintomas, e eu raciocinarei para chegar em uma hipótese diagnóstica — talvez também não representem um mercado promissor já nos próximos anos.

DIAGNÓSTICOS DA CHINA

O que vem acontecendo em várias partes do mundo, e na China em particular,[2] é um bom exemplo do formato das coisas que estão por vir. Em algumas cidades daquele país já estão instaladas cabines nas quais as pessoas podem entrar e registrar seus sintomas respondendo a um questionário, algo parecido com o que faço com os pacientes em minha clínica. Por exemplo, se o doente está com tosse, pergunto se essa tosse é seca ou é acompanhada de secreção. Essa secreção é branca, amarela? Existem outros sintomas associados? Ele tem febre, não tem febre? Falta de ar, sim ou não? A tosse é mais intensa durante o dia ou à noite? É mais presente quando o paciente está em casa ou no trabalho?

As respostas vão gerando um raciocínio diagnóstico para mim e para os microprocessadores da máquina em que os chineses estão se consultando. E sabe qual deles é mais confiável? Não? Então leia isto: no início de julho de 2018, em Pequim, foi organizada uma disputa entre um time formado por quinze médicos de hospitais de ponta chineses e o BioMind, um sistema baseado em inteligência artificial desenvolvido por pesquisadores chineses no Centro de Pesquisas de Inteligência Artificial para Distúrbios Neurológicos.[3] Um robô médico, se é que podemos dizer isso.

O time de especialistas e o BioMind receberam 225 imagens de cérebros de pacientes para analisarem nelas a possibilidade do surgimento de tumores cerebrais, hematomas e edema cerebrais. Os 15 médicos precisaram de 30 minutos para diagnosticar corretamente 149 dos 225 casos apresentados. Pelo seu lado, o sistema BioMind acertou o diagnóstico de 196 dos 225 casos, e na metade do tempo dos especialistas, ou seja, quinze minutos.

---

2. THE LANCET. Is the future of medical diagnosis in computer algorithms? v.1, maio 2019. Disponível em: <https://www.thelancet.com/pdfs/journals/landig/PIIS2589-7500 (19)30011-1.pdf>. Acesso em: 20 jan. 2020.

3 CHINA DAILY. AI defeats top doctors in competition (2018). Disponível em: <http://africa.chinadaily.com.cn/a/201807/02/WS5b397076a3103349141e006b.html>. Acesso em: 20 jan. 2020.

Wang Yongjun, vice-presidente executivo do Hospital Tiantan de Pequim, instituição na qual está instalado o Centro de Pesquisas de Inteligência Artificial para Distúrbios Neurológicos, explicou como o BioMind foi "treinado". Os desenvolvedores humanos alimentaram o sistema com dezenas de milhares de imagens de doenças relacionadas ao sistema nervoso, que o hospital havia guardado em seu arquivo por dez anos. "O resultado da disputa não me surpreendeu nem um pouco", disse Wang Yongjun. A mim também não.

UMA QUESTÃO DE MATEMÁTICA

É provável que, no Brasil, o impacto da tecnologia sobre a empregabilidade dos especialistas não venha tão rápido assim. Afinal, a grande verdade é que hoje somos carentes de especialistas médicos em quase todas as áreas. Quando saímos do eixo das grandes cidades brasileiras, há uma falta generalizada de médicos, sejam eles de qualquer especialidade.

De acordo com dados do mesmo censo divulgado pelo Conselho Federal de Medicina que citei no início deste capítulo, o número total de médicos ativos no Brasil, em julho de 2019, era de 474.931 profissionais.[4] Destes, 52% (251.263 médicos) estavam estabelecidos em São Paulo, Rio de Janeiro e Minas Gerais, que são, nesta ordem, os três estados que mais médicos têm no País. Se acrescentarmos a essa conta os estados da região Sul — Paraná, Santa Catarina e Rio Grande do Sul —, essa fatia saltará para 68% dos médicos brasileiros (324.074 profissionais) atuando nas regiões mais ricas do país.

Se fizermos mais algumas contas, confirmaremos como a distribuição dos médicos pelos estados está desequilibrada. Segundo dados do IBGE, em agosto de 2018[5] o Brasil tinha 208,5 milhões de habitantes. Do total de brasileiros, 83,7 milhões viviam em São Paulo, Rio de Janeiro e Minas Gerais. Ou seja, eles representavam 40% da população brasileira, mas tinham a assistência de 52% dos médicos do país. Se acrescentarmos a essa conta aqueles estados da região Sul, o número de brasileiros residentes nesses seis estados, que são os mais ricos do Brasil, saltará para 113,5 milhões de pessoas, ou seja, 54,4% da população total que contam com a assistência de 68% dos médicos do país.

A distorção fica ainda mais clara quando sabemos, sempre com base nos dados do IBGE, que os nove estados que compõem a região Nordeste somavam 56,8 milhões de habitantes, o que equivale a 27% da população brasileira, mas contavam

---

4 CFM. Disponível em: <http://portal.cfm.org.br/index.php?option=com_estatistica>. Acesso em: 20 jan. 2020.

5 GLOBO.COM. Brasil tem mais de 208,5 milhões de habitantes, segundo o IBGE (2018). Disponível em: <https://g1.globo.com/economia/noticia/2018/08/29/brasil-tem-mais-de-208-milhoes-de-habitantes-segundo-o-ibge.ghtml>. Acesso em: 20 jan. 2020.

com a presença de apenas 18% dos médicos registrados pelo Conselho Federal de Medicina em todo o Brasil. Esse percentual equivale a 83.976 profissionais. Pelo que se pode ver, ainda há muito a se fazer pela descentralização dos profissionais de saúde por aqui. E existem muitas oportunidades de trabalho longe dos maiores centros brasileiros.

Reequilibrar a relação médico e paciente no Brasil é uma tarefa complexa, que demandará políticas públicas específicas, redirecionamento de verbas para determinadas regiões e outras providências. A falta de especialistas fora dos grandes centros poderá, no entanto, ser remediada pela tecnologia médica e trazer um resultado misto para a categoria: de um lado, criará oportunidades de trabalho e benefícios para pacientes, mas, por outro, diminuirá a necessidade de especialistas. Falo agora da telemedicina, que utiliza a tecnologia da informação e de comunicação para atender pacientes e médicos que vivem em locais remotos.

Pessoas que residem em cidades pequenas e com poucos recursos médicos, certamente poderão ter um ganho significativo, por poderem ser atendidas por profissionais de especialidades mais nobres. Nesse sentido, a telemedicina, de alguma maneira, reduzirá a escassez de especialistas em um país com dimensões continentais como o Brasil. Por outro lado, talvez não sejam necessários mais tantos especialistas, pois aqueles já existentes terão o alcance de sua atuação ampliado e poderão atender mais pessoas, não importando onde elas estejam.

Essa é uma questão, portanto, que teremos de analisar quando formos considerar o futuro da especialidade na qual nos formamos. Será que a telemedicina impactará minha especialidade? Tenho de estar capacitado para atuar por intermédio da telemedicina para continuar sendo um médico de ponta nessa minha especialidade? Temos de manter sempre a atenção no que está surgindo de novidade. Isso pode fazer grande diferença em nossa empregabilidade.

Não devemos, portanto, considerar que permaneceremos em um mesmo ramo da Medicina por toda nossa carreira. O mais provável é que teremos de enfrentar algumas mudanças de direção, diante da velocidade em que a Medicina evolui. Chegará um momento em que teremos de nos reinventar, desenvolver habilidades de relacionamento, de gestão, de tecnologia, aprender a analisar dados e ter treinamentos em outras áreas do conhecimento.

VALOR DO CONHECIMENTO

Atualmente, já não nos definimos apenas pelos títulos e diplomas que temos. O conhecimento que acumulamos, e a maneira como usamos esse conhecimento, é que nos dará valor no mercado. Sendo assim, o que importa é irmos além do domínio técnico da área específica em que atuamos e termos um conhecimento geral sobre os vários segmentos relacionados com nossa profissão. Eu enxergo como uma tendência crescente a aproximação de diversas expertises que se combinarão para prestar serviços às pessoas. Haverá empreendimentos em que engenheiros, médicos, psicólogos, administradores e outros terão o mesmo peso no processo de produção. Todos estarão ali trabalhando para um mesmo fim. Precisamos nos preparar para essas novas formas de produção que estão se materializando.

Esse cenário de mudanças constantes e radicais nos obriga a ser muito mais cuidadosos com a especialidade que escolheremos do que as gerações anteriores de médicos. Errar sempre é um grande aprendizado para nós, mas não podemos falhar em coisas fundamentais. Enfrentar três, quatro anos em uma especialização e chegar ao final com a sensação de que se fez a escolha errada é um equívoco que pode custar muito caro na carreira de um médico.

Mesmo sendo necessário prestar grande atenção aos avanços tecnológicos que estão ocorrendo na Medicina, não devemos considerar que todas as especialidades hoje existentes estejam condenadas à extinção, como se fossem dinossauros à espera da queda do meteorito que os transformará em pó.

TRABALHAR COM A IMAGINAÇÃO

As faculdades de Medicina não preparam, ao longo dos anos de graduação, seus alunos para o mundo do trabalho. Para enfrentar essa lacuna, o conselho que dou para você, que começa na residência médica, é que se prepare imaginando que em algum momento no futuro será possível que você trabalhe em algum lugar no qual você não receba qualquer ajuda. Ou seja, aproveite o máximo, mergulhe de cabeça nos anos de residência, nos quais você começará, de fato, a prática médica, porque, quanto maior for sua dedicação, maior a diferença que esse período de sua vida fará para sua carreira.

Foi o que eu fiz quando estava no período da residência médica. Imaginei o seguinte: "Se eu for para uma cidade muito pequena, na qual não terei qualquer suporte de outros colegas especialistas, o que farei? Como poderei atuar?" Respondi a esse autodesafio estudando muito e tentando aprender o maior número possível de procedimentos que envolviam minha especialidade, a pneumologia.

Aprendi com patologistas e radiologistas as técnicas para fazer biópsias por punção aspirativa pulmonar guiada por tomografia computadorizada e ultrassonografia. Fui para dentro do laboratório de microbiologia e lá aprendi a fazer diversas colorações em amostras para detectar a presença do germe da tuberculose, ou a presença de fungos em uma lâmina, e que corantes devem ser usados para isso. Participei de um treinamento com cirurgiões torácicos para conhecer detalhes dessa especialidade que são também comuns à pneumologia. Essas práticas não são algo com que os médicos se preocupam.

Aprendi tudo isso, e outras coisas, porque imaginava que, se fosse para algum lugar em que não houvesse um microbiologista ou um micologista, eu mesmo teria de executar esses exames. Isso fez uma grande diferença. Com esses conhecimentos, saí da residência capacitado para colocar e retirar um dreno de tórax, por exemplo, ou fazer biópsia de pleura ou broncoscopias e outros procedimentos que eu não precisaria saber se decidisse me dedicar exclusivamente ao atendimento clínico.

Hoje, essas habilidades que adquiri me possibilitam gerar mais valor em meu dia a dia profissional. Posso ser mais eficaz no tratamento de meus clientes e, especialmente, entender a velocidade com que as coisas devem ser feitas. Por exemplo, se hoje eu encaminhasse um material para um laboratório de microbiologia e não soubesse quanto tempo se leva para manejar uma amostra para o exame de tuberculose, eu esperaria resignado se me dissessem que o resultado sairia em três dias. Mas, pela experiência que adquiri, sei muito bem que esse é um processo que pode e deve ser feito entre trinta e quarenta minutos.

VALOR DA MARCA

Por que eu aceitaria um prazo de três dias se sei que o exame fica pronto em uma questão de minutos? Assim, quando o material que enviei chega ao laboratório, eu já ligo para o microbiologista e explico o quadro do paciente, que ele está angustiado e, sobretudo, que conheço o processo de análise. Por agir dessa maneira, recebo o resultado dois, três dias antes dos demais colegas, e isso faz a diferença. As pessoas passam a referenciar você como alguém que corre atrás, busca resultados e está mais interessado no bem-estar delas do os demais profissionais. E, claro, essa percepção acaba aumentando o valor de minha marca no mercado.

Quem está doente tem pressa, se angustia. A dica que dou para você que entrará para uma especialização é que aprenda os caminhos para encurtar as distâncias de seus diagnósticos. Isso reduzirá muito o sofrimento de seus pacientes, e ser visto de uma maneira que o diferencie dos demais profissionais certamente trará sucesso para sua atuação no consultório. E não só nele. Mesmo se os projetos que você tem para sua carreira de médico forem o de trabalhar em alguma outra das muitas possibilidades que a Medicina proporciona aos profissionais, assunto que trataremos no próximo capítulo, os bons resultados surgirão na mesma proporção da dedicação que você dá à sua profissão.

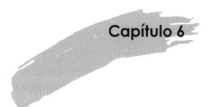

Capítulo 6

A CARREIRA PROFISSIONAL
fora do consultório

Colada com imãs em geladeiras localizadas em todos os continentes, adesivada em automóveis que circulam pelas ruas de todo o mundo ou reproduzida em várias línguas nas mídias sociais, a imagem do gato Garfield dizendo "eu odeio as segundas-feiras" transformou-se em um ícone da preguiça mundial. Criado em 1978 pelo cartunista norte-americano Jim Davis, esse gato sarcástico, gordo e devorador de lasanhas tornou-se um sucesso publicado em 2.570 jornais em todo o mundo.[1] Garfield é o atestado, em forma de gato, de que as segundas-feiras nunca foram populares entre nós.

A aversão a esse dia chega ao reino da patologia. Estatísticas mostram que a segunda-feira é o dia em que mais pessoas faltam ao trabalho, por se sentirem (muitas vezes só um pouquinho) doentes.[2] E, muito mais sério: de acordo com o Departamento Nacional de Estatística da Inglaterra, as segundas-feiras costumam ser o dia em que se registra o maior número de suicídios naquele país.[3]

De minha parte, também enxergo na relação difícil que algumas pessoas mantêm com as segundas-feiras um sintoma significativo de insatisfação com o mundo do trabalho. Se alguém — e no nosso caso imaginaremos que esse alguém é um médico, acorda na segunda-feira, se sente desanimado e triste porque terá de voltar ao trabalho e só consegue se levantar da cama empurrado pela lembrança

---

[1] LOOKSMART, RECURSO. Garfield Nomeado Fio de Banda Desenhada mais Distribuído do Mundo (2002). Disponível em: <https://web.archive.org/web/20040910215254/http://www.findarticles.com/p/articles/mi_m0EIN/is_2002_Jan_22/ai_82001296>. Acesso em: 20 jan. 2020.

[2] INEWS. Fim de semana difícil: segundo estudo, duas vezes mais pessoas ficam doentes às segundas-feiras do que às sextas-feiras (2019). Disponível em: <https://inews.co.uk/inews-lifestyle/work/mondays-most-popular-sick-day/>. Acesso em: 20 jan. 2020.

[3] THE GUARDIAN. Segunda-feira é o dia mais comum de suicídio. (2005). Disponível em: <https://www.theguardian.com/society/2005/aug/26/health.medicineandhealth1>. Acesso em: 20 jan. 2020.

de que é dali que sairá seu salário, esse alguém está conduzindo sua carreira na direção errada.

Estarmos insatisfeitos com o trabalho que desenvolvemos é causa de grande sofrimento mental e até de doenças graves. Isso acontece quando não temos um propósito claro e estimulante para nossa carreira. Nessa condição, estaremos sempre infelizes e dificilmente seremos profissionais que se destacam pela excelência dos serviços prestados. Não poderia ser diferente disso, afinal, como poderíamos produzir algo de qualidade, se, quando abrimos os olhos pela manhã, não enxergamos nada de bom que poderemos fazer por nós ou pelas outras pessoas?

Se nossa vida profissional está parecendo ser um peso excessivo e incômodo para nós, é preciso que mudemos urgentemente a maneira como nos relacionamos com nosso trabalho. Para isso, precisamos transformar nossa postura mental e acreditar que, sim, é possível retomar o controle sobre nossa carreira. Quando caminhamos no piloto automático, repetindo diariamente uma rotina cinzenta e chata, não enxergamos facilmente saídas para nossa situação. A boa notícia, no entanto, é que sempre poderá ocorrer aquele estalo, um insight, e aí nós diremos: "Uau! Existe uma vida diferente da que eu estou levando, é possível voar mais alto. Posso deixar de lado essa estabilidade, essa zona de conforto, e ser mais feliz!"

SAIR DA ZONA DE CONFORTO

É possível mudar o rumo de nossa vida a qualquer momento. Mas quanto mais cedo, melhor. Se você está ainda nos primeiros passos profissionais, deixo aqui um conselho: acredite que a felicidade reside em estarmos sempre nos movimentando, ampliando nossos horizontes, ajudando cada vez mais pessoas. Essa crença é o oposto do conformismo, do conforto traiçoeiro da mesmice. Ficar quieto em seu canto pode trazer alguns momentos de sossego, mas eu não acredito que a imobilidade tenha alguma relação com a felicidade plena. Sendo assim, sair dessa zona de conforto é essencial para se destacar da multidão, deixar sua marca no mundo e ser feliz.

Depois de ler isso, você pode se perguntar: "Mas e o dinheiro que estou ganhando no meu trabalho? Ter estabilidade não é uma coisa boa? Por que eu deveria renunciar a isso e dar um salto para o desconhecido?" Em primeiro lugar, estou convencido de que a felicidade não está na grana. Ser feliz, pessoal e profissionalmente, é algo que surge quando nos sentimos realizados ao encontrar uma missão de vida, uma razão para viver. Se estamos bem com o que fazemos, os ganhos materiais surgirão como uma consequência.

Mas se, apesar de termos estabilidade, não estamos nos sentindo felizes na profissão, não tenho dúvidas de que precisamos considerar abrir mão dessa situação tão garantida. Fazer isso não será o fim do mundo. Acredite, é possível alçar outros voos, deixando para trás algo que lhe causará não só tédio, mas, talvez, até um burnout, uma depressão, e fará infeliz não só você, mas também as pessoas que estão à sua volta.

Há no mercado diversas possibilidades de trabalho para os médicos. No primeiro capítulo deste livro, informei que a Medicina é a carreira com maior taxa de empregabilidade: 97% dos médicos conseguem algum tipo de trabalho. Infelizmente, isso não significa que 97% dos médicos tenham um bom posto de trabalho e que estejam felizes com o que fazem. Parte dessas ocupações são mal remuneradas, obrigando os profissionais a viver diariamente o que chamo de Espiral da Pobreza, ou seja, correr pela cidade pulando de trabalho para trabalho durante todo o dia, até voltarem para casa, exaustos e frustrados. Não é sem razão que as segundas-feiras são odiadas.

Não precisaria ser assim, pois há tantas opções no mercado médico, que, certamente, outras escolhas poderão tornar a vida desses profissionais mais leve e significativa. Uma dessas possibilidades é a de montar seu próprio consultório. Tratarei dessa questão mais adiante, quando falarei sobre como se preparar para abrir o consultório, enumerarei quais são os principais desafios nos primeiros anos de trabalho, analisarei se vale a pena trabalhar em sociedade e falarei sobre o que fazer para que o consultório tenha uma trajetória de crescimento ao longo do tempo.

Neste capítulo, no entanto, tratarei de algumas das especialidades e linhas de trabalho existentes que poderão ser seguidas pelos jovens médicos e outros, ainda que menos jovens, desejosos de mudar o ritmo e a direção de suas carreiras e que não desejam exercer a profissão em consultórios ou que não estejam preparados para isso.

O CAMINHO DA INDÚSTRIA

Uma dessas opções, e sobre ela costuma haver alguma controvérsia entre os profissionais da Medicina, é a de trabalhar em uma indústria farmacêutica. Meu colega pneumologista e amigo Marcos Nascimento gentilmente aceitou meu convite para contar, especialmente para este livro, quais foram os passos que o levaram da residência em pneumologia na Universidade Federal Fluminense, em Niterói, até Curitiba, onde ocupa o cargo de gerente médico da filial brasileira da empresa alemã Boehringer Ingelheim, uma das maiores companhias farmacêuticas do mundo. Aqui está seu relato:

Fiz minha graduação na Universidade Federal do Rio de Janeiro e, depois de terminar a residência em Niterói, na Universidade Federal Fluminense, me candidatei e fui aprovado em vários concursos públicos. No entanto, pouco tempo depois de formado, passei a me sentir incomodado com a violência que começava a imperar no Rio de Janeiro e decidi me mudar. Eu me lembro de ter visto em uma revista, acredito que em 2005, uma lista das cidades com o melhor índice de desenvolvimento humano do Brasil.

As três primeiras colocadas eram Curitiba, João Pessoa e Goiânia. Prestei concurso para uma vaga em Goiânia, e não passei. Mas consegui ser aprovado como professor da PUC do Paraná e vim para Curitiba. Além da universidade, comecei a trabalhar em um hospital e abri um consultório.

Algum tempo depois, quando passeava de bicicleta na cidade, vi um garoto de uns 10, 12 anos fumando um cigarro. Aquilo me impressionou de tal maneira, que decidi que deveria fazer algo para dar um apoio a essas crianças e aos fumantes de modo geral. Passei a me dedicar fortemente à questão do tabagismo.

POSTAGENS EM CHINÊS

Entre outras atividades, fundei um site — Pulmão S.A. —, e nele escrevia textos voltados para adolescentes, jovens e mulheres. Publiquei também no Twitter e em outros sites na internet. Utilizei o Google Translator para traduzir essas postagens para outras línguas, inclusive o chinês. Em dado momento, para minha surpresa, começamos a ter 5 mil, 10 mil acessos diários. Ainda nesse contexto, surgiu a possibilidade de fazer um curso na John Hopkins Medical School associado a temas de marketing e business, o que me propiciaria entender também o lado da indústria tabagista.

A essa atividade somaram-se as palestras que passei a dar em escolas e diversas entrevistas para a imprensa, sobretudo em 2009, na época em que a epidemia de gripe A (H1N1) atingiu o Brasil. Nesse meio tempo, entrei no Linkedin. Acho que eu fui um dos primeiros médicos brasileiros a entrar no Linkedin. Toda essa movimentação deve ter dado alguma visibilidade a mim, pois, em determinado momento, um headhunter me telefonou em nome de uma indústria.

Desconfiei daquilo. Um headhunter ligando para um médico? E ele não me dizia o nome da indústria? Sempre tive preconceito, por questões de ignorância, em relação ao que um médico faria na indústria farmacêutica. Perguntava para mim mesmo: o que farei nesse negócio, vender remédio? Isso jamais! Porque o médico tem essa questão de proteção ética, de ter um zelo muito grande com relação aos princípios de seu juramento médico. E eu não conseguia cruzar essa fronteira mental.

Consultei um amigo, que me explicou como costumavam ser essas entrevistas e a seleção de candidatos pelas indústrias farmacêuticas. Em geral, é feita a discussão de um caso clínico, e o candidato que desempenhar melhor é o escolhido, ele me explicou. Eu me interessei em participar, mais pela curiosidade em fazer o teste, me ver em um outro cenário. Mas, ao final de tudo, fui aprovado em primeiro lugar, entre dez candidatos.

Finalmente, fui informado sobre de qual indústria estávamos falando: a Boehringer. Essa informação seria uma das razões pelas quais decidi aceitar o convite. Um ano antes, em um congresso de pneumologia nos Estados Unidos, eu havia visto um bom trabalho da Boehringer sobre fibrose pulmonar idiopática, doença que me havia feito perder pacientes queridos.

A primeira oferta que me fizeram não me agradou. Mas a segunda atendia aos meus interesses: eu ficaria em Curitiba, poderia continuar no consultório e nas minhas atividades hospitalares. Teria de renunciar à minha atividade acadêmica, pois seria impossível coordenar as duas coisas ao mesmo tempo. Resolvi aceitar. Reduzi muito minha atuação no consultório, eliminei os convênios e saí da universidade.

VOCÊ VAI DEIXAR A MEDICINA?

Algumas pessoas souberam de minha decisão em aceitar o convite de ir trabalhar na indústria. Foi quando um aluno me abordou, na escadaria da universidade, e perguntou: "Você vai deixar a Medicina?" Aquilo me chocou. Eu entendo que jamais deixei de fazer medicina, mas, ao contrário, ampliei minha atuação e estendi meus braços para outros clientes internos que trabalham comigo. Sofri algum preconceito por ter decidido ir para a indústria, e, de certa forma, isso acontece ainda até hoje.

Enxergo a Medicina como uma estrutura que pode se apoiar em quatro pilares. A atividade clínica é um desses pilares. Outro deles seria representado por um misto da atividade clínica e da atividade acadêmica. O terceiro pilar é o da dedicação exclusiva às pesquisas. E o quarto, o trabalho na indústria.

Eu nunca assumiria uma posição, na indústria ou em qualquer outro lugar, se não me sentisse confortável eticamente e se não fosse possível respeitar totalmente meu juramento médico. Sou gerente médico neste momento, e o que me dá conforto para continuar nessa posição é justamente o respeito com que essa organização em que trabalho me trata ao me dar liberdade de atuar com meus colegas e meus pares, meus amigos pneumologistas.

Além disso, tem-se a possibilidade, dentro da indústria, de exercer todos aqueles quatro pilares da Medicina sobre os quais falei. Você trabalha com pesquisa, que é desenvolvida na própria organização. Você faz clínica também. Claro, não atendo dentro da indústria, mas colegas me ligam para tirar dúvidas sobre pacientes reais, e acabo discutindo os casos com eles, como se eu estivesse no consultório ou em uma atividade acadêmica.

Em tudo isso, o que considero primordial é que o médico respeite sua formação moral e ética e tenha um comportamento profissional correto em relação ao paciente. Nós, médicos, precisamos ser um exemplo para todos que se relacionam conosco. Atuando na academia, nas clínicas e na indústria, precisamos estar sempre consolidando nossos valores com o foco no bem que você levará para os pacientes, tanto seus pacientes quanto os dos colegas, e, em última instância, para toda a humanidade.

A INDÚSTRIA NÃO É VILÃ

Três questões me chamam a atenção neste depoimento do doutor Marcos Nascimento. A primeira delas é que ele desmistifica a indústria farmacêutica do seu papel de vilã, algo que está tanto na cabeça da população em geral quanto na dos médicos. Por ignorância, há aqueles que afirmam que essa indústria tenta, o tempo todo, forçar as pessoas a comprarem remédios que não seriam úteis, enganando-as para poder ganhar dinheiro. Absolutamente, não é assim. As farmacêuticas sérias contam com pessoas éticas e investem pesado para proporcionar produtos que tragam benefícios às pessoas.

Outro ponto que me chama a atenção é a postura ética dos médicos que estão na indústria farmacêutica em franquear o desenvolvimento científico ao qual têm acesso para os demais colegas médicos, deixando-os a par das descobertas sobre determinada doença, como foi feito no caso da fibrose pulmonar idiopática, enfermidade com a qual o doutor Marcos trabalha. Tal doença era, até há pouco tempo, órfã de qualquer tratamento, e ninguém estava investindo em estudo sobre isso, o que agora mudou, inclusive com a pesquisa de medicamentos pelas gigantes farmacêuticas, a Boehringer e a Roche.

Por último, me chama a atenção um comportamento dele que, acredito, todos os médicos, estejam em qualquer segmento da economia, devem observar. Falo das razões que influenciaram o convite para que o doutor Marcos assumisse uma posição na Boehringer Ingelheim. Ele não entrou para a empresa apenas por ter sido aprovado em um teste ou por ter se saído bem na entrevista. Foi determinante também o papel social que ele já desempenhava como médico, pelo seu envolvimento nas questões de saúde pública e sua atuação nas redes sociais. O fato de ele ter seu perfil no Linkedin e manter um site em que tratava de questões médicas o posicionou no mercado como um profissional diferenciado, chamando a atenção da indústria, que o convidou para um processo de seleção.

Trabalhar em uma grande indústria farmacêutica, com atribuições de gerente médico e no comando de equipes, talvez seja uma oportunidade que não surja já como uma primeira opção para um médico recém-saído da residência médica. Uma atividade mais corriqueira desse profissional está ligada à saúde pública, como funcionário de carreira de uma prefeitura ou do estado. Em muitos casos, essas posições em instituições públicas, como unidades básicas de saúde, unidades de pronto atendimento, clínicas de atendimento especializado a mulheres e hospitais, são ocupadas por aquele tipo médico sobre o qual já falamos, que gira entre três, quatro ou até mais diferentes postos de trabalho.

Embora esses concursos para atividades médicas no nível municipal, estadual ou federal sejam uma possibilidade relevante de trabalho, muitas vezes, ser aprovado neles coloca o profissional diante de uma escolha em relação ao padrão de vida que seguirá. Por ser concursado, esse médico terá um teto de ganho salarial, em boa parte das vezes baixo, mas, em contrapartida, sempre haverá a sedução de esse trabalho oferecer a promessa de estabilidade financeira.

É uma situação que promete conforto, embora eu não acredite muito em estabilidade, pois o mercado muda frequentemente. Estão aí os programas de demissões voluntárias que mostram isso. Instituições que se acreditavam sólidas de uma hora para outra deixam de ser estáveis. Vemos, a todo momento, países que enfrentam dificuldades, têm conflitos, e uma das primeiras vítimas dessas situações é exatamente a estabilidade. Parece que está muito arraigada em nossa mentalidade de brasileiros a ideia de procurar essa estabilidade. Somos, no mundo, o povo que mais se prepara para concursos públicos em busca dessa pseudoestabilidade.

Mas o que defendo neste livro, e defenderei sempre, é que, quanto mais empreendedores formos, maior será nossa liberdade. Ou eu escolho a estabilidade e o concurso, ou a liberdade de empreender e alçar outros voos, mais altos. Que fique claro, no entanto, que é necessário sempre levar em consideração que, quando escolho essa liberdade, opto também por enfrentar mais riscos. Mas nunca alcançaremos algo maior e melhor se evitarmos correr riscos.

É sempre bom nos lembrarmos de que o fato de sermos empregados de uma organização, pública ou privada, não nos impede de ter uma atitude empreendedora. O exemplo do doutor Marcos Nascimento mostra isso. Ele é um executivo bem-sucedido, mas nem por isso deixou de procurar agregar mais valor à sua carreira. Quanto mais ele gerar resultados e for reconhecido em sua área de atuação, mais oportunidades de crescimento profissional surgirão.

Essa possibilidade também existe nas instituições públicas. Os empregados públicos não devem se sentir desestimulados. Por exemplo, se alguém que escolheu trabalhar em um posto de saúde ou em um hospital estadual estiver sempre correndo atrás de inovações, construir uma boa network e se interessar de fato pelo trabalho que realiza, essa pessoa pode se tornar o diretor-médico do hospital, ou ser promovida para um hospital de retaguarda, mais complexo. Não importa se eu tenho ou não um consultório ou se sou concursado, o que me levará ao sucesso é desenvolver e manter uma postura empreendedora.

ATIVIDADES PARALELAS

Nesse sentido, existem atividades médicas que podem ser exercidas de maneira paralela, mesmo quando temos um emprego que nos toma a maior parte do dia, e tais atividades podem ser de grande valia em nossa trajetória empreendedora. O setor de perícias é um dos que trazem a possibilidade de ganhos extras. Qualquer especialista pode se candidatar nos tribunais regionais federal e estadual de sua região para atuar como perito, seja nas questões previdenciárias ou trabalhistas, basta colocar a sua disponibilidade de tempo para atuar nesse campo. Se você não for especializado em perícia médica, sempre poderá atuar como um perito assistente.

Você produzirá laudos, irá entregá-los à justiça e será remunerado por isso. Eu, como pneumologista, estou inscrito na Justiça Federal e na Estadual como perito na área previdenciária, e no Tribunal Regional do Trabalho como perito da área respiratória para Medicina do Trabalho. Existem médicos que vivem exclusivamente do trabalho como peritos, mas essa atividade também é uma possibilidade de ganho secundário para você que tem outro emprego ou mesmo um consultório.

Há muitas outras ocupações que podem ser exercidas em paralelo a uma atividade principal. A Medicina de Tráfego é uma dessas. São aqueles médicos que trabalharão avaliando motoristas, profissionais e não profissionais, para a renovação da carteira de habilitação ou para dar permissão a quem pretende tirar sua primeira habilitação.

A Medicina do Trabalho também pode ter esse caráter complementar, embora seja também uma atividade em que há médicos que se dedicam a ela em tempo integral. Quase todas as empresas de porte terão um departamento de Medicina do Trabalho. Infelizmente, uma particularidade de nosso país faz com que essa área da Medicina seja exercida de uma maneira precária. Eu mesmo, como já disse aqui algumas vezes, exerci a função de médico do trabalho e constatei esse desvio de função.

O que me interessava nessa especialidade era o trabalho preventivo, de olhar a saúde das pessoas e entender como eu poderia prevenir danos à saúde dos trabalhadores. Só que, no Brasil, o médico do trabalho lida muito com questões judiciais. Esse profissional passará boa parte de seu tempo respondendo a processos trabalhistas movidos contra as empresas na área da saúde.

Mesmo que os médicos que se dedicam à perícias ou à Medicina do Trabalho possam ter especializações nessas áreas, elas não são obrigatórias para a atuação, semelhante ao que acontece na área de auditorias. Essa é uma área que hoje adquiriu bastante importância como prestadora de serviços para convênios, planos de saúde, cooperativas e hospitais. O médico auditor é aquele profissional que deve ter um conhecimento geral da Medicina, porque caberá a ele verificar procedimentos de diferentes especialidades e áreas.

O trabalho do médico auditor é checar se um procedimento foi adequadamente indicado, e se os códigos dos tratamentos ou procedimentos que foram cobrados, por exemplo, de um plano de saúde, estão corretos e foram efetivamente realizados. É ele também quem avaliará se o tempo de internação de um paciente foi razoável.

TRABALHO DELICADO

Essa função apresenta alguns pontos delicados e, portanto, deve ser realizada por alguém que tenha equilíbrio emocional e uma percepção de justiça bem desenvolvidos. Explico melhor: o médico auditor verificará se o trabalho de colegas médicos foi realizado de maneira satisfatória para os pacientes, mas se também atendeu aos interesses, quase sempre financeiros, dos planos de saúde, convênios ou hospitais.

É preciso, então, ter duas visões. Ele não pode ver apenas o lado de seu empregador e nem dar prioridade aos interesses de seus colegas que trabalham para essas instituições. Deve haver um equilíbrio. Se ele adotar apenas o ponto de vista da empresa, entrará em choque com os médicos e se queimará, o que será muito ruim quando, no futuro, ele sair desse trabalho e precisar de uma network simpática para conseguir algum outro novo emprego. Por outro lado, esse médico auditor deve fiscalizar o trabalho dos outros médicos e, se houver alguma incorreção, apontá-las e levar ao conhecimento de seus empregadores. É uma profissão que exige uma forte noção de equilíbrio e justiça.

Há também ocupações que são mais pontuais. A carreira médica dentro das Forças Armadas é uma delas. São oportunidades no Exército, na Marinha, na Aeronáutica e, ainda, na Polícia Militar nos estados. No caso das Forças Armadas, é possível ao médico adiar a prestação do serviço militar obrigatório até o término de sua especialidade, quando, então, cumpre o período de serviço como um profissional da saúde. Alguns médicos, depois desse período obrigatório, decidem seguir em uma carreira militar. Um de meus colegas, profissional de grande capacidade e que foi orador de minha turma, fez isso e, recentemente, tornou-se comandante do Hospital Militar na cidade de Santa Maria, no Rio Grande do Sul, cidade onde nos formamos.

Outra área que emprega médicos, embora não como fazia no passado, são os grandes institutos de análises clínicas. Muitas especializações estão relacionadas à área de diagnósticos, e dentro dos laboratórios também existem funções médicas. No entanto, a presença dos médicos nos locais em que se fazem análises está sendo substituída pela dos biomédicos e farmacêuticos bioquímicos.

MÉDICOS POLÍTICOS

Há também atividades em que a formação médica é relevante para tarefas que não estão diretamente ligadas ao atendimento de pacientes, e a participação em órgãos governamentais que determinam políticas de saúde é uma delas. De forma alguma esta é uma atividade menor. Pelo contrário, é extremamente importante que os médicos se envolvam em saúde pública. Sou testemunha do quanto pode ser prejudicial que entidades como hospitais públicos ou mesmo órgãos reguladores da saúde tenham em seu comando alguém que tenha exclusivamente a formação e a visão de um gestor profissional.

Vejo isso em hospitais nos quais os investimentos são direcionados para, por exemplo, reformar a portaria e a área administrativa, enquanto a enfermaria, os quartos e a UTI precisam de consertos urgentes ou faltam aparelhos modernos que poderiam salvar vidas. Nas instituições ligadas à saúde, sejam públicas ou privadas, é preciso que, na alta gestão, haja alguém da linha de frente do atendimento, que conheça as necessidades dos pacientes e do que precisa ser feito para atendê-los.

Ainda mais distante da atividade médica tradicional é a carreira de médicos palestrantes. Trata-se daquele especialista que realiza uma exposição aos colegas médicos, como acontece nos grandes congressos, nos quais os profissionais que são autoridade em algum assunto apresentam as inovações e técnicas avançadas da área em que atuam.

Nós nos tornamos uma autoridade médica quando, além do conhecimento técnico, temos a capacidade de nos comunicar com clareza e ser empáticos. Aliás, o grande diferencial exigido dos médicos, atualmente, é o de desenvolver a capacidade de comunicação, pois comunicar-se com maestria é um grande facilitador para a carreira do médico. Uma possibilidade que se abre para os profissionais da saúde que querem se posicionar como autoridade em sua área de atuação está no domínio do uso da internet, das mídias sociais, do marketing digital e demais tecnologias de comunicação.

Esse é o caminho que escolhi para me tornar uma autoridade e me posicionar no mercado hoje. Além de ser um especialista em minha área específica, começo a me tornar uma autoridade nessas outras áreas ligadas à comunicação, área em que também atuo por ter entendido que essa habilidade seria útil para mim e para meus colegas médicos.

SONHO DA VIDA ACADÊMICA

Se nos tornarmos uma autoridade respeitada e solicitada para participar de congressos e palestras é algo que muitos de nós desejam, a ideia de ter uma carreira de sucesso na universidade costuma fazer sonhar muito mais pessoas, sobretudo quando desejamos seguir os passos de professores que admiramos. Esse impulso faz com que muitos colegas fiquem atrelados às universidades e acabem se tornando algo como súditos desses professores. Alguns deles se transformam mesmo em sombras desses mestres e passam toda uma vida à espera de uma oportunidade de, no futuro, assumir o lugar desse professor. Esperam pacientemente o momento em que o velho ídolo se aposentará, até que surge um filho, um sobrinho, alguém da família do professor e ocupa aquele lugar. Não é difícil imaginar a frustração daquele seguidor fiel, não é mesmo?

Talvez eu esteja traçando um quadro sombrio da academia. A carreira acadêmica, reconheço, tem seu fascínio e é uma opção interessante. Eu mesmo quis ser um cientista. Mas ela também limita nossos voos do ponto de vista do empreendedorismo. A academia tem um teto, um limite, e é pouco provável que conseguiríamos, pelo menos na forma como a academia funciona no Brasil, alçar ali voos maiores.

Em países mais desenvolvidos, o meio acadêmico tem uma ligação muito mais estreita e cooperativa com o mundo corporativo, as empresas e as indústrias do que por aqui. Nesses lugares, as descobertas, os projetos e os desenvolvimentos científicos são patenteados, o que traz status e um ganho diferenciado para professores, pesquisadores e cientistas. No Brasil, sem dúvida, produz-se ciência, mas esta se limita quase que exclusivamente a pesquisas acadêmicas puras, sem a preocupação de ter aplicações práticas. Esse preciosismo acadêmico no Brasil é um dos obstáculos que impedem que o país dê passos mais decididos rumo ao desenvolvimento. De novo, acredito que, para o espírito empreendedor, a academia é uma escolha que mais nos aprisiona do que nos liberta.

Mas algum dia talvez isso mude e comece a acontecer por aqui o que já é norma nos países mais avançados. Neles, as carreiras acadêmicas estão cada vez mais em alta. Isso acontece exatamente porque as universidades se relacionam e mantêm parceria com a área privada. É por essa razão que temos visto, nos últimos anos, pesquisadores brasileiros se mudando para o exterior, com o objetivo de transformar suas ideias em negócios e, com isso, beneficiar um número maior de pessoas.

INTRAEMPREENDER ESTÁ EM ALTA

A grande dica que eu daria para alguém que queira se envolver atualmente com a carreira acadêmica é procurar estabelecer um link direto com aceleradoras, startups e empresas disruptivas. Assim, esses pesquisadores gerarão valor para a universidade, para o próprio pesquisador e para o país. Isso se chama intraempreender,[4] ou seja, empreender dentro dos limites de uma organização já estabelecida, algo possível de fazer tanto na academia como em uma empresa (mesmo que você não esteja nos cargos mais altos), e até se você exerce sua função médica em uma instituição de saúde pública.

O intraempreendedorismo é um processo que vem se ampliando nos últimos anos e conta com a simpatia das empresas, que, elas sabem disso, saem ganhando com as ideias e inovações trazidas pelos seus colaboradores. Há alguns

---

[4] SEBRAE. Empreendorismo e intraempreendedorismo: a bola da vez. (2018). Disponível em: <http://www.sebrae.com.br/sites/PortalSebrae/bis/empreendorismo-e-intraempreendedorismo-a-bola-da-vez,8317080a3e107410VgnVCM1000003b74010aRCRD>. Acesso em: 20 jan. 2020.

comportamentos que podem fazer com que você seja um médico intraempreendedor bem-sucedido. A seguir, mostro alguns deles:

- **Planeje sempre** — Quando estamos chegando no mercado de trabalho, costumamos aceitar o que aparece diante de nós. Afinal, depois dos anos de residência, já nos tornamos adultos e precisamos sobreviver. Nessa urgência, muitas vezes, começamos a trabalhar sem qualquer planejamento. Mas para se ter uma carreira de sucesso, não podemos ficar nas mãos do acaso. Planejar a carreira significa que você tem de parar, sentar-se e pensar. Com que tipo de trabalho eme identifico? Que estilo de vida pretendo ter? Quanto dinheiro quero conseguir? No Capítulo 8, examinaremos com profundidade como se faz o planejamento da vida profissional.

- **Faça as contas certas** — Coloque no papel as fontes de renda que você tem hoje. Anote quanto tempo de trabalho elas exigem e qual é o retorno financeiro que proporcionam. Você começará a perceber qual é a atividade mais rentável em comparação com o investimento de tempo que ela exige. Coloque mais uma coluna na lista e escreva nela o quanto de prazer cada um daqueles trabalhos lhe traz. Fazendo isso, você já tem elementos para decidir se deve se libertar daquele emprego que lhe rouba muito tempo, traz pouca rentabilidade e não dá prazer algum. A Regra de Pareto[5] se aplica bem a essa situação. Provavelmente, apenas 20% de sua atividade profissional está se traduzindo em 80% de sua renda e de seu prazer. Do lado inverso, 80% de seu trabalho e cansaço só estão produzindo 20% de sua riqueza e satisfação. Então é nos 20% do trabalho recompensador que você precisa investir. Muitas vezes, vale a pena renunciar a um emprego que traz resultados magros e focar mais em ser empreendedor ou dedicar mais tempo àquela empresa que remunera melhor, oferece boas possibilidades de crescimento e lhe dá espaço para atuar em sintonia com seu propósito.

- **Não descuide dos outros** — Mesmo que atualmente você tenha um cargo muito importante dentro de uma corporação, não se esqueça de que não há estabilidade eterna em nenhum tipo de trabalho ou profissão. Sabendo disso, não se desconecte de sua essência, não se torne arrogante. Se você deixar de lado sua network e não mantiver uma relação honesta e de ajuda mútua com os outros, sobretudo com seus colegas médicos, quando os

---

5 O Princípio de Pareto afirma que, para muitos eventos, 80% dos efeitos vêm de 20% das causas. Essa "regra" foi sugerida pelo consultor de negócios Joseph Moses Juran, que a batizou em homenagem ao economista italiano Vilfredo Pareto (1848-1923), o qual havia identificado essa relação 80/20 quando estudava a distribuição de renda na Itália, país em que 80% das terras pertenciam a 20% da população. Pareto constatou, com surpresa, que essa mesma proporção se repetia, à época, em muitos outros países europeus. Disponível em: <https://www.portal-administracao.com/2017/09/principio-de-pareto-conceito.html>.

tempos mudarem e você perder aquele cargo elevado, suas dificuldades em conseguir uma recolocação poderão ser grandes, pois serão poucos os que se disporão a ajudá-lo.

- **Não trate os concorrentes como rivais** — Esta dica é um desdobramento da sugestão anterior. Se você está em uma empresa que tem concorrentes no mercado, relacione-se com eles de maneira honesta e ética. Não é raro que, ao sair da organização na qual você trabalha, sejam os antigos concorrentes quem lhe oferecerão uma oportunidade de trabalho. Ou, mesmo se você estiver empregado, os concorrentes poderão lhe oferecer um posto de trabalho mais elevado e com ganhos maiores. Trate os concorrentes como concorrentes, e não como rivais.

- **Trabalhe por propósito** — Já tratei desse assunto anteriormente, mas pretendo relembrar essa dica em todos os capítulos. Trabalhe sempre por propósito — aquilo que move seu coração, que lhe entusiasma —, não importa onde você esteja, qual o cargo, a empresa ou a importância de sua função. Tudo que você fizer profissionalmente deve estar alinhado com seu propósito de vida. Todos os outros benefícios, tais como dinheiro, fama, respeito, serão resultado de um trabalho realizado com satisfação.

O outro lado do espelho dessas cinco sugestões sobre como se tornar um intraempreendedor bem realizado são as cinco atitudes incorretas, os cinco pecados, nos quais podemos incorrer e que podem nos levar a uma vida profissional frustrante e de poucos resultados. Veja quais são eles:

- **Comodismo** — Você aceita o primeiro convite de emprego, ou passa em um concurso, e se dá por satisfeito. Você só pensa no contracheque, no salário do final do mês. Assim, nunca sairá do mesmo lugar.

- **Arrogância** — Já falamos desse pecado. Você chega a um momento razoável de sua vida profissional, está usufruindo daquela estabilidade, relaxado naquele estado de segurança e não cultiva sua rede de relacionamentos e nem respeita seus concorrentes. Não virá nada de bom dessa atitude caso sua situação profissional mude e você precise contar com ajuda vinda de seu entorno.

- **Miopia** — Ela ocorre quando você está em uma área específica de trabalho, restringe seus horizontes e permanece focado apenas nas demandas imediatas de seu cargo. Você não volta seu olhar de uma maneira ampla para o mercado e descuida da aprendizagem sobre gestão, tecnologia e inovação. É um pecado grave, pois podem ser exatamente esses conhecimentos adicionais que garantirão uma recolocação no mercado, caso aquele emprego seja perdido.

- **Medo** — Muitas vezes, temos vários pequenos empregos que nos tomam todo o tempo e nos impedem de fazer qualquer movimento sério de mudança, pois tememos abandonar alguma dessas ocupações para nos dedicar ao que poderia nos deixar mais felizes e com mais recursos. Temos de ter a coragem de dar um passo adiante e nos livrar daqueles trabalhos que pouco nos acrescentam.

- **Pobreza** — É a Espiral da Pobreza, à qual já me referi. Sem planejar nossa carreira, aceitamos trabalhar em vários empregos ao mesmo tempo, que, no final das contas, nos garantem uma renda confortável. Mas aí está o perigo, pois nos satisfazemos com aquele dinheiro, adaptamos nossa vida a ele e perdemos a vontade e a energia de organizar e desenvolver nossa carreira, o que poderia nos trazer mais satisfação e realização, além de ainda mais dinheiro. Mas esse ritmo frenético para manter nossos ganhos faz com que passemos a querer atender cada vez mais pacientes, pois os valores pagos por consulta pelos convênios são baixos. Atender dezenas de pacientes no mesmo dia comprometerá a qualidade de nosso atendimento. Isso fará com que nossa clientela diminua, e o excesso de trabalho poderá nos trazer um perigoso esgotamento físico e mental.

MAS ONDE ESTÁ O DINHEIRO?

Após ler todas essas informações sobre possibilidades de trabalho, você provavelmente perguntará qual, entre todas essas ocupações, é a que proporciona o maior ganho financeiro. Não há uma resposta para isso. Na Medicina, como em qualquer outra atividade, não há uma fórmula mágica que garanta que algum trabalho específico é o que se traduzirá em mais dinheiro. Você pode ser um ótimo empreendedor e, mesmo assim, ter um insucesso. Você pode estar em um emprego seguro, concursado, que parece firme como uma rocha, e amanhã tudo se desmanchará no ar. Não há certezas neste mundo.

O que eu sempre defendo é que devemos evitar cair na zona de conforto. Gosto de comparar essa situação a de um pássaro em uma gaiola. Manter-se ali, parado, esperando pelo pote de alpiste no final do mês, ou dois potes em dezembro, é uma ideia que me entristece. Isso é um grande atraso na vida. Mas o que não percebemos é que a porta da gaiola não está travada. Basta empurrá-la, abrir as asas e ter a confiança de que do lado de fora há coisas muito melhores do que alpiste.

Mas estejamos nós já voando livres ou ainda planejando o melhor momento de deixar a gaiola, como médicos que somos, não podemos nos esquecer de que nosso sucesso profissional está diretamente subordinado a atendermos com o melhor de nossa capacidade ao cliente, seja ele nosso paciente, aluno, colega de trabalho, hospitais, indústrias ou qualquer outra pessoa ou entidade com a qual nos relacionamos profissionalmente. E esse é exatamente o assunto de que trataremos no próximo capítulo.

Capítulo 7

A QUEM DEVEMOS ATENDER, ao paciente ou ao cliente?

Acompanhe estas duas histórias:

Já há algum tempo, Marta estava com uma tosse persistente. Uma noite, quase não conseguiu dormir, e, no meio da madrugada, uma forte expectoração a deixou sem ar. Assustada, decidiu procurar um médico logo pela manhã, no dia seguinte. Mas havia um problema: ela não conhecia nenhum especialista na cidade.

Com o livreto do convênio em mãos, escolheu ao acaso o nome de um especialista e ligou para marcar uma consulta, mas irritou-se, pois o telefone estava sempre ocupado. Já no trabalho, ela insistiu outras vezes, e, finalmente, conseguiu falar com a secretária. Para o convênio de Marta, explicou a atendente, só havia disponibilidade dali a sessenta dias. Era pegar ou largar, disse a mulher, indiferente. Sessenta dias? Marta perguntou, perplexa, e lá veio novamente um violento acesso de tosse.

Depois de esperar pelo período informado, chegou o dia da consulta. Marta nem estava mais se sentindo adoentada e quase se esqueceu que deveria ir ao médico. Acordou cedo, atravessou a cidade, enfrentou um trânsito pesado. Finalmente, depois de driblar os congestionamentos, passar ilesa pelos riscos de acidentes e assaltos, e após duas voltas no quarteirão, encontrou um lugar para estacionar. Na recepção, foi avisada de que o doutor estava atrasado, e lhe entregaram um questionário para preencher.

A sala estava cheia. Muitos suspiravam, balançavam a perna nervosos e reclamavam da demora. Havia revistas para aliviar a espera, a mais nova delas já completara seis meses de idade e lhe faltavam páginas. Após uma entediante demora, Marta foi recebida por um médico apressado, mal-humorado e que se sentia cansado só de pensar no grande número de pacientes que teria de atender. Aliás, sua expressão abatida denunciava seu cansaço a Marta e aos demais pacientes. Afinal, pensava ele, com a cara fechada, ele ganhava muito pouco dos convênios e tinha de se virar.

A consulta foi rápida e tensa. O médico mal a olhou nos olhos. Marta nem se lembrava se ele a havia cumprimentado ou não. A conversa foi fria e impessoal e

Marta começou a se sentir infeliz. O médico rabiscou uma receita com uma letra que lembrava hieróglifos da época dos faraós. Marta saiu frustrada e irritada do consultório. Passou em uma farmácia. O balconista foi obrigado a chamar um colega para ajudar a decifrar aqueles garranchos misteriosos.

À noite, em casa, Marta retirou os medicamentos da bolsa. Por quanto tempo ela teria de tomar aqueles remédios? Deveria tomá-los à noite? Em jejum? Ou junto com algum alimento? Afinal, que doença ela tinha? Seria necessário retornar ao consultório? Quando? Marta tentou ler a receita. Mesmo se a entendesse, não havia ali qualquer resposta para suas dúvidas, e na rapidíssima consulta, nada lhe foi dito.

Agora, a segunda história.

Na mesma noite em que Marta sentiu falta de ar, do outro lado da cidade, Jorge atravessou a madrugada bastante angustiado. Acordou várias vezes de sonhos agitados. Em uma dessas ocasiões, sentiu o coração disparado e se apavorou imaginando que poderia estar tendo um infarto. Uma cólica o obrigou a ir ao banheiro no meio da noite, algo para ele inusitado, aumentando ainda mais seus temores. De manhã cedo, ainda se sentia indisposto. Podia não ser nada, mas ele queria se prevenir e decidiu procurar um médico.

Entrou no Google, pelo seu celular, e logo nos primeiros nomes que surgiram no alto do resultado da busca — graças ao Search Engine Optimization, instrumento que cruza dados para aumentar a visibilidade dos serviços que indica — havia um especialista em sua região. Jorge pôde fazer seu agendamento diretamente pelo site do cardiologista, escolhendo um horário confortável para dali a poucos dias.

Ainda no celular, preencheu, com seus dados pessoais e de saúde, um formulário, que, ainda melhor, permitia anexar exames médicos digitalizados. Jorge anexou o último eletrocardiograma que havia feito. Porém, como o susto da noite mal dormida ainda não havia passado, ele pediu urgência na consulta, no que foi atendido, e a consulta foi antecipada.

No dia da consulta, ele chegou ao consultório, que era mais bem organizado, mais calmo e simpático do que o espaço lotado que Marta enfrentou. Não precisaria preencher fichas, dar informações aos atendentes, afinal, quase todos os dados necessários já haviam sido enviados pela internet. A única coisa que lhe pediram foi uma foto para anexar ao prontuário digital, o que Jorge fez após tirar os óculos para fazer um charme com a recepcionista.

A consulta foi tranquila e amistosa. O médico não estava apressado. Fez perguntas assertivas, pois já havia lido os dados e examinado o eletrocardiograma. Respondeu às dúvidas de Jorge, explicou que sua pressão estava um pouco elevada, porém não via nenhum problema grave de saúde. O médico também lhe deu, de forma delicada, um merecido "puxão de orelhas", já que Jorge estava acima do peso e era sedentário. Sugeriu, ainda, que Jorge acompanhasse o blog e a página dele no

Facebook, pois lá encontraria dicas e orientações para a prática de atividade física, alimentação saudável e outros cuidados gerais para o bem-estar no dia a dia.

No final da consulta, Jorge recebeu a receita impressa, na qual, além do remédio a ser usado durante três meses, estavam explicados os horários em que os medicamentos deveriam ser tomados e a data do retorno para uma nova consulta. As informações eram claras, mesmo assim, um enfermeiro, no atendimento pós-consulta, perguntou se tudo havia sido compreendido e se assegurou de que não havia qualquer dúvida por parte de Jorge. A prescrição do medicamento também foi enviada por e-mail, o que foi ótimo, pois Jorge deixou para comprar o remédio à noite e esqueceu o papel no escritório. O que o salvou foi mostrar para o balconista, em seu celular, a receita digital.

PRECONCEITOS ARRAIGADOS

Um século separa as experiências pelas quais Marta e Jorge passaram em um mesmo dia. Marta sofreu com um atendimento típico do século XX, impessoal, burocrático, desorganizado e relapso, enquanto Jorge foi bem mais feliz com um médico do século XXI, muito mais habilitado a compreender e a responder às angústias e dúvidas de seus pacientes.

Atualmente, em nosso país, ainda há, infelizmente, muito mais médicos do século XX do que do século XXI. Isso, como é inevitável, provoca reações também dignas do século passado entre os clientes desses médicos. São preconceitos arraigados, crenças limitantes e insatisfações que os fazem acusar os médicos de ter como objetivo arrancar seu dinheiro e os induzir a usar medicamentos desnecessários, exclusivamente para favorecer à indústria farmacêutica.

Essa visão negativa dos médicos e, por extensão, da Medicina chega a ser até institucionalizada. Somos o país que mais judicializa na saúde, ou seja, a nação que mais processa profissionais de saúde por pretensos erros médicos. Há processos contra médicos que são francamente ridículos e que, ao serem levados adiante, causam um grande custo para toda a sociedade.

De um lado, os médicos se amedrontam e podem até mesmo evitar intervenções de risco. Da outra parte, os pacientes desconfiam dos profissionais e têm dificuldade em aderir aos tratamentos indicados. A isso soma-se a desconfiança de que os médicos pedem exames desnecessários, que os hospitais alongam o tempo de internação para cobrar mais dos convênios, e outras visões negativas, que são, inclusive, reforçadas pela mídia.

Claro, coisas como essas acontecem. Há desonestidade em todas as atividades humanas. Mais do que isso, há contas que são muitas vezes difíceis de fechar diante do pagamento insuficiente dos convênios pelas despesas que uma boa medicina exige de um consultório, o que favorece o surgimento de práticas inadequadas.

Institutos e hospitais investem em equipamentos e procedimentos cujo custo, muitas vezes, não é coberto pela remuneração que recebem. Em um quadro desses, pode surgir a tentação de prestar serviços desnecessários em uma tentativa de compensar custos.

Mas posso atestar, pelo que vejo nos locais em que convivo e que frequento, que atitudes condenáveis como essas não são uma regra. Ao contrário, há uma preocupação ética em se fazer uma boa medicina. Malfeitos são uma exceção. Vamos imaginar que menos de 10% dos serviços de saúde atuem dessa maneira desleal. A maior parte dos grandes profissionais, aqueles que são bons médicos, escolherá sempre fazer a coisa certa. Eles solicitarão e oferecerão exclusivamente o que é necessário para atender à recuperação da saúde das pessoas.

CLIENTES DO SÉCULO XXI

Os bons médicos de qualquer época sempre viram seus pacientes com esse olhar ético, mas os profissionais do século XXI, como aquele que atendeu ao nosso sedentário Jorge, veem agora os que os procuram como clientes. Obviamente não como se estes fossem clientes comuns, igual àqueles que fazem compra em uma loja, os quais costumeiramente são atendidos sem maior envolvimento. Eles os entendem como pacientes que devem receber uma atenção cuidadosa e humana, mas com a mesma deferência e profissionalismo que são dados modernamente aos que pagam para receber serviços e produtos de qualidade.

Como é pensar em um paciente como cliente? É desejar que ele tenha a melhor experiência no serviço de saúde que lhe prestarei. Que ele fique satisfeito por ter sido ouvido com atenção e respeito. Que sua consulta e o eventual tratamento sejam realizados no horário acertado, e ele não fique horas esperando a disponibilidade do médico.

Pacientes recebiam ordens dos médicos do que fazer, sem questionar. Deviam obedecer, e ponto final. Já os clientes esperam receber toda a informação sobre a sua saúde, que esta lhe seja dada de maneira clara e honesta, e que o tratamento seja bem explicado. Nos casos em que for preciso tomar decisões sérias, que ele seja informado de maneira franca e possa compartilhar com seu médico e seus familiares próximos a decisão de que rumo tomar. Que os remédios e exames prescritos sejam aqueles rigorosamente necessários, e que a maneira de usá-los seja explicada de modo a não haver dúvidas.

Esse é o atendimento que o paciente quer, merece e cada vez mais exigirá. E não há nenhum conflito em considerá-lo como um cliente. Ao contrário, não há mais como separar o paciente do cliente, e nem uma boa razão para que se tente fazer isso. Se no século XX havia pacientes, hoje, ninguém tem mais paciência. As pessoas não vão até um médico dispostas a esperar pelo tempo que a desorganização da agenda do profissional determinar. Elas, sobretudo nas grandes cidades, estão impacientes, nervosas, estressadas e, mais ainda, bem informadas e conscientes sobre o que desejam receber do médico em troca do que estão pagando.

Diante desse novo paciente, que, repito, de paciente não tem mais nada, caberá a nós médicos olhar para ele com toda a calma, educação e tranquilidade de que somos capazes. Todos esses atributos serão direcionados para realmente satisfazer a necessidade desse indivíduo, desse consumidor, desse usuário da saúde, para que ele se sinta atendido e acolhido. Esse é o verdadeiro olhar para o cliente.

PACIENTE CHATO

Se há médicos do século XX e médicos do século XXI, pacientes também vivem nesses dois tempos distintos. Os pacientes mais contemporâneos se assemelham àquele, consciente de seus direitos, que acabei de descrever, enquanto os do século passado ainda são numerosos e bem conhecidos dos médicos. Entre eles, há os que chegam para a consulta com uma queixa difusa misturada a questões pessoais, que remontam a quando ele nasceu. No braço, uma pasta organizada com os exames cadastrados por doenças e data.

Esse tipo de paciente, considerado como um "chato" pelos médicos com mentalidade do século passado, muitas vezes precisa mais de atenção do que exatamente de um tratamento médico. Frequentemente são mal atendidos e até destratados nos serviços de saúde tradicionais. No entanto, esse é o cliente com o qual eu devo praticar a empatia e o acolhimento, para atendê-lo da melhor forma possível. E aí se processa uma grande mudança. Quando eu lhe dou atenção, não apenas crio um cliente fiel, mas conquisto um fã, que fará meu marketing e elevará minha marca no mercado.

E aqui está outra palavra considerada maldita por muitos: marketing. Isso porque ainda se costuma pensar nisso de uma maneira muito antiga, ainda do início da era industrial, quando marketing era entendido como a prática de vender um produto para alguém, não importando se aquela mercadoria teria qualquer utilidade real para a pessoa. Frequentemente a propaganda era enganosa, contavam-se mentiras.

A concepção moderna que se tem de marketing não é mais essa. Agora, o que está envolvido nesse conceito é o esforço em entregar valor, bem-estar e qualidade de vida para o paciente-cliente, como fez o médico que atendeu Jorge, na segunda história que contamos. É é como faço em minha clínica. O foco agora está não em vender serviços ou produtos, mas responder às necessidades dos clientes e aos temas que lhes interessam e mobilizam.

Entendo esse marketing moderno como tornar reais as iniciativas que nós médicos devemos tomar para entender e atender às necessidades do cliente. Se olharmos dessa maneira para o marketing, compreenderemos que não há nada de condenável. É exatamente o contrário. Quando nos empenhamos no marketing atual, nosso cliente nos conhecerá verdadeiramente, terá uma imagem honesta do que somos e de como nos comportamos profissionalmente. Assim, ele terá o poder de escolha em relação aos profissionais que cuidarão da saúde dele. E provavelmente nos escolherá.

Isso é bem diferente do que oferecem os médicos tradicionais, que ainda estão no século passado. Eles não interagem com seus pacientes. Mantêm a distância e a superioridade de quem se julga dono da verdade. Não estão, necessariamente, preocupados em entregar algo a mais de valor para aqueles que os procuram. Cedem alguns poucos minutos de seu tempo, fazem um diagnóstico que muitas vezes não leva em conta seriamente as queixas trazidas pelos pacientes, não escutam argumentos, não admitem contestações. Chamam seus pacientes de "leigos", que, por não saber do que realmente precisam, devem seguir o que lhes é determinado, sem questionar.

Profissionais com esse mindset entendem o marketing como algo puramente mercadológico. Reforçam paradigmas como o de que Medicina e dinheiro não combinam, que Medicina e sucesso são coisas que não se misturam. Defendem que a Medicina é um sacerdócio, uma profissão de fé. Afirmam que, para os profissionais da saúde, a satisfação de curar pessoas deve ser a única recompensa possível. No Capítulo 19, trataremos de maneira mais aprofundada das estratégias de marketing para o profissional da saúde.

PLANO DE SAÚDE PREVENTIVO

A percepção de que a Medicina atual procura um modelo de negócios que seja fundamentado no valor de que ela é capaz de entregar para seus usuários já é algo bem concreto nos países mais desenvolvidos. Um dos mais visíveis exemplos disso é a decisão de três megaempresas norte-americanas — a Amazon, fundada por Jeff Bezos; a Berskshire Hathaway, cujo CEO é Warren Buffett; e o banco JB Morgan Chase, comandado por Jamie Dimon, — de fundar a Haven Healthcare,[1] um serviço de saúde voltado ao atendimento de mais de 1,2 milhão de empregados dessas três organizações.

O que a Haven busca entregar para os funcionários e para seus familiares, dessas que estão entre as dez maiores companhias do mundo, vai muito além do que oferecem os planos de saúde convencionais. Não é um serviço que se propõe apenas a atender alguém que está doente, mas em trabalhar decididamente na prevenção de doenças. Quando a Haven foi fundada, em janeiro de 2018, seu CEO, Atul Gawande, explicou que a nova empresa pretendia mudar a experiência que as pessoas têm

---

[1] NPR. Amazon, Berkshire Hathaway e JPMorgan Chase lançam nova empresa de assistência médica. (2018). Disponível em: <https://www.npr.org/sections/thetwo-way/2018/01/30/581804474/amazon-berkshire-hathaway-and-jpmorgan-chase-launch-new-healthcare-company>. Acesso em: 20 jan. 2020.

com os planos de saúde. Agora seriam desenvolvidas soluções tecnológicas para fornecer um serviço de cuidados com a saúde e que fossem uma alternativa para os serviços caros e ineficientes comumente oferecidos para os empregados dessas três gigantes e o grande público.[2]

Se acompanharmos o que vem acontecendo no mercado da saúde, atestaremos que a geração dos millennials (pessoas nascidas entre 1980 e 2000) busca na prevenção um estilo de vida diverso daquele das gerações anteriores. O objetivo é ter saúde, uma vida saudável, e que se chegue à meia-idade ou à velhice bem-disposto e com alegria de viver. Todo esse novo pensamento nos obriga a mudar nossa forma de atendimento aos nossos clientes.

A Medicina atual já não é mais uma ciência voltada exclusivamente a curar ou amenizar doenças. O que é cada vez mais relevante é oferecer prevenção e, principalmente, colocar em nossa cabeça e na de nossos colegas que já não temos pacientes. Todos que nos procuram têm pressa e vêm até nós tendo já pesquisado no Google e nas redes sociais sobre o que lhes aflige. Não somos mais os feiticeiros da tribo, não detemos mais com exclusividade as informações na área da saúde.

Nosso trabalho com os clientes no consultório ou onde quer que exerçamos nossa profissão é, agora, uma parceria. Temos de nos sentar com nossos clientes e entender o que eles estão buscando e do que precisam. E, principalmente, precisamos atendê-los bem. Nessa parceria, seremos o parceiro mais experiente, aquele que tem conhecimento prático e capacidade de ajudar os que nos procuram e lhes dar soluções, não apenas para enfrentar doenças, mas especialmente para preveni-las e evitar que essas pessoas cheguem a um processo de adoecimento. Isso, na minha opinião, é olhar com uma visão moderna para nosso usuário da saúde, e vê-los como clientes, como a indústria e as empresas sempre os viram.

MÁFIA DE BRANCO

Estou consciente de que, sempre que eu falar sobre esse assunto, pessoas me olharão de maneira atravessada. Sou alguém desumano, um mercantilista, elas dirão. Está aí a máfia de branco, que quer arrancar dinheiro de doentes indefesos. Mas tenho a consciência de que é exatamente o contrário. Temos de quebrar esses paradigmas, para tornar a Medicina mais útil, acessível e transformadora da vida de nossos clientes. É essa uma das razões pelas quais escrevi este livro.

Penso também que, se ignorarmos essa transformação das expectativas que as pessoas têm em relação à Medicina, nós, profissionais da saúde, perderemos a oportunidade de proporcionar a elas um tratamento mais humano. Vejo nessa

---

[2] CNBC. Tudo que sabemos sobre Haven, Joint Venture da Amazon para renovar os cuidados de saúde. (2019). Disponível em: <https://www.cnbc.com/2019/03/13/what-is-haven-amazon-jpmorgan-berkshire-revamp-health-care.html>. Acesso em: 20 jan. 2020.

determinação em cuidar de nossos pacientes como clientes uma oportunidade de proporcionar a eles muito mais humanidade do que eles poderiam receber no modelo de Medicina tradicional, no qual costumava haver uma distância cerimoniosa do médico em relação aos, então, pacientes.

Já no primeiro capítulo deste livro, eu falava sobre a necessidade de não deixarmos o crescente conhecimento técnico sobrepujar nosso humanismo. Considero cada vez mais relevante estarmos atentos e preparados para prestar um atendimento humanizado a nossos clientes. A seguir, apresento alguns tópicos que considero fundamentais para a prática do verdadeiro atendimento humanizado:

- **Humanismo organizado** — Parece não haver uma relação direta entre a gestão do tempo e um atendimento humano para com os clientes. Mas se você tem uma rotina bagunçada, seu contato com o paciente não se dará da maneira adequada. Se você consegue ser pontual, está no horário, com sua atenção focada, a relação com aqueles que procuram seus serviços será de qualidade. Mas se você está emendando uma consulta na outra, nada acontecerá.
- **Olhe para fora da porta** — O relacionamento com o cliente, antes que ele entre em sua sala, ou seja, a marcação da consulta e o primeiro contato na recepção, quando ele chega à clínica ou ao seu consultório, fazem uma diferença enorme na experiência das pessoas. Toda a jornada do cliente tem de se desenvolver de maneira suave e satisfatória. Não adianta você oferecer um atendimento excelente da porta para dentro de sua sala, se do lado de fora o funcionamento está um caos, algo que acontece com frequência.
- **O ótimo está nos detalhes** — O banheiro da clínica está limpo? Há um gancho na porta para as pessoas dependurarem o casaco? Não? Que mulher se conformará em colocar a bolsa no chão em um banheiro sujo? Você não é pediatra, mas uma sala com trocador de fraldas é essencial para as mães que vêm para a consulta. O espaço na sala de espera é adequado, ou há gente esperando em pé? As pessoas prestam atenção a todos esses detalhes e, de acordo com o que veem, se sentem respeitadas e acolhidas, ou não.
- **Sem tédio** — Se sua agenda está bem montada e toda a estrutura da clínica está funcionando bem, é pouco provável que haja uma longa espera por parte dos clientes. No entanto, isso sempre pode acontecer em algumas situações, como em um encaixe de urgência, por exemplo. É preciso, portanto, oferecer alguma forma de entretenimento para aquelas pessoas que esperarão sentadas no sofá. A ideia é que o passar do tempo não seja percebido, o que pode ser obtido se forem oferecidos chás, café, revistas (por favor, renovadas pelo menos mensalmente). Não é mais necessário ter um aparelho de TV sintonizado em um canal aberto. A maioria das pessoas veem filmes ou notícias em seus celulares. Portanto, o mais indicado é que se ofereça uma conexão de boa qualidade com a internet. Um aparelho de

TV, no entanto, é uma ótima solução para exibir vídeos educativos que tenham relação com a sua especialidade ou com os serviços existentes oferecidos por sua clínica, tal como orientações a respeito da pré-consulta. As cores dos móveis e das paredes, os quadros e a música ambiente têm, também, o seu papel.

- **Seu comportamento** — É claro, todas as facilidades e competências que conduzem a jornada de seu cliente devem ser coroadas com um atendimento de primeira qualidade quando ele finalmente entrar em seu consultório. Escutar de maneira atenta e presente o que as pessoas têm a dizer é fundamental. É preciso que você dedique tempo suficiente para que elas se expressem e relatem o que as levou até ali. Use um tom de voz baixo, agradável, e fale pausadamente. As pessoas se sentirão acolhidas e ficarão tranquilas. Isso é algo importante nos tempos atuais, em que os clientes chegam acelerados, estressados, irritados mesmo. O ambiente e você serão fundamentais para acalmá-los e fazê-los sentir que ir até sua clínica foi uma decisão acertada.

- **Notícias difíceis** — Na prática médica, é inevitável que existam momentos nos quais é preciso dar notícias difíceis ou francamente ruins para os pacientes e seus familiares, e acredito que isso tenha de ser feito de uma maneira equilibrada. Não devemos ser tão técnicos, como é o estilo dos médicos norte-americanos, que chegam ao ponto de dar um diagnóstico de câncer pelo telefone ou com sua secretária comunicando isso ao paciente, de uma maneira burocrática como "Olha, seu exame deu uma alteração positiva para câncer. Procure um oncologista". Mas também não podemos ser enrolados como são os médicos brasileiros típicos, que dão uma volta imensa para dar uma notícia dessas. Isso quando simplesmente não ocultam o diagnóstico. É como aquele pediatra que diz para a mãe que o filho dela tem uma "bronquitezinha", quando sabe que o que há ali é uma asma. Isso dificulta o entendimento e o aprendizado do paciente sobre como lidar com a doença. Eu comunico esses fatos mais duros da maneira mais honesta possível, sem ser muito direto ou seco, mas com empatia.

Temos de nos colocar no lugar do cliente, que deve compreender a complexidade da doença que ele tem e se sentir disposto a se tornar um parceiro do médico na busca de uma solução para seu problema. Se o cliente se sentir chocado ao receber uma notícia dura, ele não ouvirá mais nada o que foi dito e se sentirá desestimulado a dar os passos necessários para solucionar o problema. Ao entregar um diagnóstico difícil, temos de abrir as portas para as possibilidades de tratamentos e procedimentos modernos que existem hoje, e manter, assim, viva a esperança de tratamento.

- **Não esconda a verdade** — Mesmo que os familiares peçam para que você não dê uma notícia ruim para algum parente doente, não faça isso. Sou solicitado com uma certa frequência a me comportar dessa maneira, mas sempre preferi não esconder a verdade do diagnóstico. Nunca uma família ficou brava comigo ou algum paciente se afastou por eu ter dito honestamente qual era seu estado de saúde. Esse comportamento sempre os faz se sentirem seguros em relação à minha honestidade e aos meus diagnósticos. Agindo assim, sempre tornei mais efetivo meu marketing e reforcei minha marca junto às pessoas. Como colega médico, esta é uma sugestão que dou para você: seja sempre honesto com seus clientes.

- **Diga-me com quem andas** — Se você quer ter um serviço de excelência, precisa de pessoas excelentes trabalhando com você. Seu sócio, sua atendente, a secretária, a telefonista, a enfermeira, todos eles. Essas pessoas devem ter o mesmo propósito que você e, acima de tudo, devem ser humanos e empáticos. Brinco com meus funcionários que eles poderiam ser candidatos na cidade, de tão conhecidos e queridos que são pelos que vêm ao meu consultório. Me sinto orgulhoso quando um cliente entra na sala e elogia um de meus funcionários. Se você não anda ouvindo comentários assim na sua clínica, olhe para fora do consultório e veja o que está acontecendo. Há, inclusive, ferramentas para garantir um atendimento de qualidade. Você pode usar clientes ocultos, colocar uma caixa de sugestões, buscar feedback por meio de um telefonema, um e-mail dos pacientes ou fazendo uma pós-consulta.

MAIS MOTIVAÇÃO DO QUE DINHEIRO

Preocupar-se em proporcionar um atendimento humanizado para os clientes, entregar mais valor aos que vão até seu consultório, decidir-se por ter uma carreira pautada pela honestidade e outros temas que tratamos neste capítulo podem reforçar a percepção no mercado de que você é um excelente profissional, e, com isso, seu ganho monetário será significativo. No entanto, o desejo de cultivar essas qualidades raramente passa primeiro pelo bolso.

Essas atitudes nascem no coração, do propósito, da motivação que escolhemos para servir como norte para nossa vida e nossa carreira médica. Mesmo que esses objetivos pareçam menos sólidos e racionais do que a decisão de comprar um equipamento de ponta ou de se mudar para um endereço mais promissor, eles só serão atingidos se for levado em conta no planejamento de nossa carreira. Nesse planejamento estarão decisões de negócios, áridas, mas também os comportamentos e princípios necessários para que nossa trajetória se dê dentro dos trilhos morais que escolhemos.

No próximo capítulo darei sugestões de como planejar desde o início sua trajetória profissional.

Capítulo 8

O QUE VOCÊ QUER PARA SI
daqui para a frente?

Ikigai[1] é um conceito japonês cujo significado literal não pode ser traduzido para o português em apenas uma palavra. Por ser um termo formado por mais de uma palavra da língua japonesa, para o entendermos, temos de lançar mão de expressões como "uma razão para ser", "algo para o qual você vive" ou até mesmo "a razão pela qual você se levanta pelas manhãs". Entender qual é o nosso Ikigai pessoal é fundamental para encontrarmos o propósito de nossa existência, aí incluído o que significa para nós o trabalho que exercemos.

Já tratamos antes neste livro sobre a relevância de termos um propósito para a nossa vida que seja capaz de se expressar também em nosso papel profissional. Lamentavelmente, isso não ocorre com a maioria de nós. A postura mais prevalente é a de que nossos desejos e nossas inclinações pessoais não têm relação com o que fazemos na vida profissional.

Fantasiamos que somos alguém no trabalho que deve executar as tarefas como se fosse um robô, livre de sentimentos e de emoções. Quando nossa jornada diária termina, aí, sim, nos transformaríamos em seres humanos, com todos os sonhos, os amores, as dúvidas e as aflições tipicamente humanas. Obviamente, não é assim que funcionamos. Somos seres integrais, a essência de nossa personalidade nos acompanha em casa ou no escritório. Por acharmos que o que gostaríamos de ser e fazer não tem relação com nosso trabalho, abrimos mão de termos uma vida profissional que seja significativa e que nos traga satisfação.

Para construirmos uma ponte entre o que gostaríamos de ser e fazer e nossas obrigações profissionais, devemos nos perguntar: qual é o propósito de minha vida enquanto profissional médico? O que tem o poder de fazer com que eu me sinta realizado? Ajudar as pessoas? Fazer a diferença no mundo?

---

[1] MEDIUM. O conceito japonês de "Ikigai" é uma fórmula para a felicidade e o significado. (2017). Disponível em: <https://medium.com/better-humans/the-japanese-concept-ikigai-is-a-formula-for-happiness-and-meaning-8e497e5afa99>. Acesso em: 20 jan. 2020.

Não tenho dúvidas de que harmonizar nosso propósito com a forma como trabalhamos é a única postura capaz de permitir que tenhamos sucesso em nossa carreira médica, incluindo aí as necessárias conquistas materiais e sermos felizes.

Se há alguns anos era algo comum, e até desejado por alguns, ter uma única carreira ao longo de toda a vida profissional, nestes acelerados novos tempos em que vivemos, é pouco provável que isso aconteça. O mundo está mudando a uma velocidade crescente, e mesmo que não percebamos, nós também acompanhamos essa transformação. A consequência disso é que não conseguiremos conduzir nossa carreira de uma maneira imutável, indiferente às mudanças em curso. Em algum momento, teremos de repensar sobre para onde conduziremos nossa trajetória profissional.

Pessoalmente, considero a ideia de fazer a mesma coisa por anos a fio algo extremamente chato. Mas talvez meu espírito seja mesmo inquieto. No momento, estou refazendo minha carreira depois de ter vivido por mais de vinte anos uma trajetória médica tradicional, atendendo em consultório e em hospitais. Não tenho do que reclamar em relação aos resultados, materiais e subjetivos, desse período, mas almejo outras paisagens.

Até então, vinha direcionando minha veia empreendedora para esse estilo mais convencional de negócios. Agora estou repensando minha trajetória e dando um novo significado à carreira médica. Venho buscando atuar em outras áreas que não só a do atendimento clínico direto ao paciente.

Eu não acredito em barco sem leme. Ou seja, não acredito que possamos nos sentir realizados e ser felizes simplesmente permitindo que o destino nos empurre para onde quiser. Deixar a vida me levar, caminhar sem lenço e nem documento podem ser bons temas para músicas, mas estou convencido de que, quando temos o timão nas mãos e uma bússola diante de nós, ou seja, um planejamento de carreira e vida, é muito mais fácil enfrentar as tempestades que surgem no meio do caminho, sem afundar nosso navio.

E para continuar um pouco mais em nossa metáfora naval, se não temos um mapa, se sairmos pela vida sem um destino determinado, ao sabor do vento, nunca chegaremos a lugar nenhum. Não teremos como fazer uma mudança de trajetória quando for necessário, já que estamos simplesmente seguindo o fluxo. É uma vida sem sentido. Seremos mais um perdido no oceano profissional.

BRASILEIROS INSATISFEITOS

Mas por que as pessoas se perdem no oceano? Isso costuma acontecer porque elas não planejam suas carreiras e quase sempre focam seu trabalho exclusivamente em ganhar dinheiro. Não é por acaso que 72% dos brasileiros estão insatisfeitos em relação à profissão, conforme apontou uma pesquisa do ISMA — International

Stress Management Association.[2] Não são pessoas que estão desempregadas que se dizem infelizes com o mercado de trabalho, mas gente que tem trabalho e está tocando o seu dia a dia profissional. Grande parte delas não está feliz porque focou o salário, e não o seu propósito, aquilo que gostariam de fazer e que realmente as motivaria a viver com entusiasmo.

Portanto, refletir sobre qual é nosso seu propósito de vida é a primeira coisa que devemos fazer quando nos propomos a executar nosso design de carreira, o desenho de nossa trajetória profissional. Há, certamente, muitas razões que fazem alguém se sentir infeliz no trabalho. Alguns motivos são objetivos, como maus chefes e ambientes hostis. Outros são subjetivos, quase imperceptíveis, como a falta de possibilidade de mudanças. Mas o primeiro sentimento que nos motivará a fazer uma mudança real em nossa trajetória é a autoconsciência de que não estamos felizes executando aquele trabalho daquela mesma maneira, todos os dias, por anos a fio.

Esse momento de autoconsciência surge quando percebemos que o que estamos fazendo já não nos motiva; nos dá preguiça e tristeza. Não importa que sejamos bons em nossa profissão, que as pessoas precisem de nossos serviços... caso não nos sentirmos mais motivados, ficaremos infelizes com a vida que estamos levando. Essa é a hora de repensarmos tudo o que viemos fazendo até então.

O primeiro passo para se afastar da sensação de desconforto e inadequação que surge quando não estamos mais em sintonia com nosso trabalho é levantarmos a cabeça e tentar entender o século XXI. Sem compreender o que está acontecendo no mundo de hoje, não conseguiremos fazer um planejamento mais adequado de nossa carreira. Mas o que seria entender o século XXI? Antes de tudo, é deixar de lado aquela crença, ainda comum na cabeça dos médicos do século XX, de que basta sermos bons tecnicamente, dominarmos os conhecimentos de nossa especialidade, para termos uma vida profissional que nos traga satisfação e sucesso.

Como já afirmei outras vezes neste livro, não estamos mais em um mundo em que há escassez de profissionais da Medicina. Isso acontecia no século passado. Hoje, o médico já não é algo raro, e as especialidades também já não são escassas. Nem mesmo o conhecimento médico é algo que só esses profissionais dominam, pois a tecnologia está tornando o acesso à saúde e à Medicina cada vez mais abundante.

---

[2] GLOBO.COM. 72% das pessoas estão insatisfeitas com o trabalho, apontam as pesquisas. (2015). Disponível em: <http://g1.globo.com/concursos-e-emprego/noticia/2015/04/72-das-pessoas--estao-insatisfeitas-com-o-trabalho-aponta-pesquisa.html>. Acesso em: 20 jan. 2020.

ENXERGAR ALÉM DO DIPLOMA

Quando entendo que ser bom tecnicamente não basta, percebo que é preciso desenvolver outras habilidades. Isso não é algo simples. Ainda estamos muito voltados a pensar e desenvolver nossas carreiras de uma forma tradicional, seguir a profissão como fizeram nossos pais e avós. O que supostamente devemos fazer, pensamos, é seguir o que está escrito em nosso diploma. Mas é interessante nos lembrarmos de que, nos Estados Unidos, três em cada quatro pessoas que estão no mercado trabalham em áreas diferentes daquelas nas quais se formaram na universidade.

Aqui no Brasil, insistimos na carreira na qual nos graduamos no ensino superior, mesmo quando se torna evidente que não é aquilo que nos está trazendo prazer e bons resultados. Por agirmos assim, não conseguimos ampliar nossos horizontes e ver outras possibilidades de trabalho que poderiam estar muito mais afinadas com nosso propósito de vida.

Quando, finalmente, superarmos essa visão limitadora e decidirmos redesenhar nossa carreira, nosso foco deve ter como alvo nosso propósito, ou seja, qual o tipo de trabalho atende mais àquilo que nos motiva, que nos faz feliz, a obra que amaríamos deixar para nossa comunidade, nosso país, para o mundo.

Como fazer esse redesenho? De novo, planejando nossa carreira. E planejar começa adquirindo o hábito de escrever nossos pensamentos no papel. Alguns autores chamam essa estratégia de mapa dos papéis. É como se fosse, de fato, o mapa de um país, no qual você descreverá cada um dos estados que o formam, colocando neles os conteúdos que você considera mais preciosos para você.

Assim, no campo da saúde pessoal, estaria escrito que você precisa de mais tempo para fazer exercícios, se alimentar de uma maneira mais saudável, perder peso. Na área da família, você anotaria seu compromisso de passar mais tempo com os filhos, estar mais próximo da esposa ou do marido, fazer viagens juntos. No trabalho, estarão destacados pontos como "gostaria de ganhar mais dinheiro", "ter mais tempo para mim", "quero um trabalho que possa trazer benefícios para várias pessoas".

Ao final desse mapeamento, estará registrado ali o que é mais significativo para você nesse momento de sua vida. Olhando para todo o mapa, revendo os papéis que você gostaria de assumir nesses diferentes contextos, será possível enxergar por quais estados você está caminhando, ou sem está estacionado, nesse "país" ideal que você desenhou.

Um dos grandes benefícios de ter essa visão do alto sobre seus projetos de vida é perceber o que pode ser mudado no dia a dia para alinhar as diferentes áreas de sua vida na direção de seu objetivo final. Esse exercício é preciso, porque muitas vezes nos fixamos em apenas um dos aspectos de nossa vida, como o trabalho, e não o relacionamos com os demais níveis.

Vendo nossa trajetória dessa maneira compartimentada, teremos dificuldade em enxergar um norte, uma direção a seguir que nos faça avançar de maneira harmônica, equilibrada e feliz para uma existência na qual nosso propósito e a vida que estamos levando se confundem. Isso trará ótimas experiências para nós e todos que estão à nossa volta. Sem essa visão ampla, ficaremos obstinados com o trabalho e o dinheiro e dificilmente nos sentiremos felizes.

O PONTO EM QUE ESTAMOS

Se já temos o mapa de nosso país ideal, precisamos entender de maneira mais profunda o ponto em que estamos hoje. Devemos fazer esse levantamento de uma maneira sistematizada: "Hoje tenho uma carreira que se desenvolve dessa maneira; recebo tanto de salário; faço x de horas de plantão por semana; tenho dois, três, quatro empregos..." Fazer tal lista pode parecer algo supérfluo, mas costumamos levar a vida no automático e não pensamos em nossa rotina diária. Por esse motivo, não percebemos, de maneira consciente, o que se passa conosco. Nossos movimentos diários parecem se recolher a um canto obscuro de nosso cérebro, que nem sempre nos damos ao trabalho de alcançar. Portanto, temos de trazer nosso dia a dia para um nível consciente, para que possamos interferir de maneira objetiva nele.

O segundo passo a ser dado é compararmos o ponto em que estamos com aquele que desenhamos em nosso país ideal e que queremos atingir. Eles estão distantes entre si? Não é preciso desanimar. Esse é um momento em que pode ser relevante ter um benchmarking, ou seja, alguém cuja trajetória profissional aproxima-se daquela que você deseja alcançar. Considero muito interessante que se converse com alguém que chegou a um patamar no qual você gostaria de estar. Como essa pessoa chegou até ali? Ela se sente realizada? Está satisfeita com o dinheiro que recebe? Todas as demais esferas de sua vida estão girando de maneira satisfatória?

Esses passos são uma maneira de caminhar em nossa carreira bem diversa do que se faz com a mentalidade do século XX. Anteriormente, o pensamento de carreira se desenvolvia de uma maneira completamente linear, seguindo a trajetória geral e levando em conta exclusivamente o retorno financeiro. Motivação, desejo de se realizar, família, relações pessoais eram questões que nunca eram levadas em conta nas escolhas profissionais.

Por essa razão, aquele "país ideal" que foi desenhado é de grande importância para que possamos planejar a mudança em relação a como queremos trabalhar e levar outros aspectos de nossa vida. Sem ter uma direção definida, um objetivo a seguir, é muito pouco provável que consigamos desenhar uma nova carreira, ou, se estivermos iniciando nossa vida profissional, começar nosso caminho de uma maneira entusiasmada e feliz.

Saber onde estamos e para onde queremos ir, no entanto, é só metade do caminho. Não existe um roteiro que sirva para todos. Cada um de nós tem sua própria dinâmica de vida, suas qualidades e suas limitações. Há caminhos alternativos que podemos escolher, mas sempre dentro do mapa dos papéis que definimos para nós mesmos.

Se existem alternativas para estabelecermos uma nova relação com a vida profissional, não há por que nos conformar com uma rotina de trabalho desgastante, desmotivadora e sem sentido. Nesse sentido, se estivermos infelizes com o nosso dia a dia profissional, precisamos mudar urgentemente nossa forma de trabalhar ou até mesmo o conteúdo de nosso trabalho, testando uma nova atividade dentro do universo da Medicina. Como já conversamos, há várias possíveis atuações, desde palestras, envolver-se com gestão em saúde, trabalhar na indústria farmacêutica e em empresas de equipamentos e tecnologias voltadas à saúde, entre outras. Uma das metodologias de que mais gosto para planejar e realizar as mudanças que queremos para nossa vida profissional é o design thinking.[3]

Trata-se de um procedimento bastante elegante que nos induz a lançar mão de nossa curiosidade, criatividade e reflexão para produzir resultados. Suas etapas, de maneira muito resumida, passam pelo entendimento do problema que se quer solucionar, a compilação de informações, a geração de ideias, o teste dessas ideias com o uso de protótipos e a validação final dos resultados.

CRIANDO PROTÓTIPOS

Todos esses passos fazem bastante sentido no planejamento de uma carreira, mas para o que estamos tratando aqui, me concentrarei na importância dos protótipos. Ou seja, criar um protótipo seria testar a minha ideia de um novo trabalho, colocando-a em prática para verificar se o resultado tem algum significado para mim, em termos de satisfação e retorno financeiro.

Explicando com mais detalhes: tenho o meu negócio, que é uma clínica, por exemplo. Mas ao mesmo tempo em que trabalho em meu consultório, estou redesenhando outros caminhos alternativos, outros papéis que testarei. Posso decidir ser um palestrante, me tornar sócio de uma startup, escrever um livro ou lançar um blog, verificando se é exatamente isso que desejo, se desempenharei bem essas novas funções, se o público apreciará o que estou lhe oferecendo.

---

[3] ENDEAVOR. Design Thinking: ferramenta de inovação para empreendedores. (2015). Disponível em: <https://endeavor.org.br/tecnologia/design-thinking-inovacao/>. Acesso em: 20 jan. 2015.

Tendo decidido o que pretendo fazer, vou à luta. Fazer uma palestra, buscar participar de um debate em uma rádio, escrever um artigo para uma revista médica. Avalio as reações do público, de meus pares, examino a possibilidade de receber mais convites, checo se as pessoas estão me procurando nas mídias sociais, examino se o tempo que dediquei àquilo não prejudicou outras atividades, a convivência com a família. Há possibilidade de render algum dinheiro, ou, ao contrário, investi mais do que imaginava?

Enquanto não decidir se estou satisfeito com essas minhas novas atribuições, não abandonarei meu negócio principal, do qual tiro meu sustento. O que farei é criar protótipos sempre que me interessar por novas atividades profissionais e me condicionarei a me aprofundar nessas novas perspectivas de acordo com os resultados alcançados. Trata-se de algo similar à estratégia de uma fábrica de automóveis que coloca um carro rodando experimentalmente nas ruas e examina, com uma lupa, o seu desempenho antes de decidir pela sua produção em massa.

Os parâmetros para julgar se um automóvel ou uma mudança de carreira são viáveis, naturalmente, guardam grandes diferenças entre si. Mas acredito que podemos utilizar os critérios do Produto Mínimo Viável[4] — *Minimum Viable Product (MVP)* — para decidir se o novo negócio decolará ou não. O MVP é utilizado, em geral, por startups e permite que os empreendedores determinem qual é a versão mais simples do produto que oferecem ao mercado capaz de oferecer valor e reter os primeiros usuários, além de permitir examinar o relato das experiências dos clientes para aprimorar o produto.

Embora uma nova carreira não seja exatamente um produto a ser comercializado no mercado, os critérios do MVP podem ajudar a entender se a nova carreira que desenvolvemos gerará os retornos que queremos. É o que eu, pessoalmente, venho fazendo quando avalio o resultado das palestras que ministro, uma das novas atividades nas quais tenho me empenhado. Tenho investido tempo, dinheiro e dedicação para transformar minha trajetória e construir a vida ideal que tenho planejado para mim.

TRÊS A SEIS MESES DE AVALIAÇÃO

O prazo para sabermos se uma carreira baseada no MVP está no caminho certo ou não costuma ser de três a seis meses. Esse seria um intervalo de tempo suficiente para você entender se está dando os passos corretos e se aquela escolha faz ou não sentido. Caso você decida que deverá seguir em frente, o recomendável é que, pelo menos a cada três, seis meses, você pare, olhe e pense em como os negócios estão se desenvolvendo.

---

[4] EXAME. Como definir meu produto viável? (2011). Disponível em: <https://exame.abril.com.br/pme/como-definir-meu-produto-minimo-viavel<> Acesso em: 20 jan. 2020.

Parar e pensar são atitudes muito importantes. Temos a tendência de fazer as coisas no automático. Em um mundo que se transforma tão rapidamente, como acontece hoje, no qual a imprevisibilidade é cada vez maior, é fundamental que estejamos sempre dispostos a redesenhar nossos caminhos e termos novos olhares para nosso trabalho e vida. Algumas perguntas nos ajudam a entender isso: será que o que estou produzindo faz sentido no mundo de hoje? O que entrego ainda interessa ao mercado, ou há alguma grande mudança acontecendo? Estou me tornando obsoleto sem perceber? Mais do que nunca, o preço do sucesso será essa constante vigilância.

O recomendável é testar qual dos caminhos que você percorre é o mais promissor. Se uma das alternativas se mostra com boas perspectivas, desvie tempo, atenção e recursos para esse negócio, deixando os demais em espera. Com isso, você vai redesenhando sua vida e sua carreira, tornando-as mais significativas e recompensadoras. Se entre as alternativas de negócios de que você dispõe, alguma passa a não trazer qualquer retorno objetivo ou subjetivo, mate-a sem protelações. Este é um pensamento do século 21, o verdadeiro desenho de carreira. Não faz sentido insistir em algo só porque ele deu certo para seu avô, para seu pai, ou porque é o que a maioria das pessoas acha que deve ser feito. Você é o dono e o responsável pelo seu destino.

ESTARMOS NA MÉDIA

Penso que temos o hábito de nos conformar com uma vida profissional pobre em satisfações. Isso é algo que aflige muitos brasileiros. Nós somos incentivados nas escolas a estar sempre na média. Temos notas médias. Se ficarmos na média, passaremos de ano, progrediremos para um estágio mais avançado. Como professores, mesmo como pais, estamos sempre incentivando que nossos alunos, nossos filhos e nós mesmos sejamos a média.

Mas a média não leva ninguém a lugar algum, e, sim, o mantém parado no mesmo lugar. Em algum momento, temos de sair da média para nos diferenciar, nos destacar no mercado, estar à frente da concorrência. Temos de desenvolver algo em que realmente somos bons. Afinal, por que ficar na média? Não é muito melhor sermos bons, ótimos ou excelentes em alguma coisa?

Talvez uma explicação para essa obsessão em querer manter-se na média seja o fato de que costumamos focar muito mais aquilo que consideramos ser nossas deficiências e dificuldades do que nossas aptidões e habilidades. Eu me dei conta disso escutando um palestrante no Vale do Silício. Ele dizia que devemos, sim, ter um conhecimento geral sobre as coisas que todos precisam saber, mas devemos sempre buscar aprofundar alguma habilidade especial que nos destaque dos demais.

Podemos também argumentar que, quando decidimos sair da média geral e procuramos nos destacar, sempre estamos correndo algum risco. Haverá a possibilidade de que as coisas não saiam exatamente como imaginamos, e, se o pior acontecer, teremos de voltar atrás. Sim, erraremos, mas não dar certo faz parte do jogo. E não temos tanto assim a perder, basta nos lembrarmos de que, se não tivermos a coragem de mudar uma vida que não nos faz felizes, continuaremos infelizes do mesmo jeito. Isso sem dizer que nem mesmo correremos o risco de sair vitoriosos e transformar nossa vida para melhor.

CRIAR CORAGEM

Não há, portanto, saída melhor do que criar coragem e abandonar aquela vida que nos parece tão sem perspectiva e cinzenta. Uma das maneiras de nos encorajar, que já citei há alguns parágrafos, é nos aproximarmos de pessoas que tenham feito em suas vidas a mesma transição que estamos tentando, pessoas que tiveram a coragem de fazer uma mudança semelhante à nossa. Se errarmos, percebermos rapidamente o erro e mudarmos nossa maneira de agir, errar será um aprendizado, e não um beco sem saída.

Há, também, o receio de que dar uma guinada possa ter repercussões graves sobre nossas finanças pessoais. Mas devemos refletir: se eu continuar envolvido com o mesmo trabalho com o qual não me identifico mais e me faz infeliz, não é provável que logo minha produtividade caia e eu entre em colapso, sofrendo grandes dificuldades econômicas?

Se estamos conformados com nossa vida atual e, mesmo sentindo algum desconforto, queremos continuar assim, então não devemos reclamar. Mas se estamos incomodados, ansiosos por mudar o rumo das coisas, não esperaremos mais. Devemos acreditar em nossa capacidade e dar um passo à frente, saltar o abismo, criar novas pontes e queimar algumas antigas que nos passam a sensação de segurança, mas nos impedem de ir adiante.

A maneira mais segura de fazer isso, se é que neste mundo existe algo totalmente seguro, é criar um produto mínimo viável que lhe permitirá verificar se o novo negócio é exequível. Se não for, recue. Não vá abandonar no primeiro momento a sua fonte de renda mais importante, que paga suas contas, mas não dedique 100% de seu tempo à sua fonte de renda principal. Reserve 20% de sua energia para testar novos caminhos e possibilidades, até que eles floresçam ou se mostrem definitivamente inviáveis.

Essa transformação profissional vem acontecendo comigo de uma maneira natural. Fiz um planejamento de cinco anos, criando o produto mínimo viável e tomando todos os cuidados para que as mudanças que desejo acontecessem de maneira controlada. Passaram-se três anos, e já estou recebendo várias propostas e vendo surgir diversas oportunidades de negócios. Isso foi resultado de uma ação simples da minha parte: eu abri meus horizontes e comuniquei isso às pessoas.

Fui convidado para ser o conselheiro em tecnologia e inovação médica de um hospital especializado em pulmão de grande relevância em Santa Catarina. Uma indústria farmacêutica solicitou minha ajuda para organizar um site voltado para médicos no qual serão tratadas questões voltadas a carreiras, negócios e marketing. Um empresário me convidou para desenvolver um novo produto que auxilie médicos a organizar seus consultórios e clínicas. E, por último, enquanto escrevo este livro, já que todo dia surgem novas oportunidades, procurei um grupo que tem uma startup na área da saúde, porque queria desenvolver uma ideia na área respiratória, pois achei que o know-how deles seria interessante, e, *voilà*, estamos em tratativas de eu me tornar sócio da startup.

UMA VIDA GRANDIOSA

Todas essas oportunidades apareceram porque eu me abri para o mundo e divulguei essa minha disponibilidade. Nesse caminho, passei por todas as fases às quais já me referi. Houve o momento em que me sentei à minha mesa e pensei que não estava satisfeito com os rumos de minha vida profissional, esse foi o momento da autoconsciência. Em seguida, me esforcei para criar coragem e fazer algo que mudasse essa situação. Depois, passei a balancear o tempo que dedicava ao consultório e ao atendimento em hospitais com aquele que dedicaria às outras questões nas quais estava apostando.

Há vinte anos, médicos das grandes cidades brasileiras se achavam superiores aos médicos do interior. Sem levar em conta a arrogância com que alguns deles se posicionavam, eles talvez tivessem razão, pois detinham informações que não chegavam às cidades menores. Hoje, morando em Santa Cruz do Sul, na parte central do Rio Grande do Sul, a tecnologia me empoderou. Posso ter acesso a qualquer novidade, dado ou informação disponível no planeta. O que eu posso ser, e isso está ao alcance de qualquer outra pessoa, depende da minha busca pessoal pelo que é verdadeiro para mim.

Todos nós, sem exceção, podemos ter uma vida grandiosa. Depende de nosso desejo de sairmos de nossa zona de conforto, de uma pequena dose de coragem e da confiança de que temos todos os elementos para sermos pessoas que farão diferença aos que estão à nossa volta.

E por último, mas sempre importante: precisamos planejar. Uma temporada no exterior, a abertura de um consultório moderno — que é, aliás, o tema de nosso próximo capítulo —, a organização de uma clínica, a carreira de palestrante, uma nova especialidade... Mesmo que aquilo que colocarmos em nossa lista de desejos pareça, hoje, longínquo, se organizarmos nossos pensamentos e articulá-los com ações, tudo poderá acontecer.

E como tudo começa? Com um insight, que, para mim, surgiu ao assistir algumas palestras em um curso de formação de palestrantes, e que para você pode começar com a leitura deste livro.

PARTE 3

A CARREIRA
do médico
COMO
dono de
CONSULTÓRIO

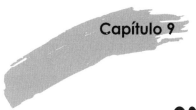

OS PRIMEIROS PASSOS
para abrir o consultório

No começo de minha carreira, quando ainda fazia as primeiras contas para montar minha sala, conheci um colega médico de minha idade que, mal terminara a faculdade, já abriu seu consultório. E aquele não era um consultório qualquer. Um projeto grandioso, com móveis luxuosos, toalhas com o logotipo e o nome desse colega bordados. A secretária lembrava uma personagem de cinema; uniformizada dos pés à cabeça, toda maquiada, linda e charmosa. Era um luxo só. Tudo do bom e do melhor estava lá. Só faltava um detalhe: os pacientes.

Esse jovem médico não havia seguido nenhuma especialidade. Montou um megaconsultório, mas nem ele mesmo sabia com certeza o que poderia oferecer para seus eventuais pacientes. É claro, pouco tempo depois, ele quebrou financeiramente. Não havia como sustentar toda aquela estrutura com um consultório vazio. Secretária elegante, toalhas bordadas, móveis, tudo aquilo desapareceu. Passado algum tempo, fiquei sabendo que esse colega estava trabalhando com serviços de remoção, em ambulâncias, atuando em pronto-socorro. Ele sonhou alto demais. Fez algo estratosférico, sem nenhuma base sobre a qual pudesse se apoiar. Uma pena.

Meu colega acabou caindo na espiral da pobreza, ou seja, consegue o suficiente para cobrir seus gastos e os de sua família, mas pula de local de trabalho para local de trabalho, em uma rotina massacrante. Por não ter feito um planejamento cuidadoso no início de sua carreira, talvez tenha perdido um capital que lhe permitiria, hoje, reorganizar sua vida profissional de uma maneira mais lucrativa, menos estressante e que certamente lhe traria muito mais satisfação.

SOMOS PRIVILEGIADOS

Todos nós podemos viver melhor e ter mais qualidade de vida. Nenhum médico precisa ter seis empregos que paguem uma miséria cada um. Nós, médicos, de certa maneira somos privilegiados por ainda termos no país um mercado de trabalho que oferece muitas oportunidades. Temos a possibilidade de voar ainda mais alto, se empreendermos. Mas precisamos de doses de coragem, de desprendimento. E, acima de tudo, precisamos querer construir uma vida empreendedora.

É fundamental que, antes de você abrir seu próprio consultório, especialmente antes de investir em estrutura, seja ela alugada ou construída por você mesmo, se calcule o produto mínimo viável, ou seja, o mínimo de faturamento possível que lhe permitirá instalar e manter seu consultório. Falaremos sobre isso mais adiante. Nos primeiros meses ou anos, pode ser mais aconselhável que você se torne parceiro de algum colega que já esteja com uma clínica funcionando.

Caso a parceria não se mostre possível, você sempre pode alugar uma sala em uma clínica que já esteja com uma clientela e em funcionamento. A vantagem de fazer isso é que você ganha know-how ao observar profissionais mais experientes trabalhando na vida real. Esse conhecimento lhe permitirá decidir que tipo de público você pretende atender e qual será o espaço de que você precisará para atuar profissionalmente.

É claro, essa observação não precisa estar limitada a esses eventuais colegas de consultório. O seu benchmarking, pode ir além e abranger colegas de sua especialidade, analisando que tipo de estrutura eles têm, que aparelhos e equipamentos utilizam, a maneira como se relacionam com os clientes, estejam esses profissionais onde estiverem.

Na verdade, o benchmarking deve ser feito desde a época da universidade. Acompanhar o que se faz no hospital universitário e nos prontos atendimentos já lhe dará uma boa ideia de como você deve se organizar quando entrar para valer no mercado.

ESTRUTURA FÍSICA, CUSTOS E PESSOAL

Talvez o primeiro conceito que deva ser incorporado ao seu mindset de profissional da saúde empreendedor é que, quando você decide abrir um consultório, está criando um negócio, com todas as características especiais de planejamento que todos os novos negócios requerem. É preciso planejar, e o primeiro e mais importante passo desse planejamento é colocar no papel que tipo de estrutura física você deseja para seu consultório.

Como serão as instalações? Bastam duas salas, sendo uma para a espera e outra para o consultório no qual você atenderá? Você terá de decidir questões como essas. É provável que mais tarde se torne necessário ampliar as instalações, para agregar uma sala de exames, outra para esterilização e, ainda, um espaço de descanso. O número de salas, o tamanho delas e a localização do consultório dependerão de outras variáveis, como o público que você deseja atender, o movimento esperado de pacientes ou o número de colaboradores que trabalharão com você.

O segundo item da lista de planejamento trata dos custos para abrir o negócio. São gastos tais como aluguel, água, energia, telefone e até mesmo de itens básicos, necessários para o funcionamento do consultório: toalhas, luvas, papel, sabonetes, materiais de limpeza. Há os impostos municipais, como o ISSQN. O Conselho Regional de Medicina cobra taxas para aqueles médicos que decidem atuar como pessoas jurídicas, e também há taxas para a abertura do consultório. De acordo com o tipo de empresa constituída, há a incidência de diferentes impostos, tanto municipais quanto estaduais e federais.

Dificilmente você poderá trabalhar, mesmo que em um início modesto de carreira, sem o auxílio de algum colaborador. A contratação do pessoal é um ponto de grande importância para quem decide empreender em um consultório. É preciso levar em conta não só as qualificações profissionais do candidato ao cargo, como também as referências e a experiência desse profissional.

Trabalhar na área da saúde é algo diverso do trabalho em outras áreas. Alguém que já tenha experiência nesse ramo, especialmente em um consultório, tem um grande diferencial positivo. Não só porque lidar com pessoas que estão em sofrimento físico e mental por consequência de uma doença exige uma postura especial, mas também para tratar de questões práticas típicas da Medicina.

Falo, por exemplo, dos convênios médicos, que têm, cada um, suas características próprias em relação à documentação e ao encaminhamento dos pagamentos. Não é algo impossível de ser compreendido por alguém que nunca tenha trabalhado na área, mas ter alguém já familiarizado com esses assuntos facilita bastante a vida do médico.

A secretária ou recepcionista tem uma relevância para o consultório que vai além de confirmar consultas e controlar horários. Ela deve ser uma pessoa de bom coração e boa índole. Obrigatoriamente, precisa ser educada, capaz de manter bons relacionamentos e ser cordial no atendimento. Embora pareça evidente que todo atendimento médico, e não apenas na área do tratamento em si, deve ser cordial, isso ainda é um diferencial que deve ser levado em conta.

PESSOAS DE FINO TRATO

Eu me alongarei um pouco mais na relevância de identificarmos essa boa índole nas pessoas que estamos convidando a trabalhar conosco. Na entrevista com o candidato, é importantíssimo saber quem é aquela pessoa. Ela tem bons relacionamentos e uma família estruturada? Tem amigos? As pessoas do círculo em que ela convive gostam dela? Ninguém colocará um detetive seguindo esse candidato para verificar como ele se comporta, mas uma entrevista habilidosa e, de novo, referências ajudarão a formar uma imagem mais nítida dessa pessoa.

Se essa pessoa for, de fato, alguém de fácil trato, educada e de bom coração, contrate-a. Essas características são mais relevantes do que o conhecimento técnico. Se a candidata ou candidato também dominar os conhecimentos técnicos necessários, ainda melhor. Mas se não for esse o caso, é muito melhor você ensinar alguém da linha zero do que contratar alguém experiente no atendimento na área de saúde mas que é mal-humorado, rude com as pessoas à sua volta, brigueto e traz os problemas de casa para o ambiente de trabalho.

Há, ainda, um item que deve ser levado em conta no processo de contratação. Em períodos em que há maior desemprego, surgirão candidatos que têm qualificações superiores àquelas requeridas para uma vaga de, por exemplo, recepcionista. Podemos ter o impulso de querer aquela pessoa conosco. Afinal, teremos alguém ofertando, por um preço acessível, uma expertise que, em condições normais de mercado, estaria acima de nosso orçamento.

Mas essa situação costuma se transformar em um problema com o passar do tempo. Imagine que você contrate para a vaga de recepcionista alguém que até há pouco tempo era gerente de uma clínica. Essa pessoa receberá um salário que, talvez, seja metade do que ganhava anteriormente. Como ela precisa do dinheiro, irá todos os dias ao trabalho, e você ficará satisfeito com o desempenho dela, muito acima daquele de uma recepcionista comum. Mas o mais provável é que, depois de algum tempo, a ex-gerente comece a se sentir desvalorizada naquele ambiente e frustrada ao considerar que desceu um degrau na carreira. Dificilmente ela trabalhará com entusiasmo e alegria, e os problemas começarão a surgir.

Por outro lado, você pode promover, por exemplo, o responsável pela copa e pela limpeza de seu consultório. Alguém que tenha se sobressaído por ser extremamente querido, atencioso e educado com todos. Você dá a ele o cargo de recepcionista, e ele será eternamente grato a você por tê-lo feito ascender na profissão. O mais provável é que ele trabalhará com dedicação e empenho, pois seu status profissional e financeiro subiu alguns degraus. Ele reconhecerá que tem diante de si uma boa oportunidade e trabalhará com alegria.

Mas como perceber que alguém originário de um nível profissional tão modesto quanto o de responsável pela limpeza ou em servir cafezinho poderia assumir missões que exijam conhecimentos e habilidades mais complexos? A resposta é que tudo pode ser ensinado, todos nós podemos ser treinados. Mas devemos ver além disso e promover e contratar pessoas que tenham um mindset de crescimento.

Há duas reações comuns diante de um convite para realizar algo que nunca havia sido feito anteriormente. As pessoas podem responder: "Ah, isso é difícil, nunca fiz antes, não sei se eu conseguirei." Ou, mesmo que nunca tenham feito antes o que lhes é pedido, dizem: "Sim, farei, posso aprender, não se preocupe." Fique com estes últimos e não mantenha em sua equipe os primeiros.

RESERVA FINANCEIRA

Já sabemos qual o perfil do espaço de que precisamos para nosso consultório e o perfil dos colaboradores que trabalharão conosco, mas há, no entanto, uma etapa anterior que precisa ser vista com atenção. Trata-se da reserva em dinheiro que precisamos ter à mão antes de colocar o consultório em funcionamento. Isso porque o mais provável é que o retorno financeiro sobre todo o investimento feito para a abertura do negócio só virá dentro de dois ou três anos.

Nesse período, ainda será necessário ter outras fontes de renda, provavelmente vindas de mais de um emprego. É verdade que alguns pacientes aparecerão e pagarão pela consulta, mas eles ainda serão poucos nos primeiros tempos e não chegarão a cobrir as despesas fixas sobre as quais falamos. No entanto, não há motivo para desanimar. Todos os que empreendem passam por momentos semelhantes, e quando tudo se tornar mais constante e sua experiência lhe ensinar como administrar seu tempo, o retorno financeiro finalmente acontecerá.

Provavelmente, nos primeiros meses você terá de botar dinheiro do seu bolso para pagar as despesas correntes do consultório. Por isso, é imprescindível ter essa reserva, para já não naufragar logo de início. Vamos nos lembrar sempre da triste experiência de meu colega e de seu consultório hollywoodiano. O ramo da saúde tem uma dinâmica diferente daquela de outras áreas comerciais, nas quais o retorno do capital investido é mais rápido. Na saúde, você precisará de mais paciência para verificar se seu negócio irá ou não decolar.

Um consultório ou uma clínica não se desenvolverá na mesma velocidade que uma startup. Os desafios que surgem para a saúde são grandes, e a velocidade é outra. A experiência mostra que os primeiros seis meses de um consultório são críticos para determinar se ele sobreviverá. Passada essa barreira, serão necessários de dois a três anos para começar a entregar um resultado razoável sobre o que foi investido. Eu também passei por períodos semelhantes, que exigiram paciência e sangue frio à espera do resultado do que investi no consultório. Mas considero que o esforço valeu a pena. Sempre foi do consultório que recebi os melhores retornos financeiros.

A recompensa do que foi investido pode vir de mais de uma fonte. A principal, pelo menos no início, será aquela originada pelo pagamento das consultas feito diretamente pelos pacientes ou por meio de seus convênios médicos. Há, também, a possibilidade de os exames feitos com aparelhos ou técnicos da própria clínica gerarem um montante relevante. Essa segunda possibilidade geralmente surge mais tarde, quando o consultório já conta com uma clientela mais robusta, e o médico, ou médicos, que trabalha no consultório já tenha uma network ampla o suficiente para ser referenciado por outros profissionais da saúde.

Mas pensando ainda no primeiro estágio de funcionamento do consultório, como calcular o número mínimo de pacientes que você precisaria ter para pagar o investimento? A conta é simples: calcule o custo fixo que você tem por mês e o divida pelo valor médio que você recebe por paciente atendido. O resultado será o número mínimo de pacientes a serem atendidos mensalmente para empatar com seus gastos. Se entre eles houver quem faça a consulta pelos convênios, calcule o valor médio pago por esses convênios, some ao valor médio dos clientes particulares, e você terá a remuneração média por paciente.

Essa conta talvez precise levar em consideração algumas variáveis, como o percentual do total de pacientes que chega até você por meio de convênios e os diferentes valores pagos por cada um desses planos de saúde. Mas o princípio geral é calcular o ticket médio por paciente e, a partir daí, dividir por esse valor o total das despesas, incluindo, se for o caso, sua retirada mensal.

QUANTO COBRAR?

Se o ponto número um para calcular a viabilidade financeira de seu negócio é entender os custos do consultório e o ponto número dois é ter na ponta do lápis o quanto você receberá de remuneração pela sua consulta, o terceiro ponto tem uma relevância talvez ainda mais crítica para os negócios. Ele diz respeito à sua decisão de quanto você deseja receber por consulta. Por que essa decisão é crítica? Porque ela exigirá que você faça escolhas que terão repercussões profundas em sua carreira e que talvez exigirão que você transforme seus comportamentos profissionais e pessoais.

O primeiro movimento para decidir quanto cobrar pelos seus serviços é determinar com que tipo de público você quer trabalhar. Será uma clínica que atenderá pessoas da classe A, B, C ou D? Quer ter uma clínica popular ou, ao contrário, uma clínica de alto padrão? Qual é o perfil do cliente que você almeja atender? De acordo com seu público-alvo, você terá de se instalar em um bairro específico; a decoração também será outra; como também a acessibilidade e o tipo de informação que será dada aos clientes.

Para visualizar com maior precisão o seu cliente ideal, você terá de se sentar a uma mesa e escrever a persona, ou avatar, do cliente desejado. Ele é um homem? Uma mulher? Que idade ele tem e em que bairro mora? Ele se desloca de ônibus, metrô, carro, Uber? Visualizar com o máximo de clareza possível essas e outras características é fundamental não só para organizar o espaço do consultório, de modo que deixe seus clientes confortáveis, de acordo com suas próprias concepções do que é conforto, como também para direcionar sua comunicação e seu marketing.

E, claro, essas informações lhe darão uma ideia mais precisa de quanto seu público está disposto ou é capaz de pagar pelos seus serviços. No início de sua carreira, você não poderá ser o médico mais caro da praça, pois ainda tem um caminho a percorrer até conquistar autoridade enquanto profissional da saúde. É necessário pesquisar o quanto cobram outros médicos da região que atendem o mesmo perfil de paciente que você almeja e calcular o valor médio da consulta. Cobre, então, esse valor médio.

Se você não pode já começar sua carreira como o mais careiro entre seus colegas, o contrário também deve ser evitado. Nunca seja o profissional mais barato de sua região. Quando oferecemos algo muito barato, o cliente perde a percepção do valor que tem o seu produto ou serviço. Basta observar o que ocorre em uma loja comum. Nela, as coisas mais baratas geralmente estão ou no fundo da loja ou jogadas em um balaio. As pessoas dão menos valor para o que consideram muito barato. Os lojistas sabem disso e colocam os produtos mais caros em locais mais nobres, de maior visibilidade. Mesmo que o mais barato seja melhor do que aquele pelo qual é cobrado um preço maior.

Há, também, aspectos éticos a considerar quando decidimos quanto pediremos pelo nosso trabalho. Se você cobrar um preço vil, muito abaixo do que é praticado pelos demais médicos, contribuirá para rebaixar o status de sua profissão. Essa desvalorização do trabalho médico voltará, como um bumerangue, para você, e o seu valor de mercado também será aviltado. Portanto, é antiético praticar preços abaixo daqueles dos colegas. Isso prejudica qualquer profissão, não apenas na área da saúde. Quando as pessoas começam a fazer guerra de preço, os negócios sempre se tornam insustentáveis. Todos saem perdendo.

Em resumo, não seja o mais barato e, pelo menos em um primeiro momento, não seja o médico mais caro de sua área. O dia em que você ganhar autoridade, que você for mais do que um especialista, tornar-se uma referência em sua região e conquistar a atenção das pessoas, aí, sim, poderá ser o profissional mais caro de sua região. Quanto mais valor as pessoas perceberem em seu trabalho, mais dispostas elas estarão a pagar pelos seus serviços.

SANTO CONTADOR

Ainda no quesito dinheiro, também exigirá sua atenção a escolha de profissionais capazes de tornar seu negócio o mais rentável e redondo. Um desses profissionais é o contador. O funcionamento de um consultório exige, como qualquer negócio, conhecimentos de contabilidade e legislação. Por exemplo, há as obrigações trabalhistas com os empregados, impostos a pagar, aluguéis, contratos... Tudo isso tem de estar em sintonia com nossa legislação, que, todos sabem, não é das mais simples e amigáveis em relação aos empreendedores.

Eu não consigo imaginar um médico que consiga tocar o seu negócio com tranquilidade caso não tenha um contador cuidando de toda a contabilidade do consultório. E esse profissional não deve ser um contador reativo, burocrata, que só se ocupe da papelada. A maior parte dos contadores age sob demanda. Eles fazem a sua contabilidade, o seu imposto de renda, mandam por e-mail o boleto do imposto a pagar na data certa, mas ficam só nisso. Você deve exigir mais deles. Que sejam proativos e proponham alternativas tributárias que sejam mais favoráveis para você. É claro, tudo deve ser feito respeitando com rigor a legislação, mas mesmo dentro dos limites legais sempre há possibilidades menos onerosas de cumprir seus deveres como cidadão. Converse sobre isso com seu contador.

Para exemplificar o quanto isso é importante, conto aqui o que aconteceu recentemente comigo ao trocar de escritório de contabilidade pela quarta vez em minha vida. Imediatamente, ao revisar toda minha documentação, o novo escritório já identificou que eu e meu sócio estávamos pagando muito mais impostos do que deveríamos, devido ao sistema tributário no qual estávamos cadastrados, de lucro presumido. A simples troca de sistema de tributação gerou uma incrível economia de R$50 mil reais no exercício fiscal de um ano.

Todos esses passos que expus até aqui para o estabelecimento de um consultório são sugeridos para que seu planejamento traga, de forma bem clara, uma proposta de valores e diferenciais pelos quais seu consultório será percebido pelos seus potenciais clientes. Temos de entregar valor para quem decide contratar nossos serviços, e esse conceito de "valor" é apropriado também para a área de saúde.

Devemos então nos perguntar qual é a proposta de valor que entregaremos a nossos clientes? Quais são as necessidades dos que precisam de atendimento médico e que satisfaremos com mais competência do que os concorrentes? Por que nosso consultório seria melhor do que o dos colegas de nossa mesma especialidade? Refletir sobre as respostas que você poderia dar a essas questões fará com que fique mais claro que tipo de serviços, atendimento e experiência seu negócio poderia oferecer para seus clientes.

Já falamos, alguns parágrafos atrás, sobre a escolha do público que você quer ter como alvo em seu trabalho de médico. Você pode escolher atender a quem quer que seja, mas para que sua clientela aceite ser escolhida por você, é preciso que as necessidades e os interesses dela sejam entendidos e atendidos. Por essa razão, há outras questões que devem ser examinadas. Qual é a jornada de seu cliente preferencial? Qual é o caminho que esse cliente percorre para chegar até você? Esse caminho pode ser entendido de uma maneira literal, ou seja: desde que ele sai de casa, que caminho ele faz, quanto trânsito ele enfrenta?

Como exemplo, descreverei como organizei minha clínica. Eu sempre entendi que um espaço apertado constrange as pessoas. Uma sala de espera pequena, mesmo quando é ocupada por poucos, dá uma sensação de abarrotamento, fazendo com que as pessoas se sintam desconfortáveis e percebam o tempo de espera como muito mais longo do que realmente é.

Providenciei, então, uma sala de espera ampla, com televisor, Wi-Fi liberado, revistas atualizadas, e tenho como projeto futuro, oferecer tablets para as pessoas navegarem pela internet enquanto aguardam o atendimento. Fizemos uma parceria com um restaurante vizinho à clínica para permitir que nossos clientes utilizem o estacionamento, já que não é fácil conseguir vagas para estacionar nas ruas próximas. Prestar atenção a detalhes como esses é levar em conta a jornada do cliente. É claro que nos primeiros meses em que passei a atuar, o movimento de clientes e aquilo de que eu dispunha para oferecer a eles eram mais modestos.

Desde antes do início de minha trajetória profissional, sempre desejei ter um consultório. Parte da minha certeza de que isso impulsionaria minha carreira foi influenciada por conversas com outros colegas médicos que estavam muito bem posicionados na profissão e que me asseguraram que um consultório seria uma das melhores escolhas para o desenvolvimento de minha carreira.

AVAL DOS COLEGAS

Quando cheguei a Santa Cruz do Sul para começar a exercer minha profissão, visitei praticamente todos os colegas médicos que trabalhavam em consultórios na cidade. Esse é um costume que já foi mais prevalente no passado, que se aplicava aos profissionais de saúde que vinham de outras regiões para exercer ali a Medicina. Não era apenas uma visita de cortesia. Ser conhecido da comunidade médica da cidade era fundamental para conseguir o aval dos colegas da região para integrar o corpo clínico do Hospital Santa Cruz, um estabelecimento filantrópico e o maior da cidade e região. Sem esse aval, eu não conseguiria trabalhar no Santa Cruz e nem internar meus pacientes ali, e os convênios médicos só me aceitariam caso eu recebesse essa aprovação.

Além disso, as visitas eram também uma oportunidade para iniciar um trabalho de networking, algo essencial para garantir uma boa carreira em qualquer lugar do mundo. Em uma dessas visitas, enquanto estava sentado na sala de espera para me apresentar a um desses colegas, sentou-se ao meu lado um médico ortopedista, também um recém-chegado, que estava ali fazendo a mesma coisa que eu. Começamos a conversar, e contei que estava pensando em abrir meu consultório. Ele tinha o mesmo projeto. A conversa evoluiu, nos tornamos amigos e decidimos abrir o consultório em uma parceria, que foi extremamente importante nos primeiros anos de meu consultório, e nossa amizade se estende até hoje.

Adquiri um conjunto com três salas: uma para recepção e duas para consultório. Fechei um contrato de pagamento de longuíssimo prazo, no qual o valor das prestações quase equivalia ao que eu pagaria caso houvesse alugado aquele espaço. Consultórios montados, começamos a atender. No início, como seria de se esperar, não havia muitos pacientes. Nesses primeiros tempos, eu passava de dois a três turnos sozinho no consultório. Sentava-me à mesa e ficava lendo, estudando, elaborando os formulários que utilizaria na clínica.

Considero bem importante ter me comportado dessa maneira. Alguns médicos abrem um consultório, mas continuam fora dele, nos plantões que fazem, e decididos a só irem ao consultório quando os pacientes surgirem. Se conseguem um paciente, saem correndo do plantão, chegam atrasados e esbaforidos à clínica e vão embora correndo.

Conheço profissionais que têm consultórios há mais de vinte anos, mas que não vão para frente porque eles não dedicaram o tempo necessário para consolidar o negócio. Eu penso de maneira diferente. Na minha opinião, se você não estiver ali, não dará sua cara para seu negócio. Não é preciso ficar lá o dia inteiro no início, mas é necessário estar presente, de uma maneira disciplinada e constante.

NETWORKING DA BOLA

Meus primeiros pacientes surgiram a partir da indicação de outros colegas médicos. Foram fruto do meu networking. Como gosto de esportes, quando cheguei a Santa Cruz, me integrei com um grupo de empresários, representantes farmacêuticos e vários médicos que jogavam futebol. Inevitavelmente, o esporte cria uma camaradagem, e meus primeiros pacientes foram indicados por eles, meus colegas de bola. Também as pessoas que atendia no pronto-socorro do hospital, e que gostaram da minha atenção, passaram a me procurar na clínica.

Sempre que as atendia no hospital, entregava a elas meu cartão de visitas impresso. Elas guardavam meu telefone e endereço e depois me procuravam para continuar o tratamento. Embora possa parecer algo antigo, cartões de visita funcionam bem até hoje. Recomendo que todo profissional os tenha e os distribua, para serem lembrados mais tarde.

Outra mídia que também parece ultrapassada, mas que ainda dá bons resultados, são os anúncios nos jornais, especialmente em cidades menores. Eles me trouxeram um bom número de pacientes, principalmente em meus primeiros anos de carreira. Até hoje mantenho anúncios nos jornais da região, e eles continuam atraindo clientes.

Atualmente, quando a força das mídias sociais está em uma trajetória ascendente, é obrigatória a presença do profissional médico nessa forma de comunicação. Se algum colega estivesse começando na profissão, eu o aconselharia a criar, desde o primeiro momento, sua marca e a de seu consultório ou de sua clínica nesse espaço virtual. Há várias maneiras de fazer sua presença ser significativa. Grave vídeos explicando o que você faz, quais as doenças você atende. Faça um marketing de conteúdo, explicando o que provoca as enfermidades que são sua especialidade, como preveni-las, fale de cuidados gerais com a saúde. Isso fidelizará sua clientela, aumentar sua visibilidade nessas mídias e fortalecer sua marca. No Capítulo 19 conversaremos com mais detalhes sobre como você deve trabalhar sua comunicação e seu marketing de forma eficaz.

VALOR SUTIL

Falamos de diversos detalhes que trazem em si uma proposta de valor para seu consultório. Há mais um deles que considero que é capaz de oferecer um valor mais sutil, subjetivo, mas que nem por isso deixa de ter um efeito poderoso sobre a percepção positiva de sua clientela. Trata-se da maneira favorável e encorajadora de apresentar seus serviços.

Talvez o exemplo do que faço em minha clínica deixe isso mais claro. O nome que escolhemos é "Respirare", respirar em latim, mas o que propomos é o atendimento integral do sistema respiratório. Não falamos em doenças. A pessoa vem até nós em busca de todas as soluções e orientações em relação à saúde respiratória. Isso é uma proposta de valor. Em nossa clínica é possível encontrar, de maneira integral, todas as questões que envolvem a respiração. Não é um lugar exclusivo para doentes, não é necessariamente onde se vai apenas quando se está sofrendo.

É claro, nosso público é formado em sua maioria por pessoas doentes, mas nossa abordagem se propõe a ir além. Mesmo se alguém tem uma doença séria e nos procura, todo o ambiente apontará para a superação desses problemas. A diferença é sutil, mas coloque lado a lado os nomes "Respirare" e "Pronto-Socorro das Doenças Respiratórias" e você entenderá o que estou dizendo.

Os primeiros passos para organizar seu consultório são essenciais para definir se seu caminho profissional será longo, que enfrentará o menor número possível de percalços e lhe trará satisfação. Dificilmente evitaremos uma parte dos imprevistos e situações inéditas que acontecem de tempos em tempos, mas se começarmos com uma base sólida, teremos mais recursos e fôlego para enfrentar as adversidades. Desafios surgirão, e a possibilidade de cometermos erros sempre existirá. No próximo capítulo trataremos desses desafios e erros que estão presentes nos primeiros meses e anos da administração de consultórios.

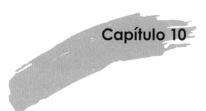

OS PRINCIPAIS ERROS DOS
recém-chegados na profissão

Quando eu e meus sócios começamos a pesquisar os primeiros orçamentos para a construção de nossa clínica, percebemos que, se cada um de nós tirasse um dia, ou mesmo meio dia, por semana para pesquisar preços dos materiais de construção e acompanhar a execução da obra, poderíamos fazer uma boa economia. Nosso palpite era o de que, mesmo se ficássemos um período da semana sem ganhar nada com as consultas que deixaríamos de prestar, o dinheiro que economizaríamos comprando material mais barato ou evitando o atraso do serviço dos pedreiros compensaria aquela queda temporária de receita, o que representava uma vantagem comparativa favorável.

No final, dois de nós, eu incluído, nos comprometemos a realizar uma escala para acompanhar os trabalhos e fazer os orçamentos junto às lojas. Quando a obra terminou, fizemos as contas: nossa economia foi de cerca de 38% do orçamento inicial, que representava R$400 mil. Isso há sete anos, hoje esse total que deixamos de gastar bateria fácil em milhão de reais! Por que conseguimos um resultado tão bom como esse? Porque, ao decidir que acompanharíamos de perto o trabalho do mestre de obras e de seus pedreiros e revisar nós mesmos todos os orçamentos, evitamos um dos erros mais fundamentais que é cometido pelos médicos: não dedicar tempo para olhar para sua clínica, deixar de checar seus números e negligenciar se o que foi planejado está, de fato, sendo cumprido e se as metas estabelecidas estão sendo alcançadas.

Mesmo na época em que nossa clínica ainda era somente um amontoado disforme de areia, cimento e tijolos, nós já estávamos alternando nossa atividade principal, nos consultórios de então, para verificar se nosso investimento estava sendo empregado da maneira mais racional, proveitosa e inteligente possível.

De nada adianta estabelecermos objetivos se não verificarmos, com nossos próprios olhos, se as estratégias que estamos usando estão nos conduzindo ou não para os resultados pretendidos. Caso fique claro que a maneira como estamos desenvolvendo nosso trabalho não nos levará para onde queremos ir, devemos ajustar nossas ações o mais rápido possível. Por exemplo, se temos como meta aumentar em 10% o número de consultas particulares ao longo de doze meses e diminuir a quantidade de consultas feitas pelos convênios, não faz sentido esperar até o final do ano para fazer as contas e verificar se esse aumento de 10% nas consultas particulares de fato ocorreu. O ideal é que a cada, digamos, três meses o profissional faça uma checagem, para ver se houve, em relação ao período anterior, um aumento de 2% a 3% no número de particulares. Se o percentual estiver abaixo disso, tenta-se mudar os procedimentos, descobrir o que está sendo feito de maneira incorreta e redirecionar a estratégia.

Com frequência, não confirmar se estamos voando na direção correta é um erro que pode fazer com que você, no lugar de ter ganhos crescentes, permaneça naquele deprimente ciclo da pobreza sobre o qual já falamos algumas vezes. Você se lembra? É aquele comportamento vicioso que nos faz correr de um lado para o outro em numerosos trabalhos mal remunerados, dos quais não conseguimos escapar por termos medo de diminuir nossa renda ou por falta do espírito empreendedor que nos faria sair de nossa zona de conforto e encarar o desafio de abrir nossa clínica ou outro empreendimento.

NÃO MORE NO CONSULTÓRIO

Iludir-se considerando que atender pacientes o dia inteiro gerará mais valor à nossa vida de médico é outro erro que costumamos cometer. Alguém disse certa vez esta frase, cheia de ironia: "Se você trabalha muito, nunca enriquecerá." Ela é ainda mais verdadeira porque não se refere apenas ao enriquecimento material, ter muito dinheiro, mas também a se tornar mais rico enquanto pessoa, transformar-se em alguém com qualidades abundantes.

Esse equívoco costuma surgir à medida que o negócio do consultório começar a dar certo. Com o número de pacientes aumentando e o dinheiro começando a entrar com mais força no caixa, é natural que você passe a ficar mais tempo no consultório, dedicando cada vez mais tempo a ele. Nesses primeiros tempos, você certamente precisará estar ali presente, mas isso pode sair do controle, e você pode se transformar em um refém, um presidiário de seu negócio. Não faça isso. Não more dentro de seu consultório.

É de grande importância você entender que sua presença tem o poder de fazer com que as pessoas passem a reconhecê-lo pela sua autoridade e pelo seu caráter, mas se essa presença se materializar apenas atrás da mesa de seu consultório, você não será visto com toda a nitidez necessária. Sua marca pessoal será valorizada na medida em que as pessoas da sua comunidade passem a conhecê-lo, constatem que você está integrado à sociedade, à cidade e àquela região. Agindo dessa maneira, você convencerá as pessoas de que é alguém do bem, uma pessoa respeitável que está envolvida nas questões sociais locais, que compartilha seus conhecimentos e fornece conteúdo relevante por meio de suas palestras ou pela presença nas redes sociais. Toda essa positividade fará com que você seja visto como uma referência, e isso fará grande diferença no movimento de seu consultório.

Na Medicina, seu marketing é feito pelas pessoas que interagem com você. Pasme, mas mesmo em tempos de marketing digital, cerca de 90% dos clientes nas clínicas e nos consultórios marcam consulta por indicação de amigos e familiares. É no boca a boca de seus clientes que será gerado um marketing positivo a seu respeito, que seu trabalho será valorizado e você se transformará em uma autoridade em sua especialidade. Por isso, repito o conselho: você não pode passar o tempo inteiro dentro do consultório. Tem de estar presente na comunidade, na mídia tradicional, em feiras, em congressos.

Permanecer de segunda a sexta-feira, das 8h da manhã às 8h da noite apenas em seu consultório não gerará esse necessário valor extra para sua vida e para sua profissão. Essas ações que extrapolam as paredes do consultório farão uma diferença bastante significativa, inclusive no retorno financeiro proporcionado pelos seus pacientes, na medida em que gerará mais valor à sua hora de trabalho.

COOPTAR, MAS COM ÉTICA

É claro que no início de sua carreira será menor sua possibilidade de escolher quanto tempo ficar dentro do consultório e quantas horas dedicar às ações que favoreçam sua comunidade e lhe deem visibilidade. No começo, para sobreviver, você terá de ter outros empregos, como plantões e algumas horas atendendo em algum estabelecimento de saúde. Mas seria um erro você não aproveitar todas essas oportunidades para atrair e cooptar, sempre de maneira ética, novos clientes para seu consultório.

Isso se dará com o bom atendimento que você der no pronto-socorro, por exemplo. As pessoas se encantarão com seu atendimento, com sua gentileza, com sua competência e vão querer saber onde você trabalha quando não está ali naquele plantão. E você tem de ter seu cartão, para entregar para as pessoas e dizer para elas que, caso precisem, você tem seu consultório.

Cartões de visita, aqueles tradicionais feitos de papel, ainda funcionam e são muito eficientes para fazer com que você seja lembrado. No início, os jovens médicos não têm dinheiro para grandes ações de marketing e de divulgação, mas recursos simples e baratos, como imprimir uma centena de cartões ou pagar um pequeno anúncio em uma mídia social, sempre farão diferença a favor desses profissionais.

Mas vamos continuar relembrando o que costuma acontecer nesses primeiros anos no mercado. Talvez o profissional consiga se dedicar com exclusividade ao consultório e turbine sua agenda, de manhã cedo até o final da tarde, exclusivamente com pacientes vindos dos planos de saúde. Como os planos de saúde remuneram mal as consultas, esse profissional, mesmo com sua agenda totalmente tomada, terá uma entrada de capital que cobrirá com dificuldade, caso chegue de fato a cobrir, os gastos com o consultório, com funcionários, impostos e outras contas. Nessa situação, talvez ele seja obrigado a fazer um plantão no final de semana, ou no período da noite, para garantir uma renda suficiente.

Quem tem um ritmo de vida como esse poderá até mesmo se irritar quando afirmo que é preciso planejar a carreira, ter uma vida fora do consultório ou relacionar-se com a comunidade. Afinal, com uma carga de trabalho como essa, como conseguir encaixar essas atividades? Mas vejo duas posturas equivocadas quando olho para esse estilo de vida profissional.

A primeira delas, que é um grande erro nosso como médicos, é se deixar iludir ao pensar que ganhar dinheiro significa atender uma pessoa atrás da outra. O médico que só atende e não planeja, não pensa em gestão, não se senta à mesa para olhar seus números, certamente terá como destino ser empregado de alguém e gerará valor e dinheiro para outras pessoas, nunca para si mesmo. Por mais clientes que atenda.

Trabalhar em plantões, em clínicas populares ou para convênios em um consultório não cria as condições necessárias para que um médico cresça profissionalmente. Você sempre terá um número máximo de consultas que conseguirá cumprir em sua jornada. Diferentemente de quem é empregado em uma grande empresa, na qual há postos de trabalho que podem ser galgados e a possibilidade de um crescimento vertical nas funções e em salários, com esses pequenos trabalhos e exaustivos plantões semanais, você nunca progredirá satisfatoriamente na profissão.

SEMPRE É POSSÍVEL PLANEJAR

A solução para essa situação é, literalmente, a porta da rua, que você deve abrir e sair para um lugar melhor, que lhe dê uma maior remuneração e uma melhor qualidade de vida. Essa porta tem um nome: planejamento de carreira. Alguém pode argumentar que, trabalhando doze horas por dia em um consultório, sem conseguir o suficiente para uma vida decente, não haverá tempo para planejar uma maneira de sair dessa espiral da pobreza. Eu digo que, sim, há como fazer isso. Daquela mesma maneira que eu e meus colegas planejamos a construção de nossa clínica, como contei no começo deste capítulo. Ou seja, dedicando um dia, meio dia, por semana para acompanhar a obra e outras providências. Posso garantir que dá certo. Afinal, economizamos um milhão de reais investindo menos de um dia por semana!

Sempre insistirei em que, quando colocamos no papel nossos projetos, tudo se torna mais fácil e mais próximo à sua efetiva realização. Esse é o cerne do planejamento: definir e registrar quais as possíveis etapas para atingirmos nossas metas. É de grande importância, mesmo quando sua carreira ainda está no início, ou quando você esteja sentindo que sua trajetória profissional está em um beco sem saída, que você desenhe seu caminho ideal. Fazendo isso, verá com clareza aonde quer chegar e quanto tempo é razoável esperar para que as mudanças de fato ocorram.

Por exemplo, você coloca em seu planejamento que deseja deixar de lado aquele plantão que o obriga a passar noites inteiras sem dormir e lhe paga uma mixaria. Faça os cálculos de quanto ele lhe remunera e o quanto você ganharia caso trocasse esse plantão por algum curso que, por exemplo, em um prazo de seis meses, poderia habilitá-lo para uma atividade que lhe traria mais dinheiro e menos estresse. Você poderá se surpreender com como uma simples conta pode trazer mais dinheiro e mais satisfação em seu trabalho.

Citarei um exemplo pessoal de como o planejamento pode apontar para perspectivas mais promissoras. Há algum tempo, comecei a gravar um curso online sobre gestão e estratégias inteligentes para médicos. Fiz algumas contas, que me mostraram que, se eu vendesse entre quarenta e cinquenta desses cursos, a um valor que estabeleci, meu ganho seria equivalente ao mesmo valor mensal que eu receberia atendendo a trezentos pacientes que chegam até a mim por intermédio de um conhecido convênio médico!

É um excelente resultado, e não só do ponto de vista econômico. No lugar de ficar sentado o dia inteiro em meu consultório, que tem um custo altíssimo de manutenção, receberei o valor equivalente desse trabalho exaustivo fazendo algo que me traz grande satisfação. E isso não é uma obra do acaso, é resultado de uma estratégia que eu defini.

Mesmo que minha motivação tenha um quê de subjetividade, para tomar essa decisão, fiz contas que mostraram resultados bem concretos, como o quanto eu teria de gastar na produção dos vídeos desses cursos online, o valor do investimento em marketing digital, quantos vídeos teriam de ser comprados para pagar o que foi investido e o tempo de retorno desse investimento. Esse planejamento fez toda a diferença e me mostrou que os cursos online seriam rentáveis.

Ainda que vislumbremos boas possibilidade profissionais, como essa que relatei, demoramos a tomar decisões que poderiam tornar nossa vida muito mais interessante e feliz. É o erro da falta de coragem. O que não quer dizer que devemos dar curvas em nossa vida sem olharmos com atenção o que poderá vir pela frente. Às vezes dá vontade de largar tudo e começar uma coisa nova, mas seria uma maluquice fazer isso sem ter uma estratégia bem definida e escrita no papel.

O que devemos fazer, na maioria das vezes, não é matar nosso negócio principal, mas dar a ele características que achamos mais satisfatórias, tanto para nós quanto para nossos clientes. No meu caso, uma das razões pela qual decidi investir em cursos online foi diminuir o número de clientes que eu precisaria atender para manter um nível desejável de retorno financeiro e, com essas horas a mais à minha disposição, dar mais atenção e dedicar mais tempo aos meus pacientes.

Além disso, na medida em que há a entrada de recursos vindos não necessariamente do atendimento a um número exagerado de clientes, posso aumentar o valor de meu ticket médio, ou seja, o quanto cobrarei pelas consultas, já que não há mais a pressão para trabalhar muitas horas para manter o nível de entrada de recursos.

NÃO LARGAR O VELHO OSSO

Há, ainda, nesse processo uma tentação à qual devemos resistir. Não é raro que, quando estabelecemos uma meta que pressupõe uma mudança de comportamento, nos encantemos com a conquista que tivemos e relutemos em cumprir o que combinamos com nós mesmos. Por exemplo, por trabalharmos em um plantão que nos rende R$4 mil por mês e nos impõe um grande desgaste físico, decidimos que aumentaremos o valor da consulta em nossa clínica ou passaremos a atender um maior número de pacientes até chegar ao valor de R$4mil, para, então, deixar de lado o plantão. No entanto, quando atingimos essa meta, nos iludimos pensando: "Agora, está entrando em caixa R$8 mil. Puxa, é muito dinheiro!" E aí não queremos largar o antigo osso. Isso é um erro.

Quando você estabelece uma meta, deve assinar um contrato consigo mesmo de que, ao atingir o ponto desejado, irá de fato abandonar aquela antiga ocupação. Isso é um compromisso a ser levado a sério. Do contrário, o médico ficará sempre enrolado naquela espiral da pobreza da qual já falamos. Apague aquele emprego, tire aquele plantão de sua vida. Se seu objetivo era aumentar a movimentação em seu consultório, concentre-se nisso. É ali que você terá mais retorno, mais independência, poderá empreender de maneira mais ativa e com maior chance de crescimento.

A esta altura, já entendemos que todas essas mudanças em relação ao número de pacientes atendidos, à melhoria dos serviços para aumentar o ticket médio das consultas e o movimento para distanciar-se cada vez mais de convênios que remuneram mal não são conquistas que podem ser atingidas pelo médico sozinho, sem o apoio de uma equipe competente. Tal constatação nos remete à relevância de sabermos contratar bem nossos futuros funcionários.

Infelizmente, erros de contratação são comuns para médicos em seus primeiros anos de consultório. Esse foi um dos equívocos que cometi com maior frequência. Isso acontecia principalmente por eu ter, à época, poucos recursos, o que me fazia empregar pessoas muito jovens e despreparadas, ou que não tinham a empatia necessária para deixar os clientes satisfeitos.

Por inexperiência, demoramos a nos dar conta do quanto são importantes para o negócio os papéis desempenhados pela secretária, pelo atendente, pela recepcionista. Alguns erros de julgamento parecem, hoje, até divertidos, embora na época em que ocorreram surgissem como um grande problema. Eu me lembro de um deles. Uma pessoa conhecida me indicou a própria filha, de 19 anos, para trabalhar em minha clínica. Eu a contratei, mas logo descobri que era uma jovem bastante irresponsável no trabalho. E fiquei sabendo disso de uma maneira constrangedora, quando funcionários do edifício em que eu estava instalado vieram me dizer que ela já havia sido flagrada nas escadas do prédio e até mesmo na sala de recepção do consultório em atitudes que não condiziam com o ambiente de trabalho, aos beijos com alguns homens, alguns deles até clientes meus.

ACREDITAR NO BOM SENSO

Mesmo que você não tenha de enfrentar questões tão inusitadas como essa, é preciso também se lembrar de que você não apenas contratará pessoas. Eventualmente, você terá de fazer demissões, lidar com processos trabalhistas, licenças-maternidade e outras questões que exigem conhecimento da legislação trabalhista. E aqui temos mais um erro comum entre os médicos, que é o de não procurar contratar uma assessoria jurídica e, no lugar disso, tomar decisões baseadas no próprio pensamento e o no que acreditam ser o "bom senso".

O grande problema é que não é raro que nossa visão do que é justo e correto não corresponda exatamente ao que está escrito na legislação, e isso cria o perigo de termos sérios problemas legais. Poucos médicos, mesmo os com já muitos anos de estrada, terão recursos para manter à sua disposição uma bancada de advogados. Para os que estão no início da carreira, a melhor possibilidade é a de contratar os serviços de um advogado, ou escritório, de maneira pontual, seja para fechar algum contrato mais complexo, para fazer frente a uma ação trabalhista ou verificar se todas as contratações de pessoas estão se dando em harmonia com a legislação. Vale a pena, nessas situações, se lembrar da possibilidade do uso de assessoria jurídica disponibilizada aos sócios dos órgãos e associações médicas.

Se os especialistas em leis podem deixar a casa arrumada em relação aos funcionários, manter um relacionamento com seus clientes que gere a confiança e o respeito deles pela sua competência é algo que não pode ser transferido para terceiros. Caberá exclusivamente a você essa tarefa. E aqui estamos falando de mais um erro, na verdade dois, que você, médico, deverá evitar. São eles: não dar a devida importância à maneira como seu cliente demonstra sua satisfação, ou insatisfação, em relação ao seu trabalho e negligenciar uma resposta aos sentimentos que eles expressam.

Podemos imaginar a seguinte situação: na hora da consulta, seu cliente entra no consultório com uma cara não muito feliz. Senta-se diante de você, do outro lado da mesa, e permanece calado. No lugar de continuar a consulta, como se nada estivesse acontecendo, é fundamental que você pergunte o que aconteceu. "Me senti tratado de maneira desatenciosa pela atendente", ele pode responder.

Mesmo se você tiver certeza de que sua atendente se porta de maneira profissional e, por esse motivo, seria pouco provável ela ter agido de uma forma incorreta, dê um retorno positivo ao cliente: "Ah, me desculpe. Verificarei o que aconteceu e mudarei nossa rotina de atendimento para que isso não volte a acontecer." E você poderá acrescentar uma cereja: "Aqui está meu contato pessoal, meu e-mail. Se precisar de algum esclarecimento, não hesite em me acionar." Se você cometer o erro de não dar importância ao desconforto que esse cliente está sentindo, ele não voltará mais à sua clínica.

No caso em que você, ou sua equipe, forem os responsáveis por um mau atendimento, sempre é possível reverter a tensão e o mau humor dos pacientes sendo gentil, educado e honesto, explicando a razão de as coisas não estarem a contento e propondo melhorar o que não está correto. Por exemplo, se você, por algum motivo, se atrasa e os clientes ficam na sala de espera aguardando por mais tempo do que o normal em seu consultório, abra a porta de sua sala, vá até onde eles estão, explique o motivo do atraso — um paciente em estado grave foi até o consultório e foi passado à frente na fila, por exemplo — e peça desculpas. Seus pacientes se sentirão respeitados e deixarão seus pensamentos negativos de lado.

CRÍTICAS NA REDE

É preciso também medir o pulso de sua clientela, acompanhando o que, eventualmente, ela possa estar falando de seu trabalho nas redes sociais. Todos nós sabemos da carga pesada que comentários negativos nas plataformas sociais podem trazer para a reputação de empresas e profissionais. Não descuide de sua imagem na internet. Se alguém expressar alguma queixa, não a deixe passar em branco. Esclareça ou questione, caso a crítica seja infundada. Você precisa dedicar tempo para isso.

Trarei aqui um exemplo sobre a importância de monitorar o que dizem de você nas redes sociais. Algum tempo atrás, apareceu a notificação de que tinha entrado um novo comentário nas avaliações da clínica no facebook, no intervalo de uma consulta. Li e vi que era uma crítica feroz sobre atraso no atendimento, e a pessoa nos deu uma nota superbaixa na avaliação, o que jogava nossa média lá embaixo. Não costumamos ter problemas de atraso como o que estava escrito ali. Consultei as secretárias, e o dia transcorria bem. Não encontramos a pessoa em nosso sistema, então enviei uma mensagem pedindo de antemão desculpas e informando que estava tentando identificar o problema para poder tomar uma atitude. Daí fui descobrir que existe uma clínica homônima à nossa no estado de São Paulo. Comuniquei o erro à autora da queixa, que retirou a mensagem e ainda atribuiu cinco estrelas à nossa página, pela atenção dispensada a ela.

Outro exemplo: ao levantar as informações na internet sobre uma empresa a quem presto consultoria no estado de Santa Catarina, descobri que o maior índice de reclamações era relativo à demora/atrasos no atendimento, diagnóstico feito de forma rápida e barata, sem precisar de grandes pesquisas e gastos para isso. E ainda mais interessante foi descobrir que seu principal concorrente tinha como maior reclamação uma sala de espera apertada e, acreditem, a falta de água para os clientes que estavam ali esperando. Se alguém dessa empresa se desse ao trabalho de fazer esse monitoramento, saberia que a simples colocação de um bebedouro em sua sala de espera representaria uma melhoria importante na experiência de seus clientes.

Não adianta você estar na rede social, ter uma página no Facebook, no Instagram, YouTube ou qualquer outra mídia, e não acompanhar o que está acontecendo por lá, ou deixar a cargo de sua secretária a administração desse importante canal de comunicação. Nunca deixe um paciente no vácuo, sempre responda a uma reclamação. Ganhamos o respeito dos clientes quando temos essa atenção em relação a eles.

Alguns parágrafos atrás, falamos sobre o erro de termos uma jornada no consultório em que atendemos a uma multidão de pacientes, pelos impactos que isso provoca na saúde e no bolso do médico. Mas o número de consultas tem também repercussão imediata na satisfação do cliente, pois quanto mais atendimentos por dia o médico fizer, menor será o tempo disponível para cada cliente. E consultas na velocidade "fastfood" farão com que eles se sintam mal atendidos e tenham a sensação de que suas queixas foram tratadas de maneira desdenhosa.

O médico tem de estabelecer seu ritmo de atendimento. Minha experiência mostra que isso é algo muito pessoal, varia de profissional para profissional, mas tenho claro que é impraticável você marcar consultas com um intervalo de quinze minutos entre uma e outra. Isso diminuirá a qualidade de seu atendimento e é um erro em relação ao seu marketing pessoal. Acredito que o tempo mínimo viável para uma consulta de qualidade está entre vinte e trinta minutos de duração. Qualquer tempo abaixo disso, e você voltará àquela espiral da pobreza do trabalho médico.

Certamente esse intervalo mínimo variará de acordo com a especialidade médica e a complexidade da saúde do paciente, mas sempre estarei convencido de que vinte minutos é o mínimo requerido para que você possa ter a oportunidade de escutar seu paciente e, com a atenção que você dispensará para ele, realizar um bom trabalho de marketing pessoal.

CONTRARREFERENCIAR É PRECISO

Mas os profissionais da saúde não interagem apenas com os clientes. Um relacionamento de grande relevância, e que nem todos costumam tratar com o devido cuidado, é com os colegas médicos. Já falamos anteriormente sobre como é estratégico termos uma sólida rede de networking com outros profissionais da saúde, tanto colegas de nossa especialidade como de outras.

Um dos erros que costumam ser cometidos nessa interação é o de não contrarreferenciar pacientes encaminhados pelos colegas médicos. Como é sabido, quando um profissional encaminha um paciente para você, ele o está referenciando para aquela pessoa que necessita de seus conhecimentos. Isso pode acontecer porque, por exemplo, esse colega está fora de sua cidade e não poderia, por isso, atender alguém que está em um momento de crise e precisando de um atendimento imediato. Se você, por sua vez, após atender esse paciente que lhe foi encaminhado, recomenda que ele continue o tratamento com o médico que não pôde atendê-lo naquela ocasião, isso se chama contrarreferenciar o paciente.

Alguns profissionais, no entanto, por inexperiência ou ganância, não devolvem o paciente de volta para o colega que o atendia até então e tomam o paciente para si. Ou seja, "roubam" o paciente do colega. Trata-se de um gesto antiético, mesquinho e que pode ser considerado até mesmo desonesto. Não é preciso dizer que a repercussão entre os colegas diante de uma atitude como essa será extremamente negativa. Não demorará para que a comunidade médica daquela região fique sabendo desse comportamento, e, como é fácil imaginar, dificilmente algum outro médico referenciará algum paciente para um profissional que age dessa maneira.

Outra situação antiética em relação à referência de pacientes e que já aconteceu comigo, e me fez imediatamente cancelar as dezenas de encaminhamentos que fazia a um determinado colega especialista em outra área, é o reencaminhamento de pacientes sem discutir o caso com o médico assistente do paciente. Foi o que o colega fez com minha cliente particular, encaminhada a ele por mim com suspeita de comprometimento pulmonar secundário devido a uma doença reumatológica. Em vez de ser contrarrefenciada a mim, ele encaminhou a paciente para outro médico de especialidade correlata à minha em função de uma dúvida que teve em relação a um teste de mantoux positivo (teste tuberculínico — quando positivo, indica uma cicatriz imunológica de contato prévio com o bacilo da tuberculose, e não infecção ativa) e que gerou a prescrição incorreta de um teste terapêutico contra tuberculose para minha paciente. Ela depois veio me jogar na cara que eu não tinha visto que ela tinha esta doença, quando, na verdade, não tinha. Expliquei para a paciente que um dia ela apresentaria os sintomas da doença reumatológica e o diagnóstico seria então elucidado, e ela então se lembraria do que havia me dito. Passaram-se dois anos até o diagnóstico de lupus eritematoso sistêmico após o surgimento de mais sintomas e a positivação de exames reumatológicos, que comprovaram minha teoria.

UMA CORDIALIDADE ESPETACULAR

Fui testemunha de como essa relação entre colegas médicos pode ser significativa e deixar marcas profundas em nossa consciência. Quando eu ainda era um jovem médico, recém-saído de minha especialização como pneumologista, encaminhei uma paciente, para ser avaliada quanto à possibilidade de um transplante pulmonar, para o doutor José de Jesus Camargo, um médico gaúcho precursor dos transplantes pulmonares no Brasil.

Nunca me esquecerei de como esse profissional reagiu diante de meu gesto. Ele teve o cuidado de me enviar uma carta escrita de próprio punho agradecendo o encaminhamento e elogiando o momento, o timing da indicação daquela cliente para o transplante. Ele me remeteu, ainda, uma série de orientações em relação à paciente. Foi de uma cordialidade espetacular. Eu jamais me esqueci daquele retorno. Eu, um jovem médico, recebendo uma carta de uma autoridade tão importante, tão influente!

E esse mesmo colega médico, quando essa moça — uma advogada de trinta e poucos anos — fez o transplante de pulmão, me enviou, por intermédio dela, um livro de sua autoria autografado. Era um agradecimento pelo fato de a paciente ter conseguido melhorar sua qualidade de vida e ter chegado até o transplante por minha recomendação. Isso ficou gravado em minha memória, jamais me esqueci desse fato e, como não poderia deixar de ser, sempre que pude, segui referenciando meus pacientes para esse colega.

O encorajamento e a validação do trabalho de outros profissionais médicos são posturas que devemos sempre cultivar, não apenas porque elas podem nos trazer ganhos financeiros ou aumentar nosso prestígio em nosso meio profissional. Ter esse bom relacionamento é enriquecedor em termos de conhecimento e troca de experiências. Ele ainda possibilita que aprendamos a ser profissionais melhores, sobretudo quando convivemos de perto com outros colegas, como aqueles que serão nossos sócios no consultório ou em clínicas. E como lidar com eventuais sócios nos empreendimentos em que estivermos envolvidos é exatamente o assunto de que trataremos no próximo capítulo.

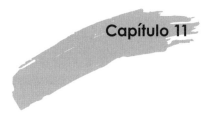

Capítulo 11

SOCIEDADE
vale a pena?

Pode parecer um exagero dizer que escolher um colega médico para montar um consultório junto com você é algo que exige tantos cuidados, reflexões sobre afinidades mútuas e confiança no outro quanto um casamento. Assim como namoramos durante alguns anos para conhecer bem nosso parceiro, com suas qualidades e defeitos (alguns casais até decidem morar juntos antes do casamento formal para avaliarem se a relação continuará caminhando bem), uma sociedade empresarial deve ser feita sem pressa, com maturidade, segurança e, fundamentalmente, por motivos racionais. Talvez a principal diferença do casamento seja a de que tomamos a decisão de casar movidos, em grande parte, pelas nossas emoções.

A decisão de se associar a alguém em um consultório, possivelmente, só será bem-sucedida se for subordinada a um exame racional das possibilidades de sucesso, a uma observação minuciosa e mútua da personalidade dos envolvidos, o que pode exigir anos de avaliação, e, por fim, tendo sido feito um balanço rigoroso dos recursos envolvidos e, ao final, ter tudo isso escrito em um contrato detalhado, validado por bons advogados, que será assinado, com firma reconhecida e com a rubrica das partes em todas as páginas.

A união entre candidatos a participar de um empreendimento em comum continua sendo inspirada por duas motivações: primeiro, você procura um parceiro apenas para dividir as despesas de seu consultório, e o relacionamento pode se restringir apenas a um encontro mensal para checar os pagamentos; ou, a segunda possibilidade, você se envolve em algo mais profundo com um ou vários sócios, com os quais a distribuição de tarefas será mais complexa; haverá participação nos lucros, bens comuns, responsabilidades compartilhadas, criação de uma personalidade jurídica, cláusulas prevendo como será a separação das partes, a formalização sobre o que deverá ser feito em caso de morte, determinar direitos dos herdeiros e outros detalhes societários tão mais complexos, que será necessário pedir ajuda de especialistas para o acerto final.

Há como escapar de todas essas complicações e andar pela vida profissional livre, leve e solto? O que precisamos entender é que, no mercado de trabalho da medicina, dificilmente você conseguirá permanecer "solteiro". Ou encontra um parceiro, sem grandes complicações legais, que dividirá os custos do consultório, ou realiza um "casamento" com toda a pompa e circunstância que os negócios exigem.

MORTO NO FINAL DO DIA

Basta fazer algumas contas para atestar que o que eu disse antes é verdade. Vamos supor que você trabalhe sozinho em um consultório. Sua despesa mensal, entre custos variáveis e fixos, é de R$12 mil, o que não é nenhum exagero e está dentro do que acontece no mercado. O rendimento médio proporcionado pelos convênios médicos, já descontados os impostos, chega a algo em torno de R$60 reais por consulta. Ou seja, você terá de atender a 200 consultas por mês apenas para cobrir os custos de sua estrutura de trabalho. Só a partir daí você passará a receber dinheiro para seus gastos e os de sua família.

Se imaginarmos que você faça 10 consultas diárias, esse cálculo mostra que você terá de trabalhar, caso tenha pacientes provenientes somente de convênios médicos, 20 dias por mês apenas para pagar os custos do consultório. O mês corrido tem de 30 ou 31 dias, mas descontando os sábados e domingos, os dias úteis somam, no máximo, 23 dias. Em um mês assim, e ainda atendendo a 10 clientes de convênios por dia, você ganharia R$1.800 livres após sua jornada mensal. E com esse valor, pagaria casa, comida, transporte e outras despesas da família.

Olhando para esses números, fica claro que você precisa atender, no mínimo, de 20 a 30 pacientes por dia para tornar seu consultório viável, atendendo somente a consultas de convênios. No meu caso, quando atendo a 20 consultas ou mais, chego morto ao final do dia, e imagine quanto tempo de estrada e de bom marketing você precisa ter para atrair uma clientela grande como essa.

Essa conta torna quase obrigatório que tenhamos um parceiro para dividir as despesas. Se os gastos forem repartidos meio a meio com outro colega médico, o faturamento de 10 dias, ou de 2 semanas de trabalho, atendendo até 10 clientes de convênios por dia, cobriria o que deveria ser investido no consultório, e o ganho mensal nesse regime de trabalho dobraria para R$3.600 mensais. Não é nenhuma fortuna quando pensamos nas possibilidades que o mercado oferece aos médicos. Mas se alguém for viver exclusivamente de atender convênios, terá de encontrar planos que paguem valores acima desses R$60, que é a média do mercado.

O que acontece é o que já relatei anteriormente. O médico, além das muitas horas atendendo no consultório, é obrigado a fazer outros plantões, inclusive nos finais de semana, enquanto seu negócio não deslancha, o que só começará a acontecer cerca de dois a três anos após seu início. Aí, sim, se começará a ter mais lucro do que despesas. Mas até lá, você terá de sobreviver, e a maneira mais provável de passar por esse período inicial é tendo um parceiro, ou juntar-se com outros, diminuindo ainda mais os custos do consultório.

À medida que o tempo passa, você e seu parceiro, ou parceiros, começarão a se conhecer melhor. Se vocês forem pontuais, corretos na divisão dos custos, justos ao repartirem a carga horária de trabalho entre si, é provável que terá início uma relação de confiança. Quando algum desafio surgir pela frente, e se vocês se mantiverem firmes ao compromisso de que o consultório continue funcionando, surgirá uma afinidade pessoal e respeito entre vocês.

Entendendo que seus colegas são "boa gente" e percebidos por eles dessa mesma maneira, os negócios poderão começar a evoluir e surgirão mais recursos e ideias de como incrementar a oferta de serviços. Pode-se, então, aumentar a clínica, contratar mais atendentes (recepcionista, enfermeiro, nutricionista etc.), trazer equipamentos, começar a realizar exames, investir em marketing. Então surge a ideia de empreender, ter uma empresa que caminhe em direção a um horizonte mais amplo e mais ambicioso.

VOOS MUITO MAIS ALTOS

Quando empreendemos, precisamos de pessoas que sejam capazes de sonhar junto com nós. Empreender sozinho é algo que trará limitações, como a carga máxima de trabalho que você será capaz de assumir ou a desvantagem de não ter outra cabeça pensante que poderá ajudar a ampliar as possibilidades de seu trabalho. Na companhia de outros empreendedores, você alçará voos muito mais altos do que se estiver só.

Trabalhando exclusivamente por sua conta, você talvez consiga evitar as inevitáveis diferenças de opinião e desavenças que surgem quando exercemos nosso ofício em companhia dos outros. Você poderá até andar mais rápido, mas cobrirá distâncias menores. Compartilhamento é a palavra do momento. Partilhar nossas ideias, dividir nossos sonhos e trazer gente boa para trabalhar conosco são ações que aumentarão, em muito, nossas chances de sucesso.

De novo, escolher um sócio exige cuidados e calma. Precisamos conhecer em profundidade aquela pessoa com a qual pretendemos iniciar uma sociedade. Já ouvi casos de médicos que, no afã de constituir um consultório ou uma clínica, fizeram parceria com alguém que não conheciam bem. Quando descobriram que aquela pessoa não era o que esperavam, o resultado foi desastroso. E desfazer uma sociedade formalmente estabelecida quase sempre é uma experiência traumática.

Mas qual é o perfil ideal de um sócio? Além das qualidades básicas que se espera de alguém com quem dividiremos uma parte extremamente importante da nossa vida, como ser honesto, competente em sua área, ter um espírito positivo, gostar de empreender como você, ter uma boa índole, ser educado e atencioso, nosso sócio precisa ser alguém que esteja disposto a dividir as tarefas que o consultório exigirá. Além de compartilhar as despesas, deve ser alguém que também dividirá o risco trabalhista, o trabalho técnico-financeiro e as tarefas relativas à gestão do empreendimento.

É pouco provável que você ou seus sócios sejam pessoas capazes de exercer todas essas atividades de uma maneira excelente. Todos nós temos facilidades particulares para algum tipo de tarefa específica. Por saber disso, é vantajoso termos pessoas com perfis diferentes dos nossos, pois assim as responsabilidades de gestão poderão ser divididas de uma maneira mais eficiente. Um dos sócios, por exemplo, ficará mais à vontade ao lidar com a parte clínica, outro cuidará da parte de procedimentos e exames, um terceiro será especialmente habilidoso como gestor, enquanto outro será o melhor entre vocês para as necessidades financeiras do empreendimento.

Pensar e ter inclinações diferentes é, portanto, uma vantagem competitiva. No entanto, é preciso que, para o bem da sociedade, as ideias de todos os sócios tenham algum grau de convergência. É necessário que todos estejam de acordo diante de questões críticas, tais como a divisão de despesas, divisão de lucros, as decisões sobre quando e em que investir, o tempo que será dedicado à gestão do consultório ou clínica, e, o mais importante, que tenham o mesmo propósito.

Há algumas divergências que são típicas em sociedades como essas de que estamos tratando aqui, tais como um dos sócios ficar mais sobrecarregado de trabalho do que os demais, que é algo negativo e que pode fazer com que um deles acabe por tomar as rédeas do negócio por omissão dos demais participantes. Poderá chegar um momento em que esse distanciamento dos demais se tornará tão intenso, que a gestão passará a ser impraticável.

Ou, ao contrário, o sócio que está mais presente começa a se sentir autorizado a tomar decisões sérias sem consultar os demais, que, claro, protestarão. É necessário manter um grau mínimo de sanidade dentro da empresa e se esforçar para manter os relacionamentos equilibrados e respeitosos. Se não for assim, as diversidades, que até então eram um trunfo do grupo, transformam-se em uma barreira à existência do consultório.

Agrupar dois, três ou um número maior de médicos para constituir uma sociedade deve ir muito além de algo parecido com um mutirão para reduzir e dividir despesas. Para ter sucesso e uma trajetória bem-sucedida, o empreendimento deve ser um lugar em que a prática de conversar e dividir as dúvidas, de se apoiar mutuamente nos momentos de decisões importantes, seja algo bem estabelecido e verdadeiro. Todos os empreendedores enfrentam momentos em que têm dúvidas e receios sobre qual rumo deverão seguir, principalmente nos primeiros anos de existência de uma empresa. Tomar decisões de maneira isolada, sem ponderar com os demais sobre as vantagens e desvantagens do que será feito, traz riscos e diminui a eficiência empresarial.

ÁGUA E ÓLEO

Se é necessário que você e seus sócios se sintam identificados em seus valores pessoais e comportamentos, é também imprescindível que haja afinidade entre as especialidades médicas que você e seus sócios exercem. Não se nega o valor que a diversidade agrega aos negócios, mas talvez algumas profissões se comportem como água e óleo e nunca se misturem totalmente. Por exemplo, imagine um pediatra e um psiquiatra atendendo em um mesmo espaço. Não parece adequado que na sala de espera se reúnam crianças e pacientes psiquiátricos, não é mesmo?

Por outro lado, quando seu sócio trabalha com uma especialidade que seja complementar àquela na qual você atua, isso gera um ambiente mais harmônico para você, os funcionários e os pacientes, e também alavanca os negócios. No meu caso, que sou pneumologista, tenho como sócio um cirurgião torácico. São duas especialidades que necessitam uma da outra.

Na minha clínica há outros especialistas que também geram boas interações entre elas. Temos uma equipe composta por clínico geral, cardiologista, pediatra, cirurgião torácico e pneumologista, que são todas especialidades complementares. Dessa maneira, a referência de clientes dentro de um único ambiente é favorecida. Essa é outra vantagem de termos parceiros e sócios: aumenta a circulação de pessoas em seu consultório, com um colega encaminhando um paciente para outro colega da mesma clínica. O paciente ganha bastante com isso, pois tem ao seu dispor diferentes especialidades em um mesmo lugar, o que não lhe exige deslocamentos e agendamentos demorados.

Aqui no nosso edifício, de nome KLINIK, localizado no Centro de Santa Cruz do Sul (RS), funcionamos como um centro de especialidades. São três andares de clínicas, nos quais trabalham mais de quarenta médicos, o que favorece bastante a referência e a contrarreferência. Além da minha clínica, que se chama Respirare, há duas outras, que funcionam cada qual em um andar.

A maior parte dos ocupantes do prédio é locatária, e todos os médicos pagam pelo espaço que ocupam em nosso coworking de saúde. Eu e minha esposa somos proprietário de 70% do prédio, e os outros 30% pertencem a outros sócios. No andar em que está a minha clínica, cada um dos três proprietários tem sua sala, e temos outras quatro salas, que alugamos para outros colegas médicos, que pagam pelo tempo, ou quantidade de turnos em que as ocupam. Todos os participantes dividem as despesas de manutenção, segurança, limpeza e outras que são típicas de condomínios. Cada um dos três andares do prédio tem sua própria administração.

Dividir as despesas de uma maneira semelhante àquela que os condomínios de apartamentos praticam para ratear os gastos comuns não é uma tarefa complicada. Pega-se o montante das despesas comuns e divide-se pela área ocupada por cada médico. Essa operação, no entanto, ficará mais complexa quando a sociedade for formada por médicos que atuam em especialidades que têm grande diferença no valor cobrado aos pacientes, ou mesmo se esses profissionais têm maior ou menor "tempo de casa". Isso acontece porque os profissionais mais antigos aplicaram um tempo maior de sua carreira investindo na conquista do bom nome da clínica, em obras físicas nos consultórios ou compraram equipamentos, enquanto os recém-chegados ainda não tiveram oportunidade de contribuir para esses bens, materiais ou imateriais, dos quais estão agora usufruindo.

Também o rateio de gastos e de ganhos é menos simples quando os sócios têm resultados muito diferenciados em seu trabalho. Por exemplo, do total de produção da clínica, um médico gera 70%; outro, 20%; e um terceiro, 10%. Naturalmente, a participação de cada um deles, o chamado pró-labore, será diferente, pois se dará de acordo com a produtividade individual.

PESSOAS FÍSICA E JURÍDICA

Essa questão nos remete para um erro que é relativamente comum entre médicos que se tornam sócios: o de misturar a pessoa física com a pessoa jurídica. Pessoa física, como se sabe, é você mesmo, ser humano, recebendo seu próprio dinheiro e pagando com ele suas despesas. Diante da Receita Federal, você se identifica com o seu CPF, o Cadastro de Pessoa Física, e no começo do ano paga seus impostos relativos aos seus gastos e bens pessoais. Já a pessoa jurídica não existe em carne e osso, mas representa uma entidade abstrata, tal como empresas, associações, fundações e outras. Diante da Receita, ela é identificada como seu CNPJ, o Cadastro Nacional de Pessoa Jurídica.

Quando falamos que os sócios de uma empresa podem confundir pessoa física com pessoa jurídica, isso significa que eles farão a conta do que produziram e subtrairão desse total sua contribuição para os gastos comuns no consultório, e o saldo remanescente, ou seja, o seu pró-labore, eles colocarão no bolso. Agindo assim, esses médicos não estão se comportando como sócios de um empreendimento, mas simplesmente como parceiros interessados apenas em dividir despesas.

Mas uma sociedade capaz de evoluir e proporcionar ganhos deve prever recursos para futuros investimentos, como contratar mais colaboradores ou adquirir aparelhos, que aumentarão a oferta de serviços para os pacientes. Esses profissionais e equipamentos servirão a todos os sócios, melhorando suas condições de trabalho e perspectivas de ganhos. Dessa maneira, uma parte da lucratividade geral permanecerá na empresa e será usada para fazer com que o empreendimento tenha um movimento de crescimento, em uma espiral da riqueza.

É comum que a contribuição para esse fundo comum seja feita de acordo com o faturamento de cada um dos sócios. Se você é um médico ainda jovem, que atende menos pessoas que os demais integrantes, sua participação percentual desse fundo será menor. No início, você aprenderá muito e ganhará menos. Depois, à medida que você ascender na sociedade e aumentar seu lucro, sua participação acompanhará esse movimento de subida.

Quando você estiver próximo de se aposentar, voltará a trabalhar em um ritmo menos intenso. Mas como ao longo do tempo você acumulou uma participação significativa na sociedade, serão os médicos mais jovens que tocarão a organização em um ritmo crescente e, entre aspas, "manterão" os mais antigos, que criaram aquela sociedade. Isso é algo que poderá funcionar como uma via de duas mãos, embora também possa gerar alguns atritos, já que os mais jovens se sentem explorados pelos mais antigos.

Impetuosos, eles não consideram o trabalho que aqueles que criaram a sociedade empregaram para erguer a empresa e, equivocadamente, é claro, acreditam que nunca envelhecerão e que, quando essa ocasião chegar, também eles quererão atender menos pacientes e receber os frutos do trabalho duro que desenvolveram por anos.

NEGÓCIOS CONSTANTES E SATISFATÓRIOS

Da minha parte, tive a felicidade de constituir uma sociedade em que nossos negócios se desenvolveram de maneira constante e satisfatória. Na minha clínica, somos três proprietários, embora um deles limite sua participação ao pagamento da sua parte nas despesas comuns. Ele é dono da sala em que trabalha e não deseja se envolver com os negócios da sociedade. É um tipo de participação que se encontra em outros empreendimentos similares: ele comprou uma sala, quando estávamos construindo o prédio, mas preferiu não se integrar à sociedade de maneira mais profunda. Ele é um parceiro, sócio-proprietário do prédio, mas não é sócio na clínica médica.

Nessa clínica médica, somos, então, dois sócios: eu e um cirurgião torácico. Nossos percentuais de participação são diferenciados. Nossa produção é contabilizada de maneira separada, como se fôssemos filiais de uma empresa-mãe que têm suas produções individuais separadas. No nosso caso, temos duas contas de banco da mesma empresa, mas que são controladas de maneira separada. A minha produção entra na minha conta bancária empresarial, e a desse meu sócio, na conta bancária que ele próprio controla.

Um contador faz a divisão dos impostos de acordo com a produtividade de cada um, mas há alguns pagamentos que são feitos em nossas contas de pessoa física, como a remuneração de alguns convênios médicos que remuneram com valores diferenciados.

Há alguns outros detalhes. Os convênios remuneram as consultas nas contas de pessoa física, mas os exames que são feitos na clínica — e eu e meu sócio dividimos em 50% a posse dos equipamentos — são pagos com depósitos na conta pessoa jurídica. Existe, ainda, um valor que é mantido na empresa para futuros investimentos. Também é comum que um dos sócios preste serviços extras para a própria sociedade e seja remunerado por isso. Isso acontece comigo tanto com os exames que fazemos internamente, para nossos pacientes, quanto para aqueles que realizamos para pessoas encaminhadas por profissionais que não fazem parte da sociedade. Como sou eu que faço os laudos desses exames, recebo um valor por esse trabalho, um percentual do valor do exame, o mesmo que seria pago para qualquer técnico especialista no assunto que fizesse o serviço de laudar os exames.

Não há dúvida de que é necessário um contador para gerenciar todo esse movimento complexo de recursos e divisões de gastos. Todas essas nuances, contas bancárias, pagamentos, ora para pessoa jurídica, ora para pessoa física, fundos de reserva, decisões de investimento só serão manejadas a contento se houver um bom entendimento entre os sócios. Ainda fazendo um relato sobre minha experiência pessoal, considero que fui feliz na escolha de meu sócio mais ativo, o cirurgião torácico que mencionei.

Ele foi o primeiro médico com o qual eu conversei ao chegar em Santa Cruz do Sul, há mais de vinte anos. Eu estava procurando por trabalho no plantão do hospital da cidade, quando ele era o coordenador técnico do hospital. As primeiras conversas se deram há duas décadas, mas só nos tornamos sócios há sete anos. Como se costuma dizer, foi um namoro de quatorze anos antes de decidirmos nos "casar" e montar a clínica.

Nossos perfis se complementam, no sentido de que tenho uma postura mais de gestor e administrador, enquanto ele, por força de seu trabalho que o obriga a com frequência estar fora da clínica nas cirurgias nos hospitais, ocupa-se das necessárias tramitações externas à clínica. Meu sócio já atuou como conselheiro de administração de uma grande cooperativa médica, e sua experiência nos é muito útil quando lidamos com convênios e burocracias dos hospitais da cidade. Mas o que temos de mais importante é a confiança um no outro. Se não existir essa confiança mútua, é difícil que uma sociedade progrida. Tenho liberdade e satisfação em conversar e trocar ideias com meu sócio.

TUDO NO PAPEL

Mesmo se as perspectivas de estabelecer uma relação de sucesso com os futuros sócios pareçam sólidas e pacíficas, é de grande importância que os papéis de todos fiquem bem definidos e não haja dúvidas quanto a isso. Qual é a obrigação de cada um, como sócio? Como fica a divisão dos custos? E a divisão de lucros, como será? Tudo isso deve estar muito claro e bem organizado em um contrato. Porque aquilo que não está no papel pode ser motivo de desavença mais tarde, e todos podem acabar decepcionados com a sociedade, que se desfará de uma maneira ruim para os envolvidos.

Aliás, pensar no risco de um desentendimento é a primeira coisa que se faz quando decidimos, finalmente, formalizar uma sociedade. É no momento do casamento que devemos pensar como será a separação. Isso é algo que deverá estar colocado de maneira clara no contrato social. Em caso de término da sociedade, em caso de desentendimento entre os sócios, como será desfeita essa sociedade?

Não devemos nos atormentar considerando que essa é uma maneira negativa de iniciar um negócio. É desejável que as sociedades durem para sempre, mas todos nós estamos em constante mudança, e o que hoje nos parece uma excelente ideia pode não ser assim daqui a algum tempo, quando nossos interesses mudarem ou novas e melhores oportunidades surgirem. Por exemplo, um dos sócios pode querer comprar a participação de outros integrantes para aumentar sua participação na sociedade. É o que se chama buy-out. Ou alguém decide deixar a sociedade e vender sua participação para os antigos sócios.

A maneira como isso será feito obrigatoriamente deve estar explicitada no contrato social. Afinal, se um novo participante vier de fora da sociedade, ele pode não se afinar com os antigos sócios e provocar desentendimentos na gestão do negócio. Por esse motivo, não haverá a liberdade de vender quotas da sociedade sem que os demais sócios deem sua aprovação. A opção de compra será dada, em primeiro lugar, aos sócios remanescentes, e apenas se eles não se interessarem é que um terceiro será cogitado.

Outro detalhe que precisa estar bem determinado é a questão de divisão de lucros, a organização financeira da empresa e as obrigações de cada um dos sócios. Tudo isso deve ficar claramente registrado, para que ninguém se sinta prejudicado, ou se martirizando, desconfiado de que alguém está querendo ganhar mais às suas custas. Se é decidido que alguém será o gestor da empresa, essa pessoa deverá ser remunerada por essa função.

Da mesma maneira, deverá haver um equilíbrio no número de horas de trabalho dedicado à sociedade por parte de seus integrantes. Se a participação não for igualitária, isso deverá constar do contrato e determinada a remuneração adequada para as horas trabalhadas. Enfim, se tudo estiver bem especificado, a sociedade poderá ser uma experiência harmônica e proveitosa para todos os envolvidos.

ASSESSORIA JURÍDICA

É preciso estar muito bem assessorado juridicamente quando chegar o momento de formalizar o contrato social. E não só para isso. É de grande relevância ter uma assessoria jurídica e uma assessoria contábil, e caso o porte da sociedade permita, também uma assessoria financeira. Mesmo que seja uma empresa pequena, com apenas dois sócios, ou uma clínica médica que movimente dinheiro gerado apenas pelo atendimento clínico, assessorias jurídica e contábil são fundamentais.

Pessoalmente, enfrentei dificuldades em minha vida profissional por tentar fazer coisas sem o apoio jurídico. Hoje já não faço mais isso. Não decido nada importante ou que envolva recursos, seja na empresa ou em minha vida pessoal, sem antes consultar o escritório de advogados que me assessora. Essa prática diminui nossa ansiedade e os riscos para a sociedade, e ainda é útil para evitar que tomemos decisões das quais nos arrependeremos por acreditar na honestidade das pessoas.

Advogados têm, por força da profissão, a obrigação de desconfiar de todos, e, por isso, formalizam todos os procedimentos, checam garantias e até mesmo o passado daqueles que querem negociar conosco. E esses procedimentos nos livram de grandes dificuldades futuras.

Ninguém gosta de falar de coisas negativas... dificuldades, desconfiança. Eu também prefiro olhar para o lado iluminado das coisas. Mas somos pessoas maduras, que supostamente deveriam saber que as possibilidades de que problemas ocorram é real. Relacionamentos profissionais também são capazes de azedar, da mesma maneira que ocorre nos casamentos, já que usamos várias vezes essa metáfora.

Os sinais de que dificuldades estão surgindo no horizonte aparecem de maneira similar aos problemas que nos fazem sofrer com relações pessoais em crise. Todos os relacionamentos, quando começam a deteriorar, dão sinais claros, e com antecedência, de que as coisas não estão indo bem. Quando o diálogo torna-se desagradável e um peso, os sócios começam a divergir entre si sobre assuntos do dia a dia e temas específicos, até chegar ao ponto em que passam a nem se falar mais, nem mesmo a dar um "bom dia" quando se encontram.

É possível enfrentar essas questões sem deixar que cheguem nesse ponto de "apagão" na comunicação e de grande sofrimento. E, afinal, uma sociedade não precisa ser algo que dure até o final dos tempos. Se chegar o momento em que estar associado a uma ou mais pessoas começar mais a atrapalhar sua vida profissional do que a torná-la mais lucrativa e feliz, deve-se ter a coragem de desfazer esse arranjo e partir para outra.

SOMOS CAPAZES

Sim, sociedades sempre terão um risco embutido, mas também podem elevar as nossas possibilidades, enquanto profissionais e pessoas, a patamares que dificilmente alcançaremos se caminharmos sozinhos. Como venho insistindo ao longo deste livro, temos de perder esse preconceito, ainda forte entre nós, médicos, de que nosso único papel é atender pessoas e realizar procedimentos, como cirurgias. Somos capazes de assumir outros papéis, empreender seriamente e com sucesso.

Podemos ser gestores, pensar em investimentos, produzir inovações que mudarão para melhor a vida de muitas pessoas. Somos capazes de tomar decisões inteligentes, desenhar estratégias, combinar ações que façam nosso consultório crescer em significado, em faturamento e em lucros ao longo dos anos, tema que, aliás, será tratado no próximo capítulo. E nada disso fará com que deixemos de ser bons médicos, dedicados a prevenir e diminuir o sofrimento das pessoas e tornar a vida delas muito melhor.

Capítulo 12

COMO SEU CONSULTÓRIO
pode crescer ao longo do tempo

Na pneumologia, há alguns exames que, embora sejam de grande relevância para uma série importante de diagnósticos, são bastante simples. Um deles é o Teste de Caminhada. Nele, o paciente anda por seis minutos ao longo de um corredor de trinta metros, sinalizado por cones, tendo seus sinais vitais acompanhados durante o exercício, o que possibilita aferir o desempenho dos pulmões e do coração. O laudo dos dados colhidos permite dizer se eventuais problemas de saúde do paciente estão relacionados ao sistema cardíaco ou ao respiratório. Aponta, ainda, se há uma quebra da oxigenação durante o esforço e gera outras importantes informações de grande valor para o pneumologista.

A relevância do Teste de Caminhada é refletir como o corpo se comporta na vida real. Medirá, por exemplo, o quanto de esforço um idoso consegue fazer nas suas atividades do dia a dia, quando caminha ou executa os serviços domésticos. O teste nos dá um bom parâmetro de quanto essas atividades estão exigindo do organismo das pessoas. É um exame simples e rápido, e seu resultado, afinal, são basicamente três números. Para os leigos, aquelas poucas linhas não parecem ter muito valor, ainda mais quando ele é apresentado, como comumente acontece em muitos lugares, em um papel de baixa qualidade, impresso com uma tinta fraca.

Na minha clínica, isso não acontece dessa maneira. Faço com que esse exame tenha um valor bem maior e seja facilmente compreendido. No relatório do Teste de Caminhada desenvolvido por mim, produzo um laudo descritivo, ao qual anexo os comparativos dos resultados daquela caminhada para a população brasileira e para a população internacional. Descrevo os resultados que foram detectados, destaco a importância daquele exame, faço um cálculo do chamado índice de BODE,[1] que é usado no prognóstico de pessoas que sofrem de doenças pulmonares obstrutivas crônicas, e explico o que é esse índice de

---

[1] Sigla em inglês para o cálculo de um índice em que entram variáveis como a função pulmonar, medida pela espirometria, o índice de massa corpórea, o grau de dispneia e a distância caminhada no Teste de Caminhada. Disponível em: <Ihttp://www.igf.com.br/aprende/dicas/dicasResp.aspx?dica_Id=6402>.

BODE. Coloco tudo isso em meu laudo. Também reproduzo as fórmulas que foram usadas para fazer os prognósticos, mostrando o que aquele exame, de fato, significa para o paciente.

Essas informações agregam muito mais valor ao Teste de Caminhada realizado em minha clínica. No lugar de receber uma única folha de papel com três números, meus pacientes terão todas essas informações em duas páginas bem impressas, e isso fará uma grande diferença para eles, inclusive no valor a ser pago, que acharão justo. Quando receberem o resultado do exame daquele jeito antigo, em uma página com três números impressos, sem qualquer explicação sobre a que eles dizem respeito, certamente considerarão que pagar R$20 ou R$30 reais por aquele papel é justo. Mas também é certo quem com meu laudo nas mãos, com todas as explicações que já mencionei, números comparativos e com um visual caprichado, o cliente concordará em pagar os R$200 reais que são cobrados por esse trabalho sem se sentir lesado.

Mas por que estou falando do Teste de Caminhada neste capítulo? Porque criar modelos de laudos de exames caprichados, que tenham como diferenciais a personalização e a originalidade, independentemente da especialidade médica às quais esses exames se refiram, é uma das estratégias e ações inteligentes de que você pode lançar mão para fazer com que seu consultório cresça ao longo do tempo.

VALORIZAR A MARCA

Ter um modelo de laudo diferenciado como esse ajuda a tornar seu consultório uma referência no mercado, por vários motivos. Primeiro, você demonstra que presta um serviço de qualidade. Em segundo lugar, você se diferencia dos demais profissionais, pelos quais sua clientela já pode ter passado, que entregam exames naquela folha com três números. E, por último, os colegas médicos que receberão seu laudo perceberão a qualidade e a dedicação que você coloca naquilo que faz. Tudo isso valorizará sua marca, seu nome no mercado. Sua clientela aumentará, e os demais profissionais passarão a referenciá-lo com frequência.

Cada especialidade médica terá suas melhores maneiras de produzir um laudo de exame diferenciado que seja mais informativo e atraente para os pacientes. Isso variará, é claro, de acordo com cada exame específico e com a especialidade médica. Mesmo se você, principalmente se estiver no início de sua carreira, não tiver um exame desses como referência, não se intimide, e crie seu próprio estilo.

Com o tempo, a experiência vai nos mostrando que não existe uma fórmula pronta para tudo na profissão de médico. Muitas vezes, a Medicina é feita com a interpretação que damos para ela. Com o passar dos anos, vamos nos tornando mais experientes, aumentando nossa capacidade técnica e nosso discernimento.

No caso dos exames, sua interpretação dos resultados se aperfeiçoará na medida em que você for colocando ali sua experiência clínica, agregando valor aos laudos que assinará.

Você pode incrementar ainda mais a percepção de valor em seus exames cuidando da boa apresentação deles. É o que faço em minha clínica. Além de receber esse exame detalhado e bem explicado, eu o entrego em uma pasta bonita, com papel brilhante, colorido. Isso, além de gerar um bom impacto no paciente que recebe o exame, também impressionará satisfatoriamente o colega médico que irá lê-lo.

E aquela pasta funcionará também como um outdoor ambulante de sua marca. Isso porque nessa pasta eu coloco nossa logomarca, o nome da clínica — Respirare — em destaque, os números de nossos telefones e a relação dos especialistas que trabalham ali. Cada pasta dessas custa à clínica algo em torno de R$1,50, mas o impacto que essa percepção de qualidade causará me permitirá, talvez, cobrar R$100 reais a mais para cada exame que entrego.

Onde estiver alguém com aquela pasta diferenciada nas mãos, as pessoas saberão que ali está um exame feito em minha clínica. De maneira parecida, dar uma atenção especial ao desenvolvimento da papelaria de seu consultório — que é como é chamado o conjunto de papéis de carta, envelopes e cartões identificados com as cores e logomarca da empresa — traz excelentes resultados no reforço de sua marca e fideliza sua clientela. Se você tem formulários personalizados com seu nome e o nome de sua clínica, isso ajudará seu paciente, ou atrairá novos, quando, na hora do aperto, ele precisar achar seu telefone. Ele certamente se lembrará de que na pasta em que recebeu o exame estão seus contatos e seu endereço.

Exames elaborados com cuidado e acondicionados em pastas coloridas são ações de marketing de grande importância para tornar sua marca cada vez mais lembrada, mas há outras iniciativas que podem ser tomadas de maneira cada vez mais simplificada, utilizando softwares de CRM, sigla em inglês para *Customer Relationship Management* ou Gerenciamento de Relacionamento com Clientes. Esses programas tornam automáticas algumas ações, como enviar para seus clientes mensagens perguntando sobre o estado de saúde deles, lembrando a data do retorno ou alertando toda a clientela sobre cuidados específicos em cada estação do ano.

As mensagens podem ser pré-programadas nesses CRMs para serem enviadas, por exemplo, a cada quinze dias. Avisos sobre datas de vacinação ou simplesmente para cumprimentar por aniversários também farão com que seus clientes se sintam tratados com consideração e cortesia, e isso fará com que sua agenda esteja sempre movimentada e preenchida.

ADQUIRIR OUTRAS HABILIDADES

Há várias outras ações, além do marketing, que podem ser tomadas para aumentar ainda mais o movimento e a qualidade de seu consultório. Sempre é relevante relembrar, como venho fazendo neste livro, que o médico tradicional, que se ocupa apenas em dar consultas, está perdendo valor no mercado. As consultas estão sendo, cada vez mais, mal remuneradas, o que vem obrigando os profissionais médicos a buscar adquirir outras habilidades e conhecimentos para se manterem viáveis economicamente.

Para que isso aconteça, é necessário, ainda, deixarmos de lado a ideia preconcebida de que, se nos ocuparmos com a gestão do negócio e investirmos em novas tecnologias serviços, seremos menos médicos do que foram aqueles das gerações anteriores. É bem o contrário disso. Trazer mais tecnologia para sua vida profissional não é algo que você fará associando-se obrigatoriamente a startups superinovadoras ou tornando-se um nerd da informática. Da mesma forma, os serviços que serão agregados terão um nexo claro com sua atividade médica. O que é preciso fazer é planejar o ritmo e a maneira como essas novidades serão adicionadas ao seu dia a dia profissional. Elas agregarão mais qualidade e valor ao trabalho que oferecerá aos seus clientes, o que fará seu consultório crescer.

O que deve ser feito é integrar soluções, ou seja, oferecer, no mesmo espaço em que você faz as suas consultas, diferentes serviços de que seus pacientes necessitam. Isso melhorará a jornada desses clientes no processo de atendimento, fazendo com que eles sempre percebam mais valor em seu trabalho. Na minha área, a pneumologia, um bom exemplo de solução integrada é oferecer vacinas voltadas para a área respiratória. Assim, o cliente será vacinado contra gripe ou contra pneumonia no mesmo espaço em que faz as consultas comigo.

Várias outras especialidades também têm suas vacinas e imunizações específicas, que podem ser oferecidas nos consultórios ou clínicas. Mais uma vez, citarei minha especialidade para exemplificar como é significativa a quantidade de serviços que podem ser oferecidos. Montar um laboratório de função pulmonar junto ao nosso consultório é uma das estratégias que possibilita diversificar a oferta de serviços a serem colocados à disposição dos pacientes.

Há diversas opções de procedimentos e exames que podem ser feitos nesse laboratório de função pulmonar: espirometria, que é a medição da capacidade inspiratória e expiratória de uma pessoa; espirometria ocupacional, que é um teste de diagnóstico da capacidade respiratória do trabalhador; oximetria, a aferição do nível de saturação de oxigênio no sangue; medidas das pressões respiratórias, pressão expiratória máxima e pressão inspiratória máxima; pletismografia, exame que detecta com mais profundidade a presença de doenças pulmonares; medidas de difusão do monóxido de carbono, e outros. Um pneumologista não precisa ter todos esses exames disponíveis, mas se houver espaço no consultório ou na clínica, isso trará um enorme valor adicional para os pacientes.

GANHO DUPLICADO

Pela minha própria experiência, posso dizer que ter uma boa estrutura de exames e equipamentos no espaço em que trabalhos praticamente duplicará o ganho mensal E a existência desses aparelhos e técnicos habilitados poderá otimizar o uso das instalações. Por exemplo, pode-se instalar um laboratório do sono funcionando à noite em seu consultório. A qualidade do sono é afetada pela apneia, a suspensão momentânea da respiração, entre outros fatores.

Observar distúrbios do sono, portanto, é uma atividade da pneumologia. Você utilizaria o espaço como consultório durante o dia, e à noite, teria uma estrutura adequada fazer exames de sono. O negócio pode ser ampliado, agregando ao serviço um fisioterapeuta especializado ou alugando ou vendendo aparelhos usados para o tratamento da apneia do sono.

De novo, o aparelhamento do consultório e a ampliação dos serviços prestados estão ao alcance de todas as especialidades médicas, não apenas da pneumologia. Médicos cardiologistas, por exemplo, poderão oferecer eletrocardiogramas; o Mapa, um aparelho de pressão arterial automático que faz medições regulares durante 24 horas da pressão de uma pessoa; o Holter, que mede o ritmo cardíaco também por meio de um aparelho portátil ligado a eletrodos grudados no peito do paciente; testes de esteira, e outros. Todos esses procedimentos agregam um valor duplo aos serviços médicos, trazendo mais dinheiro ao profissional e aumentando a boa imagem dele, e de seu consultório, no mercado.

Uma clínica de porte também poderá cumprir as exigências educacionais requeridas para oferecer uma residência médica, ou pós graduação, colaborando na formação de novos especialistas em sua área de atuação. Para isso, seria necessário que a clínica estivesse associada ou instalada em um hospital ou que o empreendimento propriamente dito seja um hospital, já que os estudantes obrigatoriamente devem ter contato com pacientes ambulatoriais e internados.

Se a clínica na qual você atende se tornar um empreendimento de grande porte e contar com outros colegas também empreendedores, ela pode se habilitar a ser um centro de pesquisas clínicas para o estudo de novos medicamentos. A indústria farmacêutica poderá agregar seus serviços para estudos multicêntricos, nos quais pesquisas sobre novas drogas são feitas de maneira simultânea e controlada por um mesmo protocolo em diferentes instituições. Os fabricantes de medicamentos pagarão por esses serviços.

Quando essa integração profissional se dá entre colegas de uma mesma especialidade, ela costuma ser vista com reservas pelos profissionais que se preocupam com a ameaça da concorrência. Considero essa postura sem sentido. Se olharmos para os colegas como concorrentes, perderemos a oportunidade de somar esforços e trazer serviços de melhor qualidade, o que sempre proporciona uma remuneração mais significativa.

ROUBAR CLIENTES

Mas minha experiência mostra que, se você trouxer essas pessoas que têm sua mesma especialidade para o ambiente em que você atua, não haverá essa possibilidade de roubar clientes uns dos outros. Mesmo trabalhando em uma cidade que tem pouco mais de 130 mil habitantes, cada profissional que veio para nossa clínica aumentou o valor de nosso negócio. Juntos, passamos a ter mais gente para solicitar exames, mais pessoas para dividir custos, e mais médicos pagando pelas salas que ocupam. Talvez você possa até ver diminuir um pouco o número de pacientes e perder uma pequena parte do dinheiro que vinha recebendo, mas ganhará muito mais com a integração profissional. Ter várias pessoas competentes sob o mesmo teto sempre agrega valor ao seu trabalho.

A integração de profissionais de especialidades diferentes também produz sinergias poderosas. Mais uma vez usarei o exemplo da especialidade da pneumologia para expor essa possibilidade. A pneumologia tem uma relação próxima com a cardiologia, com a clínica médica, a geriatria, profissionais nutricionistas, fisioterapeutas e, também, psiquiatras, já que é comum que pessoas com doenças crônicas respiratórias desenvolvam problemas psiquiátricos. Todas essas especialidades, juntas, tornarão a jornada do paciente muito mais simples e rápida.

Minha clínica, conforme expliquei no capítulo anterior, é formada por três andares ocupados por vários médicos. No prédio, temos, portanto, todas essas especialidades que citei. Isso favorece muito a referência do paciente. Ele pode, por exemplo, chegar à clínica queixando-se de falta de ar e procurar meus serviços de pneumologista. No exame, posso constatar que a causa da falta de ar não é respiratória, mas cardíaca. Imediatamente verifico qual cardiologista está na clínica e pode atender aquela pessoa. O cardiologista pode receber o paciente, muitas vezes na mesma hora, e tomar as providências necessárias. Com esse exemplo, é fácil perceber o quanto os clientes ganham com essa interação de profissionais.

Recentemente, em consulta com um paciente, verifiquei que ele necessitaria de um procedimento cirúrgico relativamente urgente. O cirurgião torácico estava, naquele momento, na clínica. O paciente foi atendido na mesma hora, e o procedimento necessário foi agendado. No final da tarde, ele já estava no hospital realizando o procedimento. Mais uma vez, ficou claro como essa proximidade de vários especialistas dá agilidade e resolutividade para os clientes.

VALOR INTANGÍVEL

É verdade também que alguns exames e procedimentos feitos na clínica não geram um lucro imediato, mas proporcionam resolutividade. Ou seja, eles permitem que você consiga resolver rapidamente os problemas das pessoas. Isso agrega um valor intangível à sua marca e à de seu consultório, o que quer dizer que, mesmo que não entre mais dinheiro imediatamente como resultado dessa agilidade e sinergia, elas trarão maior resolubilidade e agregarão muitos pontos à sua imagem, e, assim, atrairão mais clientes, que, agora sim, gerarão recursos para seu negócio.

Alguém que está sofrendo, que tem dor, que está doente, tem pressa. É de grande importância que os médicos tenham sempre em mente que precisamos resolver de maneira rápida o problema das pessoas. Não é admissível que alguém que procura a rede privada de atendimento, ou a pública, tenha de esperar por uma semana, quinze dias, para realizar um procedimento ou receber o resultado de um exame.

É nossa obrigação, como profissionais da saúde, encurtar o tempo e as distâncias para nossos pacientes, tornando a jornada deles a mais suave possível. Na minha clínica, somos campeões em fazer diagnósticos no mesmo dia, muitas vezes de pessoas que estavam há meses rolando de um lado para o outro em busca de uma solução para seu problema.

O ideal é que consigamos atender o paciente no mesmo dia em que ele nos procura, ou no máximo no dia seguinte. Se o consultório ou a clínica não tem todos os exames e equipamentos necessários, deve-se fazer parcerias com outros profissionais médicos que possam atender a essas necessidades rapidamente e que fiquem próximos ao seu consultório.

Na pneumologia, por exemplo, sempre se requer serviços de patologia ou de radiologia. Por isso, usamos um serviço de radiologia que fica a um quarteirão de distância da clínica. O paciente consulta comigo, e eu o envio para a radiologia. Ele faz ali exames de tomografia, de raios x, e eu recebo e examino as imagens na hora, em meu computador. Se for necessário, ligo para o radiologista, ele já me atende, e conversamos sobre o exame. Em uma hora, o paciente volta para a clínica, e eu faço a consulta já tendo como base o exame que ele acabou de fazer. Em seguida, marco os próximos procedimentos aos quais ele deverá se submeter. É essa agilidade que precisamos ter.

Você deve conhecer qual é o principal desafio que sua especialidade coloca diante de si e de seus clientes. No caso da pneumologia, o que causa mais sofrimento para as pessoas é a dificuldade de agendar os exames, marcar consultas e a demora em realizar e receber o resultado dos exames. Sabendo disso, fazemos o possível para tornar todos exames e consultas os mais rápidos e fáceis para os clientes. Se você identificar quais são os gargalos em sua atividade e conseguir solucioná-los, seus clientes ficarão satisfeitos, promoverão você na propaganda boca a boca e, de novo, tornarão sua marca forte no mercado.

Uma mostra de que essa estratégia de ter um rápido atendimento facilitando o acesso dos pacientes a exames e procedimento dá bons resultados é a nossa própria experiência. Todas as cidades do entorno de Santa Cruz do Sul, na região central do Rio Grande do Sul, enviavam, antigamente, os pacientes para fazer exames na capital, Porto Alegre, distante 150 quilômetros. Hoje, esses pacientes vêm para nossa clínica.

CUIDADOS AO CRESCER

Mas é preciso fazer aqui uma ressalva quanto aos cuidados a serem tomados ao agregar um número grande de exames e procedimentos nos consultórios e clínicas. Um deles é estar atento à possibilidade de a demanda por esses serviços ficar abaixo das expectativas, ou não haver especialistas tão bem treinados quanto o necessário. Isso seria um problema, pois contratar profissionais e adquirir equipamentos é algo caro. Essa preocupante possibilidade reforça ainda mais a necessidade de desenvolver um marketing convincente junto aos colegas e agregar outros médicos ao seu negócio, o que aumentará a demanda pelos serviços, proporcionando um retorno adequado ao investimento feito. Para que isso aconteça, é de grande relevância desenvolver um bom networking com os colegas de sua especialidade, para que eles referenciem seus clientes para você e solicitem exames à sua clínica.

E se estamos falando da contratação de profissionais qualificados, é preciso levar em conta que, se você está organizando um consultório, ou já tem o seu montado, mas quer crescer de uma maneira organizada, é fundamental que todos os integrantes da estrutura saibam com precisão o que devem fazer. É preciso, portanto, ter o que se chama "livro de procedimentos", isto é, a descrição das atribuições de cada cargo, de modo que cada pessoa saiba qual é seu papel dentro da estrutura.

A engrenagem empresarial só funcionará de uma maneira suave e azeitada se o porteiro da clínica souber como proceder diante dos pacientes que chegam. Ele deve ter em seu repertório a compreensão de como deve tratá-los, como reagir caso haja algum desentendimento, como encaminhar uma emergência, saber facilitar a entrada de alguém que tenha alguma deficiência. A secretária, por sua vez, deverá responder com precisão a questões como mudanças na agenda, lidar com clientes nervosos, localizar os médicos com rapidez. O técnico deve saber como operar os equipamentos, ter claro a quem recorrer no caso de um defeito na máquina. Os atendentes têm de ser capazes de lidar com uma emergência médica grave, com um paciente que passa mal na sala de espera, ser capazes de usar o desfibrilador ou o oxigênio.

À medida que você for crescendo e agregando outros serviços, o negócio passará a ter necessidade de profissionais mais qualificados. Crescer é agregar gente. Você precisará de um auxiliar administrativo, um gerente administrativo, um profissional de marketing, um publicitário, um diretor, um profissional para o financeiro. É provável que você tenha de se distanciar de seu papel único e exclusivo de médico, e lidar com isso nem sempre é algo fácil.

Obviamente, você tem de gostar desse movimento, dessas transformações, que algumas vezes serão estressantes e demandam muito trabalho. Se você tiver essa veia empreendedora, essa visão de crescimento, entenderá que isso faz parte do jogo e enfrentará essas exigências com determinação.

Mundos novos se abrirão à sua frente. Você terá de se ocupar de coisas com as quais talvez nunca tenha imaginado que estariam algum dia sobre sua mesa. Será preciso entender de inovação e tecnologia, um assunto que trataremos no próximo capítulo. Provavelmente, você comandará pessoas que, no passado, poderiam até deixá-lo intimidado devido ao domínio de expertises que elas têm. Sim, ser uma referência profissional, transformar o meio no qual você atua, gerar e distribuir riquezas dá bastante trabalho, mas só assim você conseguirá crescer e empregar pessoas, em vez de ser empregado de alguém, com poucas oportunidades de mostrar a que veio a este mundo.

PARTE 4

OPORTUNIDADES
e desafios da
MEDICINA DIGITAL
para a carreira
MÉDICA

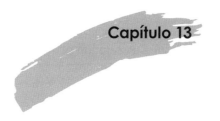

Capítulo 13

SEM INOVAÇÃO
não há futuro

No dia 21 de julho de 1969, o astronauta norte-americano Neil Armstrong tornou-se o primeiro ser humano a colocar os pés na superfície da Lua, depois de um voo espacial que, mesmo hoje, mais de cinquenta anos depois, seria de uma gigantesca complexidade. Na companhia de dois outros astronautas, Buzz Aldrin e Michael Collins, Armstrong iniciou a viagem cinco dias antes, de uma base da Nasa, na Flórida, entrou na órbita da Lua e desceu até o solo espremido dentro do Módulo Lunar, em companhia de Aldrin, enquanto Collins continuava a bordo do Módulo de Comando dando voltas em torno da Lua. Terminada a missão em solo lunar, Armstrong e Aldrin voltaram para o Módulo Lunar, decolaram e se encontraram, em pleno espaço, com o Módulo de Comando, que ia passando. Todos embarcados, voaram para a Terra, finalizando a missão depois de oito dias no espaço.

"O computador a bordo da Apolo 11, chamado Apollo Guidance Computer, tinha 32kB de memória RAM, que seria irremediavelmente perdida se o computador desligasse", escreveu Graham Kendall, professor de Ciência da Computação na Universidade de Nottingham, na Inglaterra, em artigo publicado na revista eletrônica *The Conversation*. "Os celulares atuais [na época do artigo] têm, em geral, 4GB de memória RAM, ou seja, um milhão [1.048.576, para ser exato] de vezes mais do que capacidade do computador que levou o homem à Lua."

Essa história mostra o gigantesco salto para a humanidade proporcionado pela tecnologia que empoderou todos nós em uma velocidade estonteante. Várias áreas do conhecimento obtiveram um avanço que faz parecer, por comparação, que há meros vinte anos, estava-se ainda na época daqueles celulares enormes e "pesadões", que hoje parecem completamente ridículos e obsoletos.

A Medicina é um desses setores no qual novos avanços vêm provocando mudanças profundas. E, ao que parece, estamos apenas no começo de uma era de mudanças dramáticas. Hoje não existe mais nada previsível. O mundo do século XXI é global, não linear, totalmente digital e imprevisível. Como, então, planejar a carreira médica sabendo que nada mais pode ser dado como estável?

Mesmo que isso pareça um paradoxo, a resposta é: planejar, mesmo sabendo que as coisas serão imprevisíveis. Desde que seja um planejamento ágil, sujeito a revisões frequentes em curto prazo e readaptações de acordo com os feedbacks dos clientes e do mercado.

Devemos ter um olhar para a mudança, para a inovação, estar atentos às transformações à nossa volta e, quando surgirem novas tecnologias, embarcar rapidamente nelas. Devemos ser *early adopters*, ou seja, os pioneiros em aderir às novas tecnologias, os primeiros de nossa cidade a testar essas novidades. Estar a par dos últimos avanços melhorará nossas chances de nos manter capazes de atender às novas demandas de nossos clientes.

MINDSET DIGITAL

Infelizmente, acredito que a maior parte dos médicos ainda não percebeu a velocidade com que este mundo em que vivemos está girando atualmente. As mudanças que estão ocorrendo impõem aos profissionais da saúde a necessidade de se manterem atualizados e em contato com as novidades que estão surgindo. Para nos movimentarmos no mesmo ritmo em que o novo está surgindo, temos de desenvolver um mindset digital.

O mundo hoje está sendo escrito em likes e bites. O conhecimento, principalmente médico, está sendo duplicado de uma maneira extraordinária. O maior número de IPOs (sigla em inglês para "Oferta Pública Inicial", ou seja, quando uma empresa vende suas ações em uma bolsa de valores) de empresas de tecnologia é de empreendimentos na área da saúde, as chamadas healthtechs. Esse volume corresponde, hoje, a quase 40% de todos os IPOs nos EUA. As healthtechs ocupam a posição de número um dos negócios em tecnologia naquele país.

Mesmo agora, no século XXI, ainda há muitos profissionais que não dão a devida importância ou até mesmo temem o impacto que as novidades tecnológicas podem provocar em seu trabalho. Eu não acredito, de maneira nenhuma, que nós, médicos, seremos substituídos pela tecnologia ou pelo robô, mas tenho certeza de que seremos, aí sim, substituídos por aqueles colegas que desenvolverem o conhecimento e a habilidade para lidar com essas novas tecnologias. Jovens médicos, de carne e osso como nós, e não os robôs, é que ocuparão o lugar dos que continuarem com o pé preso no passado, negando-se a entender o que está acontecendo nos dias de hoje. Quem não assumir a responsabilidade de buscar o conhecimento nessas novas áreas, não tiver a curiosidade e a iniciativa em desenvolver o mindset digital, logo estará completamente obsoleto.

De minha parte, me sinto muito jovem, graças a essa disposição de me manter atualizado. Acredito que tenho muito o que produzir, que estou na melhor época de minha vida, e não quero, daqui há poucos anos, estar completamente fora do mercado ou não ser mais compreendido pelas novas gerações. A tecnologia nos empodera, nos dá muito mais autonomia e autoridade para continuarmos a fazer uma medicina de boa qualidade. Dessa maneira, entregaremos cada vez mais para os pacientes, gerando mais valor a eles.

COMEÇO SIMPLES

Um mindset digital, uma mentalidade voltada para as aplicações na tecnologia em nossa área, é, portanto, o melhor começo para nos inserirmos no que de mais avançado este mundo vem oferecendo. Se não dispusermos dessa mente empreendedora já instalada de fábrica em nossa cabeça, podemos também desenvolvê-la. Como fazer isso? Acredito que a primeira coisa a fazer é buscar conhecimento, inteirar-se do que há de novo no mercado e adotar essa novidade no seu dia a dia. Mesmo que essa postura não seja algo natural em você, não deixe de tentar.

Precisamos entender que inovar não significa necessariamente provocar uma revolução em sua vida. Você não precisa criar uma startup ou ter a rara sorte de gerar uma ideia genial do nada. Basta fazer, como um primeiro passo em direção à mudança, algo diferente em sua rotina. Se você ainda escreve a receita para seus pacientes à mão — sempre irei me referir a isso como um dos maiores símbolos da obsolescência da prática médica —, o fato de você digitalizar sua receita já será um passo na inovação para você, seu consultório e seus clientes, que adorarão entender, finalmente, a sua letra. Inovar significa realizar mudanças incrementais em seu consultório e em sua atuação profissional no dia a dia com o objetivo de proporcionar uma melhora na qualidade de seu atendimento aos pacientes.

Como essa, existem muitas outras inovações simples e pequenos movimentos que você pode fazer no seu dia a dia. A sugestão que dou, de novo, é que você faça sempre um benchmarking, ou seja, observe o que outros médicos que têm esse mindset digital estão fazendo e que está dando bons resultados. Busque alguém de sua área profissional que você admire e siga os passos dessa pessoa. Acompanhe-a nas redes sociais, assista às palestras que ela ministra e leia os artigos que ela escreve.

O espaço entre o patamar que você está hoje e ao qual quer chegar deve ser preenchido com conhecimento. Essa distância, entre o que se quer atingir e o ponto em que se está, é vista por alguns como um problema, um sofrimento. Já as pessoas otimistas, que têm uma mentalidade de crescimento, veem nisso uma oportunidade, um desafio que desejam enfrentar. O segundo passo que pode ser dado para desenvolver um mindset digital será, portanto, buscar esse conhecimento que nos falta. Podemos começar a estudar e a ler assuntos relacionados com as novidades disponíveis para a prática médica. Isso é menos complicado do que se pode pensar. Não precisamos fazer um MBA, embora isso possa ser algo que nos dará um grande impulso à frente, mas buscar em livros, na internet, ouvir o que as pessoas estão falando a respeito. Isso já pode capacitar você a ter um entendimento essencial sobre o assunto no qual deseja se aprofundar.

Outra atitude boa é se comprometer a superar as barreiras que surgirão diante de sua determinação de desenvolver esse mindset digital. Isso não exige mudanças exteriores, mas uma reflexão mental, já que esses obstáculos são nossos próprios dogmas, paradigmas e crenças incorretas que estão implantados em nossa cabeça, o nosso mindset fixo. Paradigmas nada mais são do que aquelas situações, aqueles padrões, aquelas rotinas que a sociedade nos impõe para que sejamos todos parecidos, para que a gente sempre busque estar na média dos profissionais de nossa área.

"VOCÊ ESTÁ MALUCO?"

Uma mostra de que você está superando esses paradigmas será dada quando você já estiver desenvolvendo um mindset digital e seus colegas médicos começarem a perguntar coisas como: "Você está maluco? Enlouqueceu? Vai deixar de lado tantas coisas importantes que levou tanto tempo para conquistar?" Foi isso que aconteceu comigo. Se aquilo de que você estiver "abrindo mão" for o comodismo, a maneira conservadora de pensar, comentários como esses só atestarão que você está no caminho correto. Descolar da massa, se afastar da manada, começar a desenvolver uma mentalidade voltada para o que há de moderno e transformador é o que nos fará crescer, não importa o que os outros digam.

Ninguém está propondo que você "deixe de lado tantas coisas importantes que levou tanto tempo para conquistar". Mesmo que você já tenha um bom tempo de carreira, que sua vida já esteja consolidada, seu consultório viva cheio de clientes, dinheiro entrando... mesmo assim, abra espaço em sua agenda para desenvolver o novo. Você não precisa matar seu consultório para desenvolver essa mentalidade. Muito pelo contrário. Deve manter o que você faz bem, preservar seus resultados. Mas deve estar atento para o fato de que esse conforto pode desaparecer em poucos meses ou anos, caso você seja superado por essa onda tecnológica que já começou a crescer nesse mar de inovação.

O mundo está mudando, por isso, é preciso ter uma abertura para a inovação, para ler, estudar sobre esses assuntos, visitar startups, conhecer as novas tecnologias e suas aplicações na saúde e viajar para conhecer lugares em que essas tecnologias já estejam em uso. Enfim, sair de sua zona de conforto e ampliar seus horizontes. Se você quer gerar mais valor para sua vida e carreira, progredir a partir de onde você está atualmente, reforço que precisará abrir espaço em sua agenda para o que está surgindo de novo. Fazendo as coisas do mesmo jeito de sempre, seus resultados serão sempre iguais.

Se você está buscando resultados diferentes, quer impactar mais pessoas, gerar outros patamares de resultados financeiros, essas mudanças só virão se você executar suas ações de uma maneira diferente do usual. O mindset digital se desenvolve desta maneira, começa devagar, pequeno, surgem pequenas mudanças no seu dia a dia, sua rotina vai se transformando, e quando você se dá conta, ter uma mente inovadora tornou-se sua realidade. E como ela traz avanços e bons resultados, será pouco provável que algum dia você volte a fazer as coisas da mesma maneira que anteriormente.

Ter um mindset digital já não é mais uma opção nestes tempos atuais. As novas tecnologias, e, com elas, toda uma maneira diferente de trabalhar, estão invadindo o mercado de uma maneira irresistível. Se não as enxergarmos e, principalmente, entendê-las, seremos atropelados por elas. Certa vez, estava conversando com um colega médico em uma transmissão ao vivo no Facebook, e ele comentava que não está longe o momento em que um professor médico estará dando aulas, ao lado de um paciente, quando um aluno tirará do bolso um aparelho de ultrassom, considerado o estetoscópio do futuro, e avaliará o doente. E o professor, completou esse colega, ficará ali, com cara de bobo por nunca ter visto tal aparelho antes. No final, no lugar de esses professores que estão distantes da tecnologia surpreenderem seus alunos, serão estes que os surpreenderão.

É claro que a tecnologia por si só não é capaz de produzir nada, ela é um meio. Sempre haverá a necessidade de que os médicos, jovens ou experientes, façam uma ponte entre as novas tecnologias e a experiência que eles adquirem no atendimento nas clínicas, hospitais e prontos-socorros. Não acredito que a gente tenha de desprezar todo o conhecimento que já foi adquirido anteriormente para mergulhar de cabeça nas novas tecnologias.

Aliás, foi esse o erro cometido pelas empresas de internet no início dos anos 2000. Naquele momento, elas confiavam que apenas a rebeldia, a disrupção seriam suficientes para dar uma nova forma à nossa maneira de trabalhar e produzir riquezas. Esqueceram os processos de gestão tradicionais, e isso fez surgir a chamada bolha da internet dos anos 2000, que, ao explodir, fez com que centenas de empresas quebrassem em todo o mundo, inclusive no Brasil.

Na ressaca desse fato, conhecido como "bolha das empresas pontocom", os CEOs sobreviventes entenderam que a gestão tradicional também é importante e que, se ela for somada a toda a tecnologia, aos novos modelos de negócios, as chances de sucesso tornam-se muito maiores. Temos de renovar, produzir ideias diferentes, mas essa nova maneira de fazer negócios tem de ser construída sobre alicerces fortes, com o apoio de um conhecimento técnico consistente e de uma gestão tradicional e humanizada. Com uma base sólida assim, essas novas tecnologias serão capazes de trazer para a Medicina todo o impacto positivo de que elas são capazes.

OS PASSOS DA INOVAÇÃO

Mas, na prática, na vida real, ali dentro de seu consultório, como você iniciaria um processo de inovar e trazer tecnologia para dentro de seu trabalho, sua clínica? Que mudanças deveriam ser feitas por um médico que tivesse desenvolvido um mindset digital? Falando de uma maneira ampla, eu diria que a primeira frente que teríamos de atacar diz respeito à gestão do negócio. Imaginando que sua clínica ainda é gerida na ponta do lápis ou, no máximo, naquelas tradicionais planilhas Excel, eu proporia que você adotasse um programa de gestão empresarial voltado à administração de consultórios ou clínicas, para organizar bem as informações financeiras (mostram com precisão qual é a receita e quais são os gastos de seu consultório, permitem que se façam projeções) e informações sobre os clientes (histórico de acompanhamento, próximas ações de tratamento ou preventivas, ou seja, promover um monitoramento de nosso relacionamento com eles). Dessa maneira, teria dados confiáveis para tomar melhores decisões e gerir de forma mais profissional o presente e o futuro da clínica.

Sem ter números sólidos sobre a performance do negócio, torna-se muito difícil ter uma visão de a quantas andam as finanças da empresa, e, como consequência, será quase impossível planejar qualquer crescimento. Hoje o custo de um software de gestão é acessível, diferente do passado, quando eu tinha de comprar um software caro e instalá-lo no meu computador. Nos dias atuais, este não precisa ser comprado, mas pode ser assinado mensalmente, como um SAAS (software as a service; em bom português, um software como um serviço). Até mesmo as planilhas do Excel podem ser um bom começo, mas, a partir daí, deve-se evoluir para um programa digital de gestão.

Resolvido o desafio da gestão, a segunda etapa da modernização de seu consultório teria o foco na parte operacional. Se você trabalha apenas fazendo consultas clínicas, sem nenhuma tecnologia embarcada, a sobrevivência do negócio sempre será sofrida, já que o custo de manter um consultório é muito alto. O valor médio pago pelos planos de saúde é baixo, exigindo que você trabalhe em um ritmo insano.

É possível gerar ganhos consideráveis, além do que é entregue pelas consultas, investindo em equipamentos e aparelhos para diagnóstico ou tratamentos em seu consultório. Dessa maneira, você prestará serviços aos seus clientes, que pagarão por eles. Além de gerar mais valor para os clientes, trazer tecnologia para sua empresa fará com que a percepção de que você é uma autoridade em sua área seja reforçada em sua região.

Mas, atenção! É importante introduzir essas melhorias de uma maneira planejada. Equipamentos podem ser caros, exigir treinamento para serem operados, demandar manutenção e outros gastos. Portanto, é preciso tornar essas metas tecnológicas realidade planejando-as, com segurança, em etapas de curto, médio e longo prazo. Ou seja, um processo de implantação pode ser feito em alguns poucos meses ou levar anos para ser efetivado.

Deve-se sempre começar com os equipamentos básicos para atender às necessidades da especialidade. Se você é um cardiologista e não oferece, por exemplo, eletrocardiogramas em seu consultório ou clínica, comece com esse básico, coloque um aparelho de eletrocardiograma a serviço dos pacientes. Se você é pneumologista, seu primeiro aparelho será um espirômetro. Se você é reumatologista, você pode se planejar para ter um centro de infusão em sua clínica.

A gestão financeira competente de seu negócio, nem é preciso dizer, é essencial para a sobrevivência do empreendimento. Não é possível gerir seu consultório ou pensar em ampliar os serviços sem ter uma ideia clara de qual é o custo/hora necessário para mantê-lo funcionando. Assim, será possível saber se o consultório em si gera lucro, ou se você está trabalhando em outras frentes para mantê-lo aberto apenas para ter o status de ter seu próprio local de trabalho. Esse é o primeiro passo para uma gestão financeira que mereça ser chamada por esse nome: calcular quanto você precisa gerar de trabalho para tornar o consultório financeiramente viável.

O quinto passo, que fará com que o público saiba o quanto você está colocando à disposição dele uma medicina de qualidade, com apoio tecnológico moderno, é divulgar sua marca, seu nome e o de seu consultório ou clínica. Isso significa fazer marketing e, nos dias de hoje, marketing digital. Atualmente, o médico tem de agregar aos seus conhecimentos técnicos a capacidade de comunicação.

É preciso criar uma front page no Facebook, aderir ao Instagram Business e outras plataformas que, como estas, são voltadas para negócios. O médico deve, além de produzir conteúdos digitais, estar presente também na mídia tradicional. A maneira como que ele se relaciona diretamente com os clientes também pode ser incrementada utilizando-se, como já tratamos anteriormente, softwares de relacionamento que facilitem o contato contínuo com os pacientes, gerando uma presença maior e mais proativa na vida deles.

MAIS CONSULTAS

Um relacionamento de boa qualidade com os clientes é capaz de produzir excelentes resultados. Você aumentará o fluxo de consultas de maneira significativa, simplesmente lembrando os pacientes de que eles devem voltar para uma nova consulta dali a um, dois ou seis meses. Isso é positivo para você e para as pessoas, que serão lembradas e que precisam realizar aquela revisão médica. Essa atitude fará com que elas adoeçam menos, passem a cuidar da saúde de maneira preventiva e se tornem mais saudáveis. Quem não gostaria de algo assim?

Quando lembramos as pessoas de que devem cuidar melhor de si mesmas, elas ficam gratas, sempre pensam em nós com respeito e gratidão e dão boas indicações nossas para outras pessoas, aumentando o movimento em nosso consultório e tornando nossa imagem cada vez mais sólida no mercado. Estando presentes no dia a dia da vida dos pacientes, é como se nós passássemos a fazer parte do círculo de melhores amigos deles.

Ouço cada vez mais colegas médicos se queixando de que jovens profissionais, recém-saídos da faculdade, têm uma clientela maior do que a deles, que são médicos já experientes. Isso acontece, tenho certeza, porque esses jovens médicos estão fazendo o seu marketing digital com eficiência e, portanto, atraindo mais pacientes. Ficar sentado o tempo todo dentro de seu consultório já não é mais suficiente para manter uma boa posição no mercado.

Mesmo com todos os comprovados benefícios que a tecnologia traz para o relacionamento entre os profissionais da saúde e seus pacientes, ainda há, no entanto, quem diga que ela possa vir a eliminar o contato humano com os clientes, como se fôssemos, a partir de agora, passar a ser cuidados por robôs frios e incapazes de demonstrar empatia. Considero isso uma grande bobagem. O que acontecerá é exatamente o contrário. A tecnologia está vindo para nos transformar, nos livrar de tarefas repetitivas, para que tenhamos tempo para ser mais humanos.

Até então, costumávamos despender muita energia com a burocracia. Preenchendo formulários, quando trabalhamos em hospitais; cuidando de contas, recibos e papelada de convênios no consultório. As novas tecnologias facilitam nossa vida nos livrando dessas coisas. Elas nos liberam para que tenhamos mais tempo, tanto em nossa vida pessoal quanto para escutar os clientes, dando-lhes o devido tempo e atenção. Dessa maneira, poderemos recuperar a conexão com os pacientes que, ressentidos com o afastamento que a Medicina dos planos de saúde produziu, passaram a procurar terapias alternativas e pessoas que atuam em áreas não científicas, que, mesmo com uma eficiência discutível, escutam os pacientes de maneira mais atenta e calorosa, é preciso admitir, do que muitos médicos.

EXECUTORES VERSUS PENSADORES

A tecnologia, portanto, gerará mais valor para a vida dos médicos e nos tornará mais humanos. As facilidades que ela traz para minha vida me tornarão um profissional mais empoderado. Com isso, terei mais tranquilidade, disposição e prazer para executar o que é, realmente, uma boa Medicina, na qual oferecerei total atenção aos meus clientes.

No entanto, para que todos esses benefícios se tornem realidade, precisamos colocar a mão na massa. Sempre gosto de me referir à maneira de trabalhar que é praticada no Vale do Silício, nos EUA, onde se dão os maiores avanços tecnológicos do planeta. As grandes empresas localizadas ali contratam os *doers*, os "fazedores", e alugam por um tempo os talentos dos *thinkers*, os "pensadores".

Quem só pensa e pensa, mas não executa, é alguém que pode ter utilidade. As empresas contratam temporariamente um pensador. Mas quem de fato fará a roda girar e trazer dinheiro para o negócio é o executor. Desenvolver esse mindset de quem faz, no estilo do Vale do Silício, é do que trataremos no próximo capítulo. O mundo é de quem faz, e não de quem fica sentado esperando e só pensando. A hora de avançarmos é agora!

Capítulo 14

O MINDSET DO VALE DO SILÍCIO
transformará os consultórios

Ao longo deste livro, fiz referências ao Vale do Silício, a grande região em volta da cidade de São Francisco na qual estão instaladas as mais avançadas empresas de alta tecnologia do planeta, principalmente da área de tecnologia da informação. Faço isso por duas razões. A primeira, porque acredito fortemente que a mentalidade inovadora das pessoas que ali trabalham pode ser replicada e produzir um profundo e positivo progresso em qualquer parte do mundo. A outra razão é que tive a oportunidade de passar algumas semanas visitando empresas e assistindo a palestras naquela região, o que provocou uma grande reviravolta em meu mindset e em minha maneira de ver o mundo.

Em minhas passagens pelo Vale, o que vi e aprendi ali somou-se a uma inquietação, cuja existência até então eu desconhecia, mas que já vinha lentamente tomando forma em minha mente. Não tenho dúvidas de que foi essa experiência que me impulsionou a fazer escolhas que mudaram de maneira profunda minhas expectativas em relação ao meu futuro profissional, e mesmo pessoal, e me impulsionaram a ser um palestrante, a decidir escrever este livro, a investir em empresas startups atuantes na área da saúde, desenvolver um profundo interesse pela tecnologia e ter sucesso em montar uma rede de networking composta por pessoas de relevância tanto no Brasil quanto no exterior.

É curioso como mudanças importantes em nossa vida costumam surgir de maneira casual a partir de fatos que parecem, à primeira vista, corriqueiros e sem conexão com qualquer outro evento. Foi o que aconteceu comigo. Eu estava na rotina de minha clínica, tranquilo, com o consultório cheio, com um bom nome e uma boa marca em minha praça. Em um dia comum, como qualquer outro, estava atendendo aos meus pacientes, quando recebi um telefonema.

Era o Daniel, um amigo, que é fisioterapeuta e voluntário em um projeto social ligado ao esporte que desenvolvemos na cidade. Ele contou que estava acompanhando um curso, à época chamado Negócios de Palestras, conduzido pelo conhecido escritor e palestrante Roberto Shinyashiki. "Olha, Eurico, eu estou fazendo esse curso e ele tem tudo a ver contigo", ele disse. "Está maravilhoso, e o professor Roberto oferecerá esse curso de graça para algumas pessoas que trabalhem com projetos sociais. E eu pensei em você."

Para concorrer a esse curso gratuito, era preciso escrever um texto de uma página descrevendo o projeto e gravar um vídeo explicando, com sua voz e imagem, do que tratava a iniciativa. Não me interessei tanto assim, mas decidi falar sobre o projeto, muito mais por respeito ao meu amigo do que por qualquer outro motivo. Cheguei em casa à noite, cansado, escrevi o texto e gravei um vídeo de dois minutos. Para minha surpresa, fui uma das três pessoas selecionadas para o curso do Roberto Shinyashiki, entre mais de uma centena de pessoas de todo o Brasil.

CABEÇA GIRANDO

E foi assim que tudo começou a mudar. A parte presencial do curso foi em São Paulo. Ao chegar lá, comecei a ver e ouvir as histórias de várias pessoas jovens, entre 20 e 30 anos de idade, e outros nem tanto, cheias de propósitos, que estavam empreendendo e fazendo negócios diferentes e interessantes, no estilo startup, impactando muitas pessoas. Ali falava-se também de networking, de como era preciso estar conectado com os demais. E que a forma de comunicação dali para a frente seria o vídeo. Voltei com a cabeça girando e perguntando para mim mesmo que mundo era aquele que eu não enxergava de dentro de meu consultório.

Tomei algumas decisões. Coloquei um anúncio nas redes sociais procurando alguém da área de publicidade para me ajudar. Encontrei a Roberta Souza, de quem me tornei cliente em um primeiro momento, e, posteriormente, parceiro de negócios. Ela foi uma pessoa-chave nessa minha transformação digital. Com sua ajuda, passei a entender a importância do marketing, do posicionamento e do "branding", e me conectar com gente que estava na mesma busca, criando o que chamamos de "nosso bando", aumentando minha rede de contatos.

Muitos livros e palestras depois, me matriculei em um MBA, para estudar marketing, empreendedorismo e negócios, para entender ainda mais este mundo. Mas a virada de chave mesmo veio depois de assistir a um webnário organizado pela editora Gente, com um de seus autores, o Maurício Benvenutti, cujo livro *Incansáveis* eu terminara de ler havia pouco tempo.

Maurício contou que havia largado um bom cargo na HP para se aventurar a empreender com outros "gurus" em um pequeno escritório de investimentos, que viria a se tornar a XP investimentos, de onde havia saído há pouco tempo, quando se mudou para o Vale do Silício. Em solo norte-americano, mais precisamente em São Francisco, tornou-se sócio da Startse, uma empresa voltada a incentivar a criação de startups e que organizava missões de negócios para empreendedores brasileiros conhecerem o ecossistema de inovação e empreendedorismo do Vale do Silício.

Durante o webnário, fiz uma pergunta ao vivo, se não havia nenhum produto voltado para a saúde, quando fui informado de que estava sendo organizada a primeira "Health mission" da empresa ao Vale do Silício, voltada exclusivamente para profissionais da área da saúde. Nessa viagem, os inscritos visitariam startups e assistiriam a palestras e relatos de empresários que trabalhavam no Vale.

Fiz minha mala e embarquei na viagem. Adorei a programação e, de volta ao Brasil transformado, nunca mais voltei a ser a mesma pessoa. Passei a falar da experiência nas palestras e em todas as oportunidades que eu tinha. Dessa maneira, criei uma conexão com a Startse, a ponto de ser convidado a voltar no mesmo ano, alguns meses depois, ao Vale do Silício como voluntário de um programa geral de negócios chamado "Learning Experience", que leva entre 80 a 100 brasileiros para entender e aprender como uma área de pouco mais de 80 quilômetros quadrados detém 25 % de todo capital de risco do mundo e cerca de 50% do capital de risco dos EUA.

Especialista em missões de negócios aos maiores centros de inovação do mundo, a Startse organiza visitas, verdadeiras imersões, que duram, em geral, de uma semana a 10 dias, e a experiência para quem participa é intensa e puxada. Começa-se às 8h da manhã e prossegue-se até às 10h horas da noite. A correria é intensa, e muitas vezes o almoço é apenas uma barrinha de cereal. Mas é algo transformador.

Conto esses fatos aqui por considerar que essa minha trajetória em direção a um novo mindset poderá te impactar positivamente. Penso, ainda, que, relatando isso, fica claro que essa transformação de mentalidade não é algo fora do comum. Ao contrário, é algo que está ao alcance de praticamente qualquer um que deseje inovar e tirar o máximo de proveito de todas as dimensões de nossa vida.

As mudanças que essa experiência trouxe para mim não passaram em branco para as pessoas com as quais eu convivia. São reações que certamente você também experimentará quando começar a mudar sua postura mental. Sobre a primeira dessas possíveis reações, algo sobre o qual tratamos no capítulo anterior, é que seus parentes, amigos e colegas se preocuparão, por acreditar que você pode estar dando um passo que, por ousado, comprometerá toda a carreira que você construiu até então. Comentários assim não devem ser levados a sério, já que você certamente não está arruinando sua carreira. Muito pelo contrário.

Outra reação, e esta deve ser tratada com mais cuidado, é interna. Esses primeiros momentos de mudança podem gerar bastante ansiedade, e você deve se preparar para isso. Ao vermos tanta inovação, tantas boas ideias que podem facilitar a vida de muitas pessoas e tornar nosso dia a dia bem mais fácil e produtivo ficamos inquietos e aflitos para colocarmos essas inovações em prática. Mas aí voltamos para nossa realidade e vemos as empresas de nossa região, de nossa cidade e do país ainda muito focadas em si mesmas e empenhadas em empurrar produtos e serviços dos quais as pessoas não precisam.

Boa parte dos hospitais em nosso país ainda trabalha com sistemas totalmente obsoletos, não é inovadora e costuma dificultar nossa vida profissional, além de proporcionar experiências nada agradáveis para nossos clientes. Isso gera ansiedade. Queremos ter acesso, aqui, às novas coisas que conhecemos lá no Vale do Silício. Afinal, verificamos pessoalmente como tudo pode funcionar de uma maneira melhor e mais útil para nossos pacientes. Enfim, levamos algum tempo até conseguir equilibrar nossos pensamentos e começar a fazer o que é viável, entender com quem podemos contar e, finalmente, enxergar de que maneira podemos atuar para provocar as mudanças que queremos ver acontecer.

HIPÓTESE DE NEGÓCIO

Entre todas as novas maneiras de pensar que tomei contato, ao passar a acompanhar as ideias e práticas que circulam pelo Vale do Silício, uma das que considero mais fascinantes é a maneira como as startups nascem e crescem ali. Embora empresas tradicionais e inovadoras partam do mesmo princípio, que é o de se ter uma hipótese de negócio que será colocada à prova no mercado, há uma grande diferença entre elas. Alguém que decida produzir bicicletas elétricas, por exemplo, parte da hipótese, ou suposição, de que as pessoas desejarão ter uma bicicleta como um meio de transporte e que, de quebra, não contamine o meio ambiente e, no final da sua vida útil, possa ser reciclada.

Mas quando uma empresa tradicional decide fabricar essas bicicletas, ela investe um tempo considerável no desenho de seu "business plan", ou plano de negócios. Só depois desse plano estar pronto, com muitos detalhes e números, é que o empreendedor lançará seu produto ou serviço no mercado, para verificar se sua hipótese de negócio será confirmada pelos consumidores. Caso o que a empresa ofereça aos clientes não desperte interesse, porque todos querem agora patinetes ou o mercado já tem bicicletas elétricas em grande quantidade, o empreendimento provavelmente fechará as portas, pois não conseguirá superar o prejuízo provocado pelos investimentos feitos ao longo de tanto tempo e que não se transformaram em receita.

Já as startups, que seguem a mentalidade do Vale do Silício, não partem de planos de negócios detalhados e longos. Não se quer perder muito tempo, nem desperdiçar muito dinheiro, com longos business plans para algo que não se sabe ao certo se dará certo. No lugar de fazer isso, o tempo é utilizado para construir um plano mínimo de negócio e a ênfase é dada em testar a hipótese do negócio, com pouco investimento, mas muito teste no dia a dia, na vida real. Se suas bicicletas caírem no gosto do público, essas startups aumentarão sua produção aos poucos, até sentirem que há uma aceitação firme do produto e que, portanto, podem partir para uma produção em escala desses bens. O importante é desenhar rapidamente um plano com as informações essenciais, construir com agilidade um protótipo do produto e colocá-lo o mais breve possível à venda, para ser validado no mercado, nem que seja inicialmente por meio de um número limitado de canais de venda e lojas. Em seguida, deve-se acompanhar muito de perto a reação do mercado, para saber como está evoluindo a aceitação do produto pelos clientes.

A agilidade é a grande virtude desse método de negócios. Ninguém acredita mais em perder um ano inteiro, ou mais, detalhando um plano de negócios. Lança-se o produto, bota-se na rua — ainda em uma escala reduzida, no início — e observa-se se aquilo gera ou não interesse nos consumidores, e vendas. Não se pode mais seguir desperdiçando tempo e recursos naturais para investir em projetos cujos resultados são uma incógnita. Não temos mais todo o tempo e os recursos do mundo à nossa disposição.

É preciso que compreendamos bem que ser ágil ao iniciar um empreendimento não significa executarmos coisas sem planejamento. Planejar — em curto, médio e longo prazo — é essencial para termos uma carreira que se desenvolva de maneira ascendente e gerar empreendimentos vitoriosos. Mas também não podemos nos esquecer de que todo negócio tem sua carga de riscos. Há outra frase do Vale do Silício que explica bem essa afirmação: "Quando você tem muita certeza sobre aquilo que está fazendo, é sinal de que reagiu tarde demais." A incerteza faz parte do empreendedorismo.

A ausência de certezas e a disposição em tomar riscos calculados (você deve, de antemão, saber o máximo de capital e tempo que está disposto a perder) são parte integrante desse modelo de startup enxuta praticado no Vale. Você não terá certeza absoluta se o que você está fazendo está certo ou não, se o empreendimento será um sucesso ou não. Mas você vai lá, testa e valida sua hipótese de negócio. Se a hipótese se mostrar verdadeira, ótimo! A partir desse momento, você ou os investidores colocarão recursos, tempo e dedicação de uma maneira capaz de transformar o produto ou serviço em algo viável de ser oferecido em escala para todo o mercado. Se a hipótese não for validada, se fracassar, você aprende com os erros e pivota o projeto, seja com melhorias, seja com a substituição total do projeto original.

O NEGÓCIO É UMA APOSTA

E aqui temos outra grande diferença entre a mentalidade que se estabeleceu no Vale do Silício e a maneira de agir de investidores de ambientes mais conservadores, como o que predomina no Brasil. O entrave em nosso ecossistema brasileiro é que nossos investidores pedem uma garantia de seu investimento. Ora, como uma startup, um negócio que está começando e é ainda pouco mais do que uma ideia, pode garantir o retorno de um investimento? Sem se esquecer de que 70% das startups não dão certo!

Com uma taxa de mortalidade alta como essa, não há como garantir que alguém vá ter seu dinheiro de volta. O que se está fazendo ali é um investimento em um novo projeto de negócio que apresenta potencial de gerar bons resultados, mas não há garantia de que ele será bem-sucedido. Se um desses projetos de negócios se mostrar correto, o investidor terá retorno de tudo o que investiu naquelas outras sete a nove startups que não deram certo. Mas sempre será um investimento que apresenta risco. Essa é a dificuldade que temos em criar um ecossistema amigável para as startups aqui no Brasil. O investidor brasileiro quer uma segurança que ninguém poderá dar, porque é uma hipótese, e o risco de falhar é grande. Na dúvida, esses investidores conservadores nem mesmo se dão ao trabalho de escutar a hipótese de negócio que aqueles que tentam criar uma startup tentam lhes explicar.

Já no Vale do Silício, o investidor-anjo[1] ouvirá as ideias que lhe serão trazidas. Ele certamente fará várias perguntas: qual é sua ideia? Como ela surgiu? Como será desenvolvida? Quantas pessoas já compraram essa ideia? Quanto dinheiro você tem para fazer um protótipo, ou seja, a versão preliminar de sua proposta? A curiosidade desses investidores que estão presentes no Vale vai além de simplesmente querer saber qual será o retorno sobre o capital que eles colocarão em seu negócio. Obviamente, a resposta para essa pergunta é importantíssima. Se eles não vislumbrarem retorno algum, não abrirão a carteira. Mas essa pergunta não será a primeira que eles farão.

Um investidor-anjo que mereça esse nome se sentará à mesa com você para saber qual é o propósito de sua ideia. Qual é o desejo ou o problema das pessoas que sua proposta atenderá ou solucionará? Qual é o modelo de seu negócio? Ele foi validado? Ele tem como ser ampliado, ganhar escala e atingir cada vez mais mercados? Em resumo, os investidores-anjo do Vale tenderão a fazer uma análise muito mais aprofundada do que os investidores comuns. Na medida em que o propósito da startup é também levado em conta, esse investidor talvez esteja muito mais disposto a enfrentar possível demora no retorno do capital do que aqueles que tenham uma visão mais restrita do que uma inovação pode gerar de benefícios.

PROTOTIPAR É PRECISO

Mesmo os investidores-anjo mais ousados e flexíveis só se convencerão de que devem colocar seu dinheiro em uma empresa iniciante se o que ela oferece já houver passado pelo menos pelas validações iniciais por parte do consumidor. Essa postura exige que os empreendedores, quando marcam uma reunião para mostrar o que pretendem oferecer ao mercado, já tenham feito o que é chamado de prototipagem de seu produto ou serviço. Prototipar é criar uma representação ou modelo que simula o funcionamento de um novo produto, para testar se seu desempenho ocorre da maneira esperada e, muito importante, se ele desperta interesse dos eventuais consumidores.

A ideia de fazer um protótipo de sua ideia e testá-lo faz parte do conceito lean startup, que pode ser traduzido como startup enxuta, ou sem gorduras. Essa maneira de iniciar uma startup é o contraponto dos longos e detalhados planos de negócio de que

---

[1] Investidores-anjo são pessoas físicas que aplicam o próprio patrimônio em empresas com alto potencial de retorno.

falamos alguns parágrafos atrás. Usarei um exemplo para explicar, de maneira bem resumida, quais são os passos que se devem dar no método lean startup.

Vamos imaginar que estou pensando em comprar um equipamento médico para minha clínica, algo que não existe em minha cidade. Para fazer os exames que esse equipamento é capaz, as pessoas têm de viajar até Porto Alegre. Eu faço um plano de negócio bem elaborado, calculo gastos, vejo o que preciso modificar no prédio para receber o equipamento e decido pagar R$400 mil pelo aparelho, instalando-o em minha clínica. Mas não entendo o suficiente de tecnologia para fazer o equipamento funcionar, ou meu colega que havia se comprometido a estudar para emitir laudos com os dados do equipamento não fez o curso necessário. Ficamos com aquele aparelho parado na clínica, sem gerar receita e sendo obrigados, eventualmente, a pagar pelo empréstimo contraído para a compra.

Agora, como eu faria se decidisse adquirir o mesmo aparelho, mas agindo conforme o método das lean startups? O primeiro passo seria perguntar aos meus pacientes: "Se essa máquina estivesse instalada na minha clínica, você pagaria um exame aqui na nossa cidade, no lugar de ir até Porto Alegre?" Eu poderia enviar questionários por e-mail para meus pacientes, ou consultar outros colegas da minha especialidade na cidade ou na região.

Supondo que eu recebesse respostas favoráveis — sim, eu estaria disposto a fazer os exames aqui em Santa Cruz do Sul, no lugar de viajar até Porto Alegre — passaria, então, para a segunda etapa, que seria não ainda comprar o equipamento, mas alugá-lo, ou faria uma parceria com a empresa que vende o equipamento para testar, no dia a dia, o quanto de adesão eu teria pelos pacientes. Nesse período, também poderia contratar, de maneira temporária, técnicos para operar o equipamento. Depois que ficasse claro que aquele negócio seria financeiramente sustentável, aí, sim, eu investiria no treinamento de pessoas e compraria o equipamento. A metodologia lean startup funciona assim. Você usar a menor quantidade de recursos possíveis para checar se sua ideia funciona, se dá certo ou não, e só depois disso investe de maneira mais vigorosa.

Caso o negócio não dê certo, ou o equipamento mostre fragilidades e exija manutenções constantes, ou o número de pacientes a serem atendidos não seja suficiente para pagar o investimento e os gastos com a máquina e proporcionar algum lucro, ou se ficasse evidente qualquer outro fato que indicasse que não vale a pena a compra do equipamento, não haveria nenhum desastre financeiro para minha clínica, caso eu deixasse de lado essa ideia.

Algum dinheiro e, certamente, o tempo empregado seriam perdidos, mas isso não provocaria nenhum impacto financeiro avassalador. Se o resultado da prototipagem ficasse abaixo do mínimo esperado, seria possível superar rapidamente o desapontamento e continuar em busca de outra oportunidade de negócio, como se faz no Vale do Silício.

DESIGN THINKING

Mas, de novo, não há empreendimento vitorioso que não traga riscos. Não há como termos certeza de que alguma ideia, principalmente quando ela é inovadora, será um sucesso ou não. Prototipar um novo produto é uma das maneiras de medir se ele entusiasmará os possíveis consumidores. Mas há outra metodologia, o design thinking, que é uma abordagem que, ao ser empregada, pode assegurar que a novidade que se quer criar pelo menos não esteja tão distante das necessidades das pessoas, a ponto de despertar pouco ou nenhum interesse. Como vender geladeiras para esquimós ou pranchas de surfe no deserto.

No design thinking, costumam-se reunir pessoas com diferentes formações que, ao trocarem ideias para sugerir algum novo projeto, terão visões diversas sobre as soluções a serem apresentadas e, assim, a tornarão mais criativa, surpreendente e capaz de atender aos diferentes desejos e necessidades. Considero que essa abordagem é particularmente útil para os profissionais da saúde. Isso porque nós, médicos, somos treinados para pensar em números, lidamos com estatísticas e probabilidades ao fazermos diagnósticos ou receitar medicamentos.

O design thinking deixa de lado a frieza dos números e da lógica, porque ele leva em conta, principalmente, o fator humano, ou seja, as necessidades, os valores, as ideias preconcebidas e os medos das pessoas. Ao avaliarmos um novo produto utilizando essa abordagem, teremos foco na dor, na necessidade que as pessoas têm, e tentaremos encontrar uma solução para elas. Como uma equipe que se engaja no design thinking é composta por pessoas de backgrounds diferenciados, as propostas costumam sair da lógica costumeira e, assim, ser mais eficientes e criativas.

Um exemplo real, surgido no laboratório de biodesign da Faculdade de Medicina da Universidade de Stanford, na Califórnia (EUA), na região do Vale do Silício, ilustra como se dá esse processo. Um grupo de quatro pessoas do laboratório, formado por um cirurgião, um engenheiro mecânico e dois Ph.Ds, um deles em bioengenharia e outro em biodesign, recebeu a incumbência de encontrar uma solução para a síndrome do olho seco. Trata-se de uma condição que afeta homens e mulheres, mas é especialmente presente nestas últimas, causando problemas para 25% das mulheres entre 40 e 50 anos de idade, diminuindo sua produção de lágrimas, o que provoca problemas oculares.

O que um pensamento linear, lógico, poderia propor como solução? Um bom colírio, que durasse 12 ou 24 horas, não é mesmo? Você pingaria o colírio nos olhos, e eles ficariam úmidos o dia inteiro. E pronto, estaria solucionado. Mas o design thinking vai além disso. No caso, o raciocínio surgido de quatro cabeças com funcionamentos diferentes propôs a criação de um produto chamado True Tear, ou "lágrima verdadeira", em português.

Trata-se de um pequeno e elegante aparelho de eletroestimulação, muito ao estilo dos gadgets de tecnologia que se usa hoje em dia. Ele possui duas pequenas hastes, que são introduzidas nas narinas. Elas emitem microestímulos elétricos que estimulam o nervo olfativo, que, por um arco reflexo nas glândulas lacrimais, leva à produção natural de lágrimas. Lágrimas verdadeiras, como informa o nome do produto. Acompanha o conjunto, um controle remoto que é capaz de regular a quantidade de lágrimas produzidas.[2]

ETAPAS DO PENSAMENTO

Como ocorreu nesse caso, a primeira etapa do design thinking é identificar o incômodo ou sofrimento que aflige as pessoas. Nesse caso, que foi tratado em Stanford, a necessidade das pessoas era ter acesso a algo que minimizasse os problemas provocados pela falta de lubrificação dos olhos. A partir daí, criam-se, na segunda etapa, hipóteses plausíveis para resolver aquele problema. Certamente, a primeira sugestão que foi levantada foi a de um colírio, ou algo tão convencional quanto. Mas os debates evoluíram, e a combinação das expertises dos componentes do grupo resultou no protótipo do aparelho de choques que produz lágrimas. A terceira etapa, que tem lugar quando uma solução já foi encontrada, é determinar o Produto Mínimo Viável (MVP, para a sigla em inglês de Minimum Viable Product), o que significa a versão mais simples de um produto que pode ser lançado com a menor quantidade possível de esforço e desenvolvimento.

As metodologias lean startup e design thinking compõem, ouso chamar assim, uma filosofia que enxerga a produção de bens e serviços de uma maneira completamente inovadora. O princípio de criar hipóteses que só se transformarão em propostas sólidas após o teste da realidade, e a mobilização de pessoas com conhecimentos e formações distintas, mas complementares, vêm criando um enxame de soluções por meio das startups.

A tendência é a de que essa nova maneira de produzir soluções impacte cada vez mais a área da saúde, que já é, inclusive, um dos setores em que se registra o maior número de inovações. Acredito muito que o médico que não enxergar esse movimento em curso estará completamente fora do mercado daqui a cinco ou, no máximo, dez anos, perdendo completamente o contato com o que movimentará a área da saúde. Quanto mais cedo desenvolvermos essa mentalidade, mais fácil será entender esse novo mundo e tirar proveito das grandes oportunidades que se abrirão para nós, médicos.

Em minhas visitas ao Vale do Silício, vi poucos médicos envolvidos com esse novo cenário do empreendedorismo. Encontrei pessoas da área de tecnologia e de outras áreas da saúde, tais como farmácia, bioquímica, ciências bioquímicas, química industrial, mas pouquíssimos profissionais como nós. E não falo da ausência apenas de médicos brasileiros, mas de um modo geral. Médicos de todas as partes do mundo parecem não ter ainda despertado para a relevância do papel que podem desempenhar nesta era digital.

---

[2] STANFORD MEDICINE. Um verdadeiro arrancador de lágrimas: a equipe cria um dispositivo para aliviar o olho seco. Disponível em: <https://med.stanford.edu/news/all-news/2015/01/a-real-tear-jerker-team-creates-device-to-alleviate-dry-eye.html>. Acesso em: 20 jan.2020.

A maior parte das empresas healthtechs não tem médicos envolvidos. Isso é de se lamentar, mas também uma excelente oportunidade para nós. Os pioneiros, aqueles que estiverem abrindo as portas, entendendo e estando disponíveis para participar com suas expertises nas startups, com certeza colherão os maiores e mais saborosos frutos.

BOLD E BETA

O Vale do Silício gosta de criar frases e expressões de efeito. Uma delas é "*be bold, be beta*", que em português significa "seja ousado, seja beta". "Beta" remete à expressão de TI "versão beta" para um software que, mesmo ainda em desenvolvimento, é lançado para o público. Ser beta significa, portanto, ser inovador, mas, mais que isso, significa nunca estar pronto e sempre em processo de melhoria constante. Esse lema se aplica, portanto, aos médicos que ainda vacilam em se juntar a esse mercado das startups e tirar proveito das grandes oportunidades que estão se abrindo.

Inovar, sair do caminho pelo qual todas as gerações caminharam e andar por trilhas que ainda estão sendo abertas não é algo banal. Requer coragem para começar, para acertar, para errar e, eventualmente, quebrar a cara e aprender de novo e desaprender o velho. Precisei de bastante coragem, de ser bold, para sair do conforto de minha clínica, do conforto de meu ganho mensal, para começar a explorar as novas possibilidades, como venho fazendo com as palestras, com as consultorias, com minha presença nas redes sociais, me envolvendo com a área de tecnologia.

Mas, mais uma vez, acredito que haverá recompensas ao longo desse caminho. Só quem consegue ter a coragem de dar um passo adiante é que chegará aonde os outros querem chegar, mas muitas vezes se deixam vencer pelos seus temores. Isso, para mim, tem sido uma verdade muito marcante. E isso é ser beta. É você não estar contente com o que já conseguiu. É estar sempre buscando se renovar, se redesenhar, se reinventar. Ser beta é nunca se sentir pronto.

E não é possível se considerar já inteiramente formado, confortável. Se você se sente protegido e feliz com o que conquistou profissionalmente, deve desfrutar desse sentimento. Mas talvez não devêssemos nos esquecer de que, se estamos dispostos a descansar sobre o que já possuímos, em nossa especialidade, em nosso consultório, talvez nossos concorrentes não estejam parados em suas zonas de conforto, mas se movimentando, inquietos e dispostos a conquistar o mercado, inclusive aquele que acreditamos ser nosso.

Há diversas novidades que influenciarão diretamente o mercado do médico. A inteligência artificial e suas repercussões na profissão médica, tema que será tratado no próximo capítulo, são uma dessas transformações das quais os profissionais da área de saúde já não podem mais se desviar. E nem deveriam pensar em fugir delas. Tais novidades, longe de serem uma ameaça, apontam para um futuro de excelentes oportunidades.

Capítulo 15

A INTELIGÊNCIA ARTIFICIAL
transformará toda a Medicina

Quem entre nós já não se preocupou em ser, algum dia, substituído no mercado de trabalho por algum robô ou outro mecanismo que utilize inteligência artificial?[1] Este assunto, e os temores que o acompanham, tem sido tema recorrente em congressos, nas conversas nos corredores das empresas e nas redes sociais. Parte desse receio vem por sabermos que, desde que as novas tecnologias da computação se tornaram parte de nosso cotidiano, o mercado de trabalho transformou-se de maneira profunda.

E nem estamos falando aqui de Inteligência Artificial (IA), que é um ramo ainda recente da tecnologia da informação. A partir da década de 1970, quando os computadores ficaram baratos o suficiente para serem adquiridos por empresas comuns, centenas, talvez milhares de funções que existiram por muitas décadas, em um mundo que era movido por tinta e papel, foram extintas, como dinossauros apagados do mapa por um meteorito.

Se os computadores, no passado, eliminaram empregos que demandavam tarefas mecânicas, repetitivas, que exigiam zero de raciocínio, a IA agora ameaça fazer um estrago também no andar de cima, atingindo trabalhadores mais qualificados. Entre eles estamos nós, médicos. Cedo ou tarde, também correremos o risco de ver algumas de nossas atividades serem realizadas exclusivamente pela tecnologia.

Mas de que maneira e em que profundidade a inteligência artificial impactará a Medicina? Certamente, as primeiras vítimas serão aquelas atividades básicas de diagnóstico, conforme tratamos no Capítulo 5, como a patologia e a radiologia. Dispositivos dotados de IA serão capazes de examinar imagens do corpo humano e descobrir doenças em uma velocidade inatingível para nós, profissionais da saúde feitos de carne e osso.

---

[1] O Tamo da ciência da computação que procura desenvolver equipamentos e dispositivos que simulem o raciocínio humano e que sejam capazes de aprender e se autodesenvolver. Disponível em: <https://www.significados.com.br/inteligencia-artificial/>.

Quando exatamente chegará esse tempo é algo que não se pode saber. Nunca poderemos antecipar com certeza que inovações a ciência trará para a atividade médica. Mas acredito que possamos desde já perceber que há alguns limites bem determinados, pelo menos em um longo prazo, que a IA não conseguirá ultrapassar no atendimento às necessidades das pessoas. Uma dessas necessidades, que está no ponto central da relação entre o médico e o paciente, é que as expectativas das pessoas sejam discutidas e respeitadas quando se define qual tratamento será seguido.

UMA RELAÇÃO DELICADA

Um exemplo deixa claro como essa relação pode ser complexa e delicada: um paciente de 85 anos sofre de câncer. O diagnóstico foi indicado por um equipamento que usa inteligência artificial. Os protocolos que o equipamento tem em sua memória indicam que o melhor é que sejam iniciadas sessões de quimioterapia o quanto antes. É sabido que esse tratamento costuma provocar efeitos bastante desagradáveis e trazer, ainda, graves limitações para os doentes. Mas a máquina não sabe disso, é incapaz de levar esse sofrimento em conta. O que o equipamento indica é que a quimioterapia é a alternativa para lidar com aquele câncer, e ponto final.

Com o diagnóstico e o tratamento quimioterápico que foi proposto na mão, o médico senta-se com esse paciente. Os dois conversam sobre expectativas. O que aquele senhor espera daquele tratamento? O que a quimioterapia poderá trazer de melhora? Ou trará mais sofrimento? Com certeza uma conversa como essa será acompanhada por pessoas da família do paciente, e talvez ele responda algo assim: "Olha, a minha vida já está muito ruim. Eu não caminho mais. Eu não consigo mais fazer muita coisa que me dê prazer. Não quero, neste meu último tempo de vida, ficar sofrendo com quimioterapia, entrando e saindo do hospital. Prefiro ser tratado em casa."

A partir dessa conversa, decisões serão tomadas. O médico, respeitando o desejo do paciente, poderá oferecer algumas outras opções. As possibilidades serão discutidas, e será feita uma escolha. Seja qual for a opção feita, o médico estará ali dando apoio, encontrando uma resposta para o problema que seja adequada à expectativa do paciente.

O tratamento nos dias de hoje não é mais uma imposição médica, ele é feito de escolhas, nas quais o paciente e seus familiares têm voz, devendo participar ativamente das decisões sobre os rumos do tratamento. Oferecemos opções para as pessoas, não determinações inquestionáveis. Pode até ser que esse paciente, com o tempo, mude de ideia e procure outra forma de lidar com aquele desafio. Voltar atrás é humano. Como também são humanas toda conversa, atenção, empatia e colaboração entre médicos, pacientes e seus familiares. Uma máquina nunca faria isso.

Neste ponto, você já pode estar imaginando que alguns médicos, infelizmente, ainda agem exatamente igual a máquinas, baseados em antigas premissas, em que o médico soberano era alguém que determinava tratamentos e não admitia ser contrariado em sua soberba.

Esse relato nos mostra os limites das soluções artificiais na Medicina, por mais inteligentes que elas possam parecer. Na análise clínica, cabe ao médico também ter a sensibilidade para detectar as angústias de seus pacientes, promover uma avaliação psicológica e participar da decisão conjunta sobre os caminhos a seguir, esclarecendo e respeitando as expectativas dos clientes. À máquina cabe fornecer os dados com cada vez mais precisão, para que o médico, o paciente e seus familiares tenham condições de decidir da melhor maneira possível.

Médicos que agem assim se mantêm imprescindíveis, e não serão substituídos por nenhum robô ou inteligência artificial, enquanto aqueles que ainda não entenderam os novos tempos, que já agem como máquinas, não terão mais utilidade e, sim, serão substituídos com velocidade assustadora, não por robôs, mas por médicos e outros profissionais da saúde que absorveram a cultura dos novos tempos, de compartilhamento, humanização, digitalização e uso inteligente da tecnologia a favor de seus clientes.

NEM TÃO INTELIGENTE ASSIM

Inteligência artificial é um termo genérico, no qual cabem muitas abordagens e interpretações. Sua definição básica: ser uma ação computacional que imita uma capacidade cognitiva humana. Talvez a expressão "inteligência artificial" soe um pouco exagerada. O significado que a psicologia dá para "inteligência" — a capacidade de apreender e organizar os dados de uma situação, em circunstâncias para as quais de nada servem o instinto, a aprendizagem e o hábito[2] — já deixa claro que a "inteligência artificial" de uma máquina não é, afinal, a inteligência que nós humanos somos capazes de desenvolver.

A IA nada mais é do que um conjunto de sistemas computacionais e sequências de comando que são programados. Temos diferentes tipos de IA, de acordo com a profundidade dessa imitação cognitiva do ser humano. A IA é capaz de resolver alguns problemas específicos. Não existe ainda essa capacidade de o computador agir por si só, sem uma profunda intervenção do homem. Ter a capacidade, como adoram propor os autores de ficção científica, de desenvolver uma consciência de si mesmo ainda é uma grande fantasia. Pelo menos, por enquanto.

Mas o que mudará para melhor em minha vida quando a IA aumentar sua presença no dia a dia? Quando me perguntam isso, gosto de me lembrar de uma afirmação de Cristiano Oliveira, o fundador da fintech de inteligência artificial

---

[2] Terceira acepção do verbete "Inteligência" no *Grande Dicionário Houaiss*, edição eletrônica.

Olivia, voltada para o gerenciamento de finanças pessoais[3]. Em um artigo que comentava os impactos da IA em nosso cotidiano, Oliveira disse algo parecido com isto: "Se você quer saber o que a inteligência artificial fará pela gente, é só olhar para um europeu. Ele caminha devagar, é adepto da *slow food*, pois come devagar, tem tempo, caminha com calma apreciando a natureza...". Ou seja, a IA nos dará mais tempo para fazer coisas humanas, nos poupando de fazer coisas burocráticas. Seremos como os europeus com excepcional qualidade de vida imaginados por Cristiano Oliveira.

Muita gente hoje trabalha como se fosse um robô. Exatamente por esse motivo, estão com seus empregos extremamente ameaçados, pois os aparelhos robotizados estão cada vez mais entre nós. Vamos pensar em alguém que esteja empregado como um caixa de supermercado. O que ele faz? Fica ali sentado, passa os produtos pelo leitor de códigos, diz o valor para o cliente, recebe o pagamento e lhe dá o troco, ou um comprovante, se a transação for feita pelo cartão.

Mas, cá para nós, é preciso um ser humano para trabalhar dessa maneira? Ele já é um robô. Hoje já existe tecnologia disponível para que você, ao fazer suas compras, passe o produto pelo leitor, bote seu cartão de crédito na maquininha, pague e vá embora. Esse tipo de trabalho, que hoje ainda emprega muitos seres humanos, será feito por uma máquina no futuro próximo. E não demorará muito.

Não estou dizendo que todos os caixas de supermercado trabalhem como se fossem meras máquinas. Mesmo em uma função como essa, e em dezenas de outras com exigências similares, é possível ir além do comportamento burocrático e ter um procedimento mais, digamos, humano. Veja como esse caixa pode atuar de maneira calorosa, proativa, cheia de boas energia: se ele perguntar se você foi bem atendido, se encontrou tudo o que procurava, oferecer ajuda em algo de que você necessite, lhe desejar bom dia e dizer com um sorriso que está aguardando sua visita na próxima semana, ele já não agirá como uma máquina. Esse funcionário atrairá clientes para o estabelecimento, aumentará o lucro, criará um ambiente simpático e de crescimento. E seu empregador nunca desejará demiti-lo.

INDICAR URGÊNCIAS

A inteligência artificial é capaz de nos livrar da burocracia e da papelada que temos de preencher em nossa atividade de profissionais da saúde e, principalmente, das atividades repetitivas de nosso dia a dia. Assim, ela acelerará nossa capacidade de nos relacionarmos de maneira cada vez melhor com nossos clientes. A IA poderá dar uma ajuda fundamental, por exemplo, quando, ao executar a análise de várias tomografias de crânio, colocar, em uma ordem de urgência, os exames que mostrarem alterações.

---

[3] OLIVIA. (Sem data)Viver mais custa a mesma coisa. Disponível em: <https://www.olivia.ai/br/>. Acesso em: 20 jan. 2020.

Esta é uma grande contribuição da inteligência artificial. Quem fará o laudo será o radiologista, mas o fato de o equipamento já apontar quais os exames parecem indicar os casos mais urgentes proporcionará uma agilidade com o poder de salvar vidas. Se houver uma imagem altamente sugestiva de uma hemorragia dentro do crânio, a IA fará esse exame avançar a fila e ser colocado na frente dos demais, para que o médico o verifique em primeiro lugar.

Inclusive, o aparelho poderia emitir alertas para o celular do profissional, indicando que algum exame específico deve ser avaliado rapidamente, já que há o risco de haver uma hemorragia intracraniana. Sabemos que em outro tipo de acidente vascular, na isquemia cerebral, as primeiras horas de atendimento são fundamentais para que as vítimas tenham uma vida pós-acidente com menos sequelas.

A IA é, portanto, uma ferramenta. Uma ferramenta poderosa, mas que não nos substituirá. No lugar disso, nos ajudará a sermos melhores médicos, a termos maior responsabilidade. Ela nos dará mais velocidade e permitirá que prestemos atenção naquilo que é mais importante. E, no caso das imagens radiológicas, não deixará passar batido suspeitas, aos olhos cansados de um radiologista ao final de uma jornada de trabalho, depois da análise de centenas de imagens, mesmo as mais discretas, que poderiam, de outra maneira, só ser percebidas lá adiante, quando talvez já fosse tarde demais.

Além de permitir uma análise mais apurada, a IA dará velocidade à análise das imagens. Ela permitirá, por exemplo, que um radiologista que, em um dado período de tempo, analisava cem imagens, possa avaliar trezentas, quinhentas delas, com o auxílio dessa tecnologia. Isso permitirá que mesmo os médicos que não sejam radiologistas possam saber se as imagens produzidas estão apontando para alguma alteração, já que o próprio dispositivo avisará sobre possíveis anormalidades.

Se sou um clínico, estou em um pronto-socorro de uma cidade do interior e suspeito que um paciente está sofrendo um acidente vascular cerebral, posso encaminhá-lo para uma tomografia, e a IA confirmará minha suspeita. A partir daí, terei muito mais tempo disponível para tomar decisões do que era possível no passado. Antes, se eu estivesse nessa mesma situação, com um paciente suspeito de AVC, alguém teria de pegar aquele exame no tomógrafo, mandar a imagem para um radiologista, em outra cidade, que só veria o exame quando tivesse tempo, para só então dar um diagnóstico. Aí já poderiam ter passado preciosas 48 horas.

A possibilidade de a IA auxiliar a Medicina vai muito além de diagnosticar possíveis acidentes vasculares cerebrais. Outras especialidades também podem ser beneficiadas. O dermatologista, por exemplo, ao examinar uma mancha na pele, terá de decidir se aquela imagem mostra uma alteração que pode ser associada a um tumor, se aquela lesão deve ser extirpada ou se é necessária uma biópsia. A IA será capaz de mostrar imediatamente se há ali algum tipo de câncer e diminuir a possibilidade de o profissional interpretar de maneira incorreta o que está vendo.

JOGO DE DETETIVE

Algumas especialidades, como a do clínico geral, talvez sejam mais impactadas pela inteligência artificial. Isso porque esses sistemas terão cada vez maior capacidade de realizar diagnósticos, que é a principal função da clínica geral. Mas talvez as coisas não aconteçam assim. Embora apresente uma grande amplitude de possibilidades, o diagnóstico se assemelha a um jogo de detetive. Você pega diversas pistas para chegar até um provável culpado. Surgem diversos suspeitos, mas vai se descartando cada um por meio de um inquérito, fazendo várias perguntas que estreitam as possibilidades, até se chegar a uma conclusão definitiva.

Um computador nada mais faria do que comparar as respostas com a grande quantidade de dados que tem armazenados em sua memória. Caberia ao clínico utilizar aquelas informações trazidas pela máquina e tornar ainda mais acurado o seu diagnóstico. Esse profissional terá, ainda, a importantíssima função de fazer exames físicos, tocar no paciente. Ainda damos grande importância a estar presencialmente diante do médico, uma necessidade que talvez ainda vá exigir muito tempo para ser superada.

Mas também é verdade que já existem diversos projetos que, em um período curto de tempo, permitirão que possamos mostrar nossa garganta para a tela de um computador, colocar um dispositivo no ouvido ou nos olhos e ter, assim, nosso exame físico realizado a distância, como os dispositivos da israelense Tytocare. Já existem dispositivos que auscultam o pulmão e o coração e enviam esses dados, por bluetooth, a um médico que pode estar do outro lado do mundo, trabalhando com o auxílio da telemedicina, como os modelos da Stethome e Thinklabs One. Não há limites para o que a IA poderá executar ao receber todos os dados dessas novas formas de exame físico digitalizados.

A tecnologia da IA vem para auxiliar o profissional da saúde. Cabe ao médico se apropriar dela e utilizá-la a seu favor. Quem conseguir fazer isso estará à frente de seu tempo. Mas o contrário também é verdade. Escutei de especialistas que em dez anos, toda empresa que não for ou não tiver embutida em sua rotina a inteligência artificial estará fora do mercado. Algo semelhante ao que ocorreu nos anos 2000, quando as empresas que ficaram de fora da internet perderam mercados e tornaram-se irrelevantes. Será impossível para qualquer organização ou profissional deixar de lado os avanços proporcionados pela IA. Se você não aderir, seus concorrentes certamente terão essa ferramenta, e você pode se ver empurrado para fora do mercado.

Embora a inteligência artificial já esteja em diversas aplicações que auxiliam o médico, os equipamentos e programas que a utilizam não podem prescrever um tratamento. Esse impedimento existe por força de uma regulamentação e também por uma questão ética. O que a IA pode fazer hoje, por enquanto, é sugerir uma possibilidade de diagnóstico e fornecer algumas orientações não medicamentosas, sempre recomendando ao paciente que procure a orientação de um médico humano.

BANCO DE DADOS

No Capítulo 5, expliquei que o funcionamento da inteligência artificial se baseia nos padrões definidos a partir de um extenso banco de dados. Essa é uma diferença fundamental entre o funcionamento de nosso cérebro para os robôs. Nós, humanos, somos capazes de tomar decisões a partir de poucas informações. No caso do trabalho médico, somos capazes de chegar a um diagnóstico com poucas pistas.

A IA funciona de outra maneira. Para diferenciar, por exemplo, uma imagem de um pulmão sadio de outro que tenha um tumor, os dispositivos com inteligência artificial precisam ser antes alimentados com milhares, talvez centenas de milhares, de imagens de pulmões sadios e de pulmões doentes. É a partir daí que a máquina terá os parâmetros que determinarão como é um pulmão sadio e que sinais um pulmão doente apresenta.

Quando uma imagem inédita de um pulmão é colocada na máquina, para análise, o equipamento compara a imagem que está agora em tela com os registros que foram colocados em sua memória. A partir daí, com uma velocidade muito maior do que um humano jamais poderia alcançar, indica se há sinais na imagem daquele pulmão compatíveis com os registros que estão em sua memória indicando a possibilidade de um tumor. Ou, na ausência deles, determina que aquele é um pulmão sadio.

O exemplo seguinte mostra claramente como a "inteligência" da IA é menos inteligente do que a nossa. Se você apresentar uma fotografia de um gato para uma criança de 1 ano de idade, ela talvez não tenha nenhuma reação no primeiro momento. Mas se em seguida você mostrar para ela a foto de um gato ao lado das imagens de um cavalo, uma galinha e um pato e perguntar onde está o gato, provavelmente ela apontará para a foto do gato e dirá: "Miau! Miau!". Ou seja, ela registrou a rápida informação recebida, identificou-a como a de um gato e conseguiu apontá-lo entre outras imagens de não gatos.

Já para um computador, mesmo que você alimente a memória dele com dez, quinze, vinte fotos de um gato e depois mostre a imagem misturada à de outros animais, ele não conseguirá apontar a foto correta. Mas se alimentamos a memória do computador com 1 ou 2 milhões de fotos de gatos, de todas as cores e em todas as posições, e depois colocamos um painel com a foto de apenas um gato entre imagens de outros mil animais diferentes, ele indicará em segundos onde está o gato, algo que seria impossível para crianças e adultos humanos. Essa é a essência da inteligência artificial: ela precisa de muitos dados, mas trabalha perto da velocidade da luz. Quanto mais dados receber, maior será sua velocidade de resposta.

Dessa maneira, podemos criar um banco de imagens de lesões de pele, por exemplo. Entre aquelas imagens, indicamos quais as que apresentam cânceres — o que foi confirmado com biópsias anteriores — e quais têm lesões que não são cancerosas. Se o banco de dados for suficientemente extenso, quando a inteligência artificial analisar imagens aleatórias, terá informações suficientes para apontar quais delas têm cânceres e quais estão livres dessa doença. Mas, de novo, a assertividade do resultado do exame dependerá da qualidade dos dados inseridos no equipamento. Se seu banco de dados for bom, os exames feitos pela IA serão mais precisos do que aqueles convencionais realizados por médicos.

VALIOSOS COMO O PETRÓLEO

Como a inteligência artificial tem de se apoiar fortemente em uma grande quantidade de dados e está se expandindo a uma enorme velocidade para todas as áreas de conhecimento, os dados se transformaram em uma das mais preciosas matérias-primas do mundo hoje. Não é por acaso que se diz que os dados são o petróleo dos dias atuais. Essa procura acelerada fez surgir uma nova área do conhecimento, o Big Data, que estuda como obter informações a partir de um conjunto grande de dados.

As empresas da área da saúde de todo o mundo valem hoje muito mais pelos dados de que dispõem sobre a saúde das pessoas, seus hábitos e outros detalhes do que pelos produtos que colocam no mercado. Essa é a atual corrida do ouro. Todas as organizações querem obter dados. para conhecer melhor seus consumidores e lançar produtos e serviços que tenham grande chance de agradar ao mercado, antecipar necessidades e, assim, conquistar clientes fiéis.

É dito que a mais valiosa empresa de saúde no mundo atualmente é a Apple. É uma empresa de tecnologia da informação, sem dúvida, mas por coletar dados de saúde de seus usuários por meio dos iPhones, Apple Watchs e aplicativos, ela é capaz de colecionar uma quantidade astronômica de dados de seus clientes. A Apple sabe o quanto caminhamos, como está nosso eletrocardiograma e outros dados vitais. E não é só ela; muitas outras empresas estão reunindo esses dados pessoais para trabalhá-los com o Big Data.

Elas buscam, assim, gerar dados que serão fundamentais para tomar decisões em relação, por exemplo, aos planos de saúde que oferecerão aos seus funcionários e clientes. Elas saberão como atuar em relação à solicitação de exames por parte de seus funcionários, prescrições medicamentosas e planos preventivos de saúde. Isso permitirá a elas gastar menos com esses serviços ou, ao contrário, investir em serviços que proporcionem atendimento médico ou produtos e serviços voltados para o bem-estar das pessoas.

Mas não são apenas as grandes empresas da área médica que poderão tirar proveito desses dados. Já existem algumas plataformas, inclusive brasileiras, que estão sendo oferecidas ao mercado e que podem ser usadas até mesmo em consultórios. Essas plataformas são capazes de armazenar dados relacionados aos sintomas mais comuns, aos diagnósticos, às prescrições, aos efeitos colaterais decorrentes do uso dos medicamentos, aos resultados de exames... tudo isso são dados que têm valor para a área da saúde, desde que estruturados para esse fim.

Já outros tipos de dados terão grande utilidade no planejamento e na organização de um consultório ou clínica. Por exemplo, a quantidade de pacientes que foram atendidos, quantos deles retornaram para uma reconsulta e quantos, ao contrário, não compareceram à consulta marcada. Esses dados ajudarão a tomar decisões em relação à gestão estratégica dos consultórios e das clínicas.

Poderemos, por exemplo, saber qual é o melhor dispositivo para a confirmação de uma consulta: telefone, e-mail, mensagem, WhatsApp? Esses dados também serão relevantes para o planejamento financeiro de hospitais. Qual foi o tempo de permanência do paciente no hospital? Entre os convênios, qual foi o mais atendido? Quanto foi o gasto médio do paciente no hospital? Quanto custa o tratamento de cada enfermidade? Qual a quantidade de recursos que foram perdidos ou não utilizados durante a internação do paciente?

Enfim, todos os procedimentos podem gerar dados. Essas informações, no entanto, precisam ser estruturadas, ou organizadas de uma maneira determinada, para que sejam úteis como Big Data. A IA utiliza dados estruturados; é preciso armazená-los de uma determinada maneira para que possam ser manejados pela inteligência artificial.

SEU PERFIL É CONHECIDO

Os dispositivos que usam a IA podem ter diversas formas. Podem estar em um supercomputador, capaz de velocidades altíssimas de processamento e resposta, ou em um aplicativo relativamente simples. Eles estão em várias facilidades que manipulamos diariamente. Por exemplo, quando você vai assistir a um filme na Netflix, a provedora e produtora de filmes e séries em streaming, suas escolhas geram dados para o sistema de computadores da empresa, que começa, assim, a conhecer o seu perfil, seu gosto particular em relação a filmes, as séries que você curte, e assim por diante.

A empresa consegue ter registradas, portanto, as tendências do público e o que agrada e o que desagrada os seus 116 milhões de assinantes em todo o mundo.[4] Tanto é assim, que a empresa passou a produzir séries baseadas no perfil médio das pessoas que a assistem, garantindo uma boa audiência.

---

[4] RELATÓRIO. Fellow shareholders (2019). Disponível em: <https://s22.q4cdn.com/9598 53165/files/doc_financials/quarterly_reports/2019/q1/FINAL-Q119-Shareholder-Letter.pdf>. Acesso em: 20 jan. 2020.

Isso é o que a IA é capaz de entregar: ela coleta os dados das procuras, das buscas e do que é mais assistido pelos seus clientes, e a partir daí sabe quais são os personagens e as séries preferidas. O que agrada mais: uma série científica, histórica, comédia, comédia romântica? Nosso público principal tem entre 20 e 30 anos? Entre 30 e 40 anos? São dados preciosos, que podem, inclusive, ser vendidos caro para outras empresas interessadas em conhecer as preferências de públicos específicos, que moram em um país determinado, cidade ou até bairro.

O mais surpreendente é que a IA pode "aprender" a solucionar alguns problemas que lhe são apresentados. Isso se dá por meio de procedimentos técnicos como o Machine Learning, ou aprendizado de máquina, no qual os algoritmos podem aperfeiçoar sua performance com seus erros e fazer, inclusive, previsões. Outra dinâmica é a do Deep Learning, ou aprendizagem profunda, em que os dados são hierarquizados pelo algoritmo em camadas, criando links e nexos entre processamentos, gerando, por si só, alguns caminhos e atalhos de programação. São desenvolvimentos complexos e ainda incipientes, mas que vêm ocupando espaço no cotidiano a uma velocidade crescente.

A ciência envolvida na inteligência artificial é relativamente recente e está relacionada com outras tecnologias disruptivas que vêm aumentando seu alcance e, inclusive, a segurança na manipulação das informações. Uma dessas tecnologias é a blockchain, que é capaz de dispersar informações pela rede de uma maneira que torna a troca de dados pela internet quase inteiramente imune a fraudes. A tecnologia da blockchain é de grande importância para a Medicina, e falaremos dela no próximo capítulo.

Mas não devemos pensar que o complexo lastro tecnológico que sustenta a inteligência artificial exigirá que trabalhemos de uma maneira absolutamente lógica e racional. Pelo contrário, pessoas que têm um pensamento matemático demais, técnico demais, terão, de alguma maneira, de reciclar sua forma de pensar. O que será mais valorizado no ser humano será o pensamento criativo, a capacidade de abstrair, a curiosidade.

As máquinas responderão cada vez mais pelas tarefas repetitivas e enfadonhas. Elas se aperfeiçoarão, mas nunca serão humanas, nunca desenvolverão empatia, solidariedade, desejo de ser significativo para o próximo. Aqueles que se comportarem cada vez mais como humanos serão os que terão mais chance de sucesso daqui para a frente.

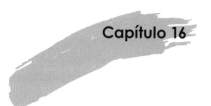

BLOCKCHAIN E A SEGURANÇA
de dados na saúde

Segunda-feira, 6h45, você entra na cozinha para preparar o café da manhã. Pega uma xícara, um prato, abre a porta da despensa e... sente que alguma coisa ali está fora do lugar. Ainda sonolento, demora alguns segundos até entender qual é a "anormalidade": ali na prateleira estão três caixas de leite, no lugar das duas habituais! Como isso pode ter acontecido? Será que seu refrigerador enlouqueceu e pediu uma caixinha a mais para o supermercado? Aí você dá um tapa na testa e se recorda: "Não, quem está louco sou eu. O refrigerador está certo! Agora tem mais uma pessoa em casa: o gato! Eu ganhei um gato de minha irmã ontem, domingo! Por isso eu disse para o refrigerador pedir uma caixa de leite a mais! Por falar nisso, esqueci do gato! Onde está o gato?"

Sim, o refrigerador pede coisas para o supermercado. Além disso, ele é capaz de desempenhar várias funções, como verificar a data de vencimento dos produtos que estão ali guardados, acompanhar a velocidade com que os alimentos estão sendo consumidos e encomendar sua reposição ao supermercado quando eles estiverem para acabar. Pode, também, acrescentar novos itens à lista de compras, quando solicitado. A torradeira da casa também é inteligente. Na semana passada, você colocou o pão para torrar, mas lembrou-se de uma reunião marcada para mais cedo do que o costume. Saiu correndo esbaforido. Passados alguns minutos, a torradeira viu pelo GPS que você saiu de casa e que havia se esquecido dela. Sem problemas, ela decide se autodesligar. Não haverá nenhum incêndio.

Talvez você ainda não consiga comprar geladeiras e torradeiras tão espertas assim. Mas elas, junto dos fogões, automóveis, piscinas, computadores, o abrir e o fechar das cortinas, aparelhos de ar-condicionado, televisores, sistemas de vigilância, a água quente da banheira e até as luzinhas da árvore de natal estão a pouco de se tornarem equipamentos com várias funções autônomas e acionáveis de qualquer distância. Isso acontece graças à Internet das Coisas.

A Internet das Coisas (também conhecida pela sigla IoT, de *Internet of Things*, em inglês) é a extensão da internet atual que possibilita que qualquer objeto do dia a dia que tenha capacidade computacional e de comunicação se conecte à rede e troque informações com você e com outros equipamentos.[1] Ainda que de uma maneira mais modesta do que a história da geladeira e da torradeira que contei, a IoT já está facilitando a vida das pessoas.

Há empresas que oferecem dispositivos que permitem acender as luzes da casa quando você, do escritório, aciona um aplicativo no seu celular. Já é possível, ao acessar as câmeras distribuídas pela sua casa, acompanhar, de qualquer lugar do planeta, como a babá está tratando seu filho. E, na falta de crianças, falar e acenar para seu pet pelo televisor de sua residência.

CORRENTE DE DADOS

É provável que você já tenha ouvido falar da IoT, ou pelo menos sabe que os objetos do dia a dia estão cada vez mais ligados à rede mundial de computadores. Mas talvez não esteja tão familiarizado com o blockchain, uma tecnologia que registra transações feitas pela internet e as coloca em uma sequência, ou corrente, de dados que não pode ser alterada, sob pena de invalidar as transferências e trocas de valores e informações. O sistema foi desenvolvido originalmente para dar segurança e inviolabilidade às operações do Bitcoin e outras criptomoedas.[2]

Um pouco complicado, não é? Mas falando de uma maneira bem simples, o blockchain é o melhor sistema de segurança que já foi desenvolvido para qualquer operação realizada pela internet. É praticamente impossível invadir uma transação que seja feita por intermédio da tecnologia blockchain, embora nunca devamos nos esquecer de que em um mundo cheio de hackers mal-intencionados, não há qualquer garantia de que algo seja inviolável.

Essa grande segurança de que todas as trocas de informações só serão vistas pelas pessoas ou empresas para as quais elas se destinam fará com que a Internet das Coisas se desenvolva rápida e profundamente. O blockchain é a garantia de que cada vez mais mergulharemos no universo da Internet das Coisas sem medo de que, por exemplo, alguém tire o leite a mais que sua geladeira encomendou, deixando seu gato diante de um pires vazio.

Essa tecnologia se propõe a controlar a gigantesca massa de informações que cada vez mais as organizações e nós trocamos uns com os outros. É a tecnologia de salvaguarda de informação de maneira segura. Provavelmente, em breve,

---

[1] SANTOS, B. P. et al. Livro-Texto Minicursos, Capítulo 1, Internet das Coisas: da Teoria à Prática – SBRC, 2016. Disponível em: <https://bps90.github.io/assets/files/MinicursosSBRC2016.pdf20>. Acesso em: 20 jan. 2020.

[2] BLOG IMPACTA. O que é e como funciona a tecnologia blockchain? (Sem data). Disponível em: <https://www.impacta.com.br/blog/2018/09/19/o-que-e-e-como-funciona-a-tecnologia-blockchain/>. Acesso em: 20 jan. 2020.

teremos nosso código de blockchain individual, como hoje temos o número d nosso documento de identidade ou do CPF. Andaremos com esse número na carteira e o utilizaremos em todas as transações em que estivermos envolvidos, impedindo que outras pessoas, estranhas à operação que estivermos realizando, tenham acesso a elas.

Em um primeiro momento, a Internet das Coisas ainda terá de conviver com a presença dos intermediários nas transações, como acontece hoje. Se usamos nosso cartão para comprar o ingresso em um cinema, o banco é o intermediário entre nós e a empresa que é dona da sala de projeção. Quando preenchemos um formulário para começar a malhar em uma academia, aquela empresa tem nossos dados e pode, inclusive, fornecê-los para terceiros.

VOCÊ PELO AVESSO

Ao entrarmos no Facebook, no Instagram ou no WhatsApp, Mark Zuckerberg terá uma lista de todas nossas preferências culturais, musicais, culinárias, políticas e religiosas. As organizações que têm seus sites acessados por nós terão informações sobre como preferimos vinho a uísque, se trabalhamos em uma empresa ou em casa ou se somos carnívoros ou veganos.

Elas saberão até mesmo se você está apaixonado, se é um solitário ou se está disputando com sua ex-esposa, na justiça, a guarda dos filhos. Basta dar um like, mandar um e-mail ou até falar nos aplicativos de voz para que a internet vire você pelo avesso e veja seus desejos e medos, suas desconfianças e certezas.

O objetivo da pessoa, ou pessoas, que criou o blockchain[3] foi colocar em operação um sistema seguro e transparente que permita a nós, seres comuns, nos livrar desses grandes intermediários, que se tornam riquíssimos e poderosos graças à manipulação de nossos dados pessoais. Não acho isso correto. Somos nós que devemos ser os proprietários desses nossos dados. Temos de nos empoderar, e se formos ceder essas informações pessoais para alguém, seremos nós que decidiremos isso.

Mesmo com tudo o que se vem debatendo hoje, muita gente ainda não sabe que, quando entra na internet e visita sites, ouve músicas, vê filmes e curte fotos de crianças e de cachorrinhos, está fornecendo dados para terceiros. Essas

---

[3] A identidade do criador do blockchain, que seria o mesmo da moeda Bitcoin, é um mistério. De acordo com artigo publicado na revista *The Economist* em novembro de 2015, o criador, ou criadores, do sistema utilizava o pseudônimo Satoshi Nakamoto e teria anunciado o seu afastamento do blockchain em um e-mail em abril de 2011. Nakamoto teria ficado milionário graças a investimentos em bitcoins. Várias tentativas de identificar quem seria Satoshi Nakamoto foram feitas pela imprensa, até agora sem qualquer resultado conclusivo. Disponível em: <https://www.economist.com/the-economist-explains/2015/11/02/who-is-satoshi-nakamoto>. Acesso em: 20 jan. 2020.

informações serão examinadas e classificadas para que empresas tentem nos vender coisas.

A situação é ainda pior quando aqueles que se apoderam dos dados são hackers, que se aproveitam da ingenuidade de tantas pessoas para roubar dados bancários, realizar compras fraudulentas ou criar outras situações criminosas. É nesse contexto que o blockchain surge como uma ferramenta poderosa que pode nos dar segurança e autonomia para gerenciar nossas informações pessoais.

Tal segurança é possível pelo fato de que o blockchain é uma plataforma que funciona em uma rede P2P, sigla para *peer to peer*, em inglês (par para par, em português). Nessa rede, cada par, ou *peer*, é um computador, como o nosso próprio laptop, que está conectado a vários outros computadores em rede. Cada um desses aparelhos está ligado a todos os outros e são capazes de trocar arquivos e informações diretamente entre eles, sem precisar de um servidor central que armazene com exclusividade esses dados. Ou seja, no sistema P2P, cada computador é ao mesmo tempo um cliente e um servidor. Sem haver um computador central, o controle externo e a captura dos dados que circulam por essa rede são muito mais difíceis de ser executados.[4]

INFORMAÇÃO EM PEDAÇOS

Pelo fato de ter como base um sistema descentralizado, o blockchain dispensa os intermediários. Quando uma transação financeira, ou de qualquer outra ordem, é realizada nessa rede — digamos que João venda um carro para Maria —, todos os computadores envolvidos recebem pedaços dessa informação. A transação, após ser concluída, permanece registrada naquela corrente de equipamentos. Se alguém — ou João ou Maria ou um hacker chamado Pedro — mudar algo naquela transação, todos os computadores dessa rede envolvidos na ação serão notificados de que alguém está tentando modificar aquele documento.

O blockchain não permitirá que João, Maria, Pedro ou outra pessoa qualquer faça qualquer mudança em um documento já finalizado. Além de não permitir a modificação, o registro da tentativa aparecerá para todos, mostrando de onde partiu a investida para modificar um negócio já fechado.

O blockchain é um sistema que se autorregula, extremamente confiável, eficiente e não exige custos elevados para funcionar. Portanto, não existe um único regulador, como um banco ou um cartório, que, nos dias de hoje, são as únicas entidades detentoras do poder de validar transações. Aliás, o blockchain certamente acabará com os cartórios e outros intermediários. Não precisaremos mais entrar em filas, pagar taxas altíssimas para registrar documentos e negócios. O

---

[4] TECH TERMS. PSP. (Sem data). Disponível em: <https://techterms.com/definition/p2p>. Acesso em: 20 jan. 2020.

blockchain autenticará toda e qualquer atividade formal que executarmos em nossa vida. E sem precisarmos sair de dentro da nossa casa ou do nosso consultório. Bastará termos um celular.

Para a área da saúde, outra grande vantagem que o blockchain trará é tornar aqueles dados que hoje estão armazenados no computador de seu plano de saúde algo a ser controlado exclusivamente por você. Hoje, são esses planos e as seguradoras da área que controlam as informações a seu respeito. Se você fez um exame pelo seu plano de saúde, o resultado não poderá ser usado, por exemplo, por outro profissional que você queira consultar, mas que não está integrado ao seu seguro saúde.

Aliás, nem você também teve acesso ao resultado do exame que fez, pois não lhe entregaram uma cópia da ressonância, da tomografia ou do raio x aos quais você se submeteu. Atualmente, para economizar, esses serviços não estão nem imprimindo as imagens dos exames. Eles lhe entregam um CD, pendrive ou um papel com os resultados, e é só. A tecnologia de blockchain terá, portanto, um importante papel no sentido de guardar as informações médicas com efetividade e extrema segurança.

TRANSPARÊNCIA NA SAÚDE PÚBLICA

Para a saúde pública, há outra preciosa vantagem proporcionada pelo blockchain: a transparência. É dito que mais de 40% dos recursos públicos aplicados à saúde são desperdiçados, quando o dinheiro liberado pelo governo se perde no trajeto dos cofres oficiais até chegar à ponta, nos postos de saúde ou hospitais, em que deveriam ser aplicados para a saúde dos brasileiros. Isso se dá com o desperdício de remédios que são comprados em quantidades acima da que será consumida, por recursos liberados que não chegam a ser utilizados, porque não há um planejamento eficaz de como empregá-los, e por outras falhas de gestão.

Se, por exemplo, tivermos em um sistema em blockchain todas as compras realizadas pelo Ministério da Saúde, a distribuição dos medicamentos, o quanto está em estoque, onde está estocado e o preço pago pelos medicamentos em um sistema em blockchain, várias pessoas terão acesso a essas informações, e conseguiremos, assim, uma transparência que é muito necessária hoje no país.

Quando esse sistema estiver em funcionamento, uma secretaria de saúde municipal será capaz de saber onde está em estoque um medicamento que está em falta para a população daquele município. Também ficará claro se os estoques são suficientes para, por exemplo, abastecer a região com vacinas em alguma campanha de saúde. Essa transparência trará segurança e economia para o sistema de saúde e permitirá aos municípios e estados acesso aos recursos dos quais necessitam.

Isso é extremamente importante quando sabemos que a saúde vem se tornando cada vez mais cara pelo uso de tecnologia nos tratamentos nas instituições privadas e públicas. Minha visão é a de que, daqui para a frente, tecnologias como a do blockchain nos ajudarão a tornar a saúde pública viável, já que hoje ela não é sustentável.

Volto àquela questão de quem, no final das contas, detém as informações médicas das pessoas. E digo: não são os pacientes. Se você for ao seu médico particular, a informação estará no computador dele. O resultado de seu exame ficará armazenado no sistema do laboratório no qual você fez o exame, e todas as demais informações estarão com seu plano de saúde. Você nem sempre terá acesso a esses dados, mesmo que tente resgatá-los.

O blockchain virá, portanto, para empoderar o usuário. Você será o detentor de suas próprias informações e poderá fazer o que bem entender com esses dados. Se você quiser vendê-los para uma grande empresa de pesquisa farmacêutica, os venderá; se quiser liberar apenas parte deles, também terá esse direito.

É verdade que quando eu, na função de médico, anoto os dados de saúde de alguém, sou forçado, por imposição do código de ética, a não transmitir essas informações a ninguém. Sou obrigado a manter sigilo sobre esses dados. Mas se faço o atendimento intermediado por um plano de saúde, o qual tem o seu prontuário, essas informações estarão nos computadores do plano. Isso é um risco, pois o computador do plano de saúde poderá ser invadido, e as informações de seus clientes, roubadas. Ou o próprio plano pode decidir vender seus dados.

LIVRE DOS HACKERS

Com o advento do blockchain, as informações estarão espalhadas por uma cadeia descentralizada de computadores, e não mais restritas aos planos e às seguradoras de saúde. E estaremos a salvo dos hackers e das organizações, pois até hoje não se registrou nenhuma quebra de segurança do sistema blockchain. E tenho convicção de que será difícil quebrar um código que é composto por uma combinação de milhares e milhares de números criptografados.

Uma mostra de que é possível criar uma estrutura em que toda a população tenha controle sobre suas próprias informações médicas é dada pela Estônia, o pequeno país às margens do Mar Báltico que faz fronteira com a Rússia e a Letônia. Com apenas 1,5 milhão de habitantes, uma população equivalente à da cidade de Porto Alegre, a Estônia é considerada um dos países em que mais se estuda e se utiliza o blockchain. Ou seja, se sou médico e atendo no sistema de saúde pública da Estônia, tenho acesso a todas as informações de saúde das pessoas do país.

Aqui no Brasil, isso equivaleria a eu morar no Rio Grande do Sul e, se estivesse no Pará e procurasse um médico do SUS, ele teria acesso a todas as minhas informações no computador, saberia quando eu fiz o último exame, os resultados de todos os demais exames que eu já havia feito, as queixas de saúde que eu tive desde muito tempo atrás. É fácil imaginar como isso daria agilidade e assertividade ao exame e ainda geraria uma economia de gastos ao se evitar refazer exames e análises. Todos, governo, médicos e pacientes, sairiam ganhando com isso.

Fico imaginando como serão as consultas que farei com meus clientes quando essa tecnologia estiver difundida. O paciente libera o código, ou a chave, de seu blockchain, e antes que ele saia de casa para vir ao meu consultório, eu já conhecerei aquela pessoa do ponto de vista de sua saúde. Saberei toda a trajetória pregressa dela. Estarei informado sobre as cirurgias pelas quais ela passou, os exames que ela fez e seus resultados. Quando ela, finalmente, entrar em meu consultório, eu já conhecerei a pessoa à qual atenderei. Isso é bem diferente do que acontece hoje, quando tenho de perguntar ao paciente sobre seu passado. Se ele for organizado, trará uma pilha de exames, que terei de examinar ali, sobre a mesa. Mas a maioria não traz nada, esquecem em casa, não sabem mais onde encontrá-los ou os jogam fora depois de um, dois anos que foram feitos. Às vezes, informações de saúde valiosas são perdidas para sempre.

Ter exames antigos para uma avaliação é de grande importância. Por exemplo, se uma tomografia revela um micronódulo no pulmão de uma pessoa, e se eu verificar exames anteriores, de dois ou três anos antes, e constatar que aquela lesão já estava lá e não se modificou em nada ao longo desse tempo, isso indicará decididamente que aquela lesão é benigna. Com isso, não precisarei fazer novos exames, não terei de submeter essa pessoa à cirurgia, não perderei tempo.

Mas se eu não tenho exames antigos, pois o paciente os jogou fora, terei de começar do zero. Passarei a acompanhar a evolução da doença pelos próximos dois anos, para checar se ela mudou ou não de tamanho. Ou terei de submeter esse paciente a outros procedimentos, até cirurgia, biópsia, para saber se aquilo é maligno ou não.

Se acrescentarmos ao blockchain as facilidades da inteligência artificial, sobre a qual falamos no capítulo anterior, as possibilidades de avanço da saúde tornam-se ilimitadas. Podemos imaginar que você quer saber, como gestor da saúde pública, quem são as pessoas de sua cidade que já estão imunizadas contra febre amarela. Você saberá, ao entrar no sistema, de cada cidadão que está ali, quem já foi vacinado, quem não foi, quem está com a vacina vencida, quem está em dia. Ou seja, isso traz muito mais transparência, segurança e, especialmente, economia para o sistema, que é o que estamos buscando hoje.

De certa forma, o blockchain também quebrará uma certa ingenuidade que temos entre nós de que usamos de graça a internet, como se fosse um presente desinteressado das empresas provedoras de conteúdo. A verdade é que estamos entregando nossos dados, nossas preferências e nossos desejos para quem está do outro lado da linha do aplicativo que utilizamos. E nem sabemos exatamente quem está do lado de lá. Quando eu acesso o Facebook, o Instagram, o Google, o Gmail, o Microsoft Edge ou qualquer outro site e aplicativos, estou fornecendo dados que essas empresas comercializarão com grupos cujos interesses não conhecemos. Seria como escrever em uma folha de papel todas as informações sobre nós, incluindo nossos dados bancários, endereço e até interesses por parceiros, e a deixar sobre um banco na praça. Com o blockchain, temos a possibilidade de que os dados sejam exclusivamente nossos.

MÉDICOS DE MÃOS ATADAS

Além dos benefícios que o blockchain pode proporcionar aos pacientes, há outros que favorecem, de maneira mais direta, o profissional da saúde. Quem trabalha com os planos de saúde sabe que nem sempre todos os atendimentos feitos são pagos. Alguns são inexplicavelmente glosados de maneira unilateral. Ou seja, hoje, quem controla minha produção médica para um plano de saúde ou uma seguradora são esses planos e seguradoras, e não eu.

Essas empresas têm seus próprios interesses, e não é raro que elas se recusem a pagar por algumas consultas que foram efetivamente feitas. Como alguns médicos não têm controle sobre seus números, eles ficam de mãos atadas, e essa discutível determinação dos planos acaba tendo de ser aceita por esses profissionais. É, portanto, possível para as operadoras de planos ganhar fortunas com os pequenos percentuais que são glosados ou desviados de cada um dos milhares de médicos envolvidos no sistema.

Algumas pessoas garantem que quase 20% de tudo o que é produzido pelos médicos não é pago pelas seguradoras. Certamente alguém dirá que essa é mais uma teoria da conspiração, mas se você começa a controlar de maneira efetiva as contas, como eu faço, perceberá que há uma grande quantidade de erros, que surgem de maneira quase sistematizada. Portanto, uma vantagem a mais que será proporcionada pela transparência do blockchain é garantir aos médicos uma maior segurança em relação aos trabalhos que são feitos para esses grandes players do mercado médico.

Em meio a tantas vantagens, é possível vislumbrar algum risco à atividade médica trazida pela tecnologia do blockchain? A verdade é que não existe nenhum sistema infalível, que possa garantir que evitará 100% das ações de hackers. Portanto, o principal risco, como tudo que é relacionado à tecnologia da informação, é o de alguém conseguir invadir o sistema. Hoje a tecnologia do blockchain é a mais segura já criada para fazer a guarda de dados. Sempre será possível que alguém mal-intencionado consiga quebrar essa segurança, mas existe gente trabalhando constantemente para garantir que isso não ocorra.

TEREMOS COMPUTADORES SUFICIENTES?

Outra limitação que se vislumbra para o blockchain diz respeito à escalabilidade. Ou seja, teremos um sistema computacional vasto o suficiente para armazenar toda essa informação que será gerada? Há a grande vantagem de esse sistema se basear em uma rede de computadores que pode ser expandida indefinidamente. Nunca serão necessários megacomputadores, algo que será sempre caro e, de novo, passível de ser controlado por grandes grupos.

Em tese, podemos pensar também no risco de um enorme blackout mundial de eletricidade provocado por algum evento catastrófico que ainda não ocorreu. Se faltar energia, os computadores se desligarão um a um, e todos os dados serão perdidos? Difícil imaginar o que poderia provocar isso. Mas há 60 milhões de anos, quando olharam para o céu e viram aquela grande estrela cadente, não deve ter ocorrido a nenhum dinossauro que o mundo que conheciam estava prestes a passar por uma profunda mudança.

Cataclismos de lado, podemos voltar a pensar na escalabilidade. No momento em que o mundo inteiro estiver utilizando o blockchain, qual será a velocidade com que o sistema nos entregará respostas às questões propostas? Hoje, uma transação que levaria dias e exigiria uma grande papelada, dezenas de assinaturas e carimbos, é feita em minutos ou segundos. Mas haverá uma quantidade suficiente de computadores que, ao armazenar todos os dados que serão gerados por todos os negócios feitos no planeta, conseguirão fornecer respostas com agilidade?

E, por fim, talvez um dos pontos mais críticos dessa nova tecnologia diga respeito à questão da confidencialidade e da transparência. Todas as transações estarão visíveis. Mesmo que não seja possível identificar as pessoas envolvidas nessas transações, todas elas também estarão visíveis. Isso é algo bom, porque dá transparência ao processo, mas certamente será gerada uma grande polêmica pelo fato de que não mais existirá qualquer tipo de segredo.

Patentes industriais, planos comerciais, políticas governamentais... tudo estará muito às claras. Uma grande transação financeira será conhecida instantaneamente e trará repercussões imediatas, talvez até pânico, às bolsas de valores de todo o mundo. E os governos, que sempre estão planejando algo em segredo, como eles aceitarão essa nova realidade? Parece muito bom viver em um ambiente onde há transparência, mas será um mundo completamente diferente deste no qual vivemos agora. Mudanças profundas assim não costumam vir sem alguma trepidação.

A verdade é que não é possível ir contra as inovações tecnológicas. Quando elas surgem, sempre geram resistência ou descrédito por parte de algumas, às vezes muitas, pessoas. Mas são irresistíveis. Devemos manter nossa mente aberta para o que está surgindo no horizonte. Vivemos em um tempo em que as inovações surgem em um ritmo cada vez mais alucinante. Há diversas novas formas de se fazer Medicina atualmente. A telemedicina já é uma realidade e tem o potencial para simplesmente eliminar as distâncias entre médicos e pacientes. Robôs médicos, impressão em 3D, novos arranjos nos consultórios não estão a uma longa distância de nós. No próximo capítulo falaremos sobre essas inovações.

Capítulo 17

A TELEMEDICINA, O FUTURO DA MEDICINA,
está a um passo dos consultórios

Na noite de 28 de agosto de 1830, um sábado, um grupo de camponeses entrou silenciosamente em uma propriedade rural no condado de Kent, na região sudeste da Inglaterra. Aproveitando-se da escuridão, para não serem vistos, foram até uma, para a época moderna, máquina debulhadora, que os proprietários usavam para separar os grãos de trigo dos ramos. Sempre em silêncio, incendiaram o equipamento, destruindo-o completamente.

Apenas dois meses depois desse primeiro ataque, a revolta dos camponeses havia se estendido para quase todo o país. Centenas de debulhadoras haviam sido destruídas ou queimadas, em uma série de incidentes que se tornou conhecida como as *Swing Riots*.[1] Os revoltosos, que também reivindicavam redução dos impostos e outras mudanças na legislação, acusavam as debulhadoras mecânicas, recém-chegadas às plantações, como responsáveis pelo fim de milhares de postos de trabalho dos camponeses que até então debulhavam o trigo praticamente à mão, com instrumentos rudimentares.

Ao final de dois anos, muitas debulhadoras destruídas, colheitas incendiadas, cabeças de gado mortas e um gigantesco prejuízo, a revolta perdeu a força. Centenas de prisões foram feitas. Dezenove camponeses, considerados líderes do levante, foram executados na forca, e outros 481 foram exilados para a Austrália. Ao final desse evento catastrófico, novas debulhadoras foram produzidas e continuaram, indiferentes, girando seu mecanismo para separar os grãos de trigo dos ramos da planta.

As *Swing Riots* são citadas com frequência como o mais dramático exemplo de como é infrutífero tentar impedir que as inovações tecnológicas tomem o seu lugar na sociedade. Embora nem de longe uma violência como essas venha

---

[1] As Swing Riots — Revoltas de Swing, em português — foram assim chamadas porque os camponeses que dela participaram assinavam manifestos e cartas ameaçadoras com o nome de um certo Capitão Swing, cuja existência real nunca foi confirmada. Disponível em: <https://schoolhistory.co.uk/notes/swing-riots/>.

acontecendo entre nós, as tentativas de conselhos de classe, sindicatos e associações médicas em tentar impedir a regulamentação da telemedicina também estarão condenadas ao insucesso, como aconteceu com os camponeses ingleses há quase duzentos anos. Também podemos nos tranquilizar com a certeza de que, nos embates entre defensores e opositores da telemedicina, ninguém colocará fogo em computadores ou tentará desligar as conexões da internet. E aqueles que perderem essa disputa não correrão qualquer risco de ser deportados.

OPORTUNIDADE ADIADA

O que acontecerá é que os brasileiros passarão a fazer consultas remotas com médicos em outros países, tais como os Estados Unidos ou Israel, nos quais a telemedicina está mais avançada. E, do lado dos profissionais da saúde brasileiros, será adiada a excelente oportunidade de levar uma boa medicina até as regiões mais distantes do país, onde não há médicos, hospitais ou postos de saúde.

Telemedicina é o nome genérico para várias modalidades de atenção à saúde a distância. De modo geral, esse atendimento é feito por um médico que, por intermédio de softwares específicos ou de comunicação como o Skype, Messenger, WhatsApp, tem acesso à imagem e à voz de um paciente, sendo, assim, capaz de realizar consultas, exames e diagnósticos. Esse recurso é particularmente útil em países como o Brasil, em que as distâncias entre as cidades podem ser continentais e onde há muitas regiões pobres precariamente servidas por estruturas e profissionais ligados à saúde.

Existem várias formas de se fazer telemedicina. Uma das modalidades mais antigas entre nós é a do telediagnóstico, no qual o médico pode realizar o diagnóstico analisando, a distância, alguns exames feitos pelo paciente. Por exemplo, um exame pode ser realizado em uma cidade no interior do Pará e o laudo ser feito por um profissional que está em São Paulo, no Rio Grande do Sul ou em qualquer estado brasileiro.

É possível emitir, a distância, laudos de eletrocardiogramas, da monitoração da pressão arterial, exames de espirometria, eletroencefalogramas, raios x, tomografias, ressonâncias... Atualmente já há radiologistas que trabalham exclusivamente em casa. Eles recebem em seus computadores, pela internet, exames que podem ter sido feitos a centenas de quilômetros e produzem seus laudos sem precisar estar presentes fisicamente em algum laboratório de radiologia.

Eu também já faço telediagnóstico em minha clínica, mesmo que de forma discreta. Há um aparelho de espirometria na cidade de Rio Pardo, a 30 quilômetros de Santa Cruz do Sul, na qual uma técnica, treinada por mim, realiza testes e envia os exames para meu computador. Eu e ela temos os mesmos softwares instalados em nossas máquinas. Abro o exame, faço o laudo e envio o resultado de volta, assinado digitalmente por mim.

Outra facilidade que integra a telemedicina é a teleconferência, que já está bem estabelecida e é amplamente utilizada. Com um fim educacional ou para discutir casos clínicos, a teleconferência conecta médicos renomados, inclusive de outros países, por meio da internet, para debater casos complexos. Todos os envolvidos podem acompanhar imagens, ouvir explanações e fazer suas intervenções, bastando para isso estar conectados à internet.

IMPACTO DA TELECONSULTA

Não tenho dúvida, entretanto, de que, entre todas as possibilidades proporcionadas pela telemedicina, a que traz o mais profundo impacto positivo para a área da saúde é a teleconsulta. O que ocorre no Brasil é que, apesar do grande crescimento do número de médicos e de novos profissionais que anualmente chegam ao mercado, ainda existe escassez de médicos, especialmente em regiões longínquas e de difícil acesso.

No Capítulo 5, citei dados do censo divulgado em julho de 2019 pelo Conselho Federal de Medicina indicando que 52% dos médicos brasileiros se concentravam nos estados de São Paulo, Rio de Janeiro e Minas Gerais, nos quais vivem 40% dos brasileiros. Os mesmos resultados mostravam que nos nove estados que formam a Região Nordeste, nos quais residem 27% dos brasileiros, estavam domiciliados 18% do total de médicos habilitados do país. Se fosse mantida a mesma proporção médico/habitante que vigora entre os paulistas, fluminenses e mineiros, os nordestinos deveriam dispor exatamente do dobro de profissionais da saúde que atualmente têm à sua disposição.

Sabendo que as já citadas "regiões longínquas e de difícil acesso" são representadas, principalmente, pelas cidades e zonas rurais das regiões Norte e Centro-Oeste do país, nas quais o número de profissionais é ainda menor, me parece que está claro o grande ganho que representará para o país a liberação e o incentivo à telemedicina. E isso torna a recusa dos conselhos e associações em autorizar o pleno funcionamento da telemedicina ainda mais incompreensível.

A teleconsulta, além de ser uma maneira prática e efetiva de atender áreas remotas do país, ainda pode reduzir, em muito, a massa de dinheiro dispendida pela saúde pública na tentativa, nem sempre bem-sucedida, de levar atendimento às populações que não contam com a presença de médicos. Em artigo publicado em 14 de agosto de 2019 na revista *Veja*, Sidney Klajner, presidente da Sociedade Beneficente Israelita Brasileira Albert Einstein, entidade mantenedora do Hospital Albert Einstein, em São Paulo, também expôs sua perplexidade diante dos obstáculos colocados diante da telemedicina. "Não há nenhum argumento razoável que sustente a proibição do uso da telemedicina!", escreveu.

Klajner rebateu um dos principais argumentos daqueles que são contra essa inovação. "É um equívoco afirmar que a telemedicina vai substituir o médico.

Como isso pode acontecer se, do outro lado da câmera [do computador usado no teleatendimento], é ele, o médico, quem estará obtendo informações para identificar o diagnóstico e prescrever o tratamento? Substituído será o profissional que continuar se recusando a enxergar o novo mundo em que vivemos", afirma o mantenedor do Hospital Albert Einstein, uma das instituições precursoras na implantação da telemedicina no Brasil.

Quando somos informados de como a telemedicina está avançada nos países de primeiro mundo, percebemos como é grande o atraso em que fomos colocados pela ausência da regulamentação dessa prática. Hoje, em torno de 80% dos serviços de saúde dos EUA já utilizam alguma forma de telemedicina. Os pacientes são acompanhados no pós-cirúrgico, na pós-consulta e em várias outras etapas do tratamento médico. A telemedicina, hoje, é uma realidade no mundo, e nós estamos ficando para trás.

OFTALMOLOGISTAS NO QUÊNIA

Nossa função como médicos é levar saúde para as pessoas. Não podemos, portanto, ser contrários ao avanço da tecnologia, principalmente ao saber que ele proporcionará acesso a uma saúde melhor para as pessoas, trará mais humanização e uma vida de mais qualidade para todos. Li há pouco tempo um dado que me convenceu da grande relevância dessa tecnologia. O Quênia, país situado no leste da África, recentemente contava com apenas 50 oftalmologistas[2] para atender seus 47,6 milhões de habitantes,[3] que se espalham por uma área equivalente à do estado de Minas Gerais. Em uma situação como essa, é impossível que a população tenha seus problemas oculares minimamente atendidos sem o auxílio da teleoftalmologia, o atendimento a distância feito por oftalmologistas.

No quesito oftalmologia, o Brasil atende às recomendações da Organização Mundial da Saúde (OMS), que estabelece como proporção ideal 1 oftalmologista para cada grupo de 17 mil habitantes. Em 2014, eram 16,3 mil profissionais dessa especialidade atuando no país, segundo censo realizado pelo Conselho Brasileiro de Oftalmologia.[4] A proporção, à época, portanto, era de 11.604 brasileiros para cada médico oftalmologista, enquanto no Quênia essa relação chegava a 1 único médico para atender a 952 mil pessoas.

Ao mesmo tempo, o levantamento feito pelo Conselho de Oftalmologia constatou que, como acontece em outras especialidades médicas, a distribuição desses

---

[2] COMMUNITY EYE HEALTH, African Programme: Quenia, p. 53–54, 2000

[3] KNBS. Resultados do Censo Demográfico e Habitacional 2019 no Quênia. Disponível em: <https://www.knbs.or.ke/?p=5621>. Acesso em: 20 jan. 2020.

[4] CBO. Um olhar sobre o Brasil. Outubro de 2014. Disponível em: <http://www.cbo.net.br/novo/publicacoes/Olhar_sobre_o_Brasil.pdf>. Acesso em: 20 jan. 2020.

profissionais pelo país era desigual. Esse desequilíbrio fazia com que 23% dos brasileiros não tivessem acesso a oftalmologistas,[5] um percentual que equivaleria hoje a 48,5 milhões de pessoas.[6] Maior, portanto, do que a população do Quênia! Para enfrentar o problema, o Conselho Brasileiro de Oftalmologia recomendou 15 iniciativas com o potencial de universalizar o acesso dos brasileiros à saúde ocular. E, menos mal, a penúltima sugestão da lista era a telemedicina.

Uma imbatível vantagem da telemedicina é sua escalabilidade, ou seja, seu potencial de multiplicar a presença de médicos em qualquer lugar em que as pessoas estejam, não importando o quão distante for dos grandes centros urbanos. É inviável para o Brasil de hoje basear sua política de saúde pública tendo como centro a presença física do médico. Esses profissionais da saúde são caros, exigem tempo para se formar e, principalmente, não irão querer se estabelecer em um lugar onde eles não encontrarão condições mínimas para uma boa qualidade de vida e de trabalho.

Mas se colocarmos um tecnólogo nesses lugares, preferencialmente alguém que tenha nascido naquela comunidade e a conheça em profundidade, e o treinarmos para trabalhar a distância com um médico, o atendimento de saúde àquela população terá uma qualidade muitíssimo maior do que a que recebem, se é que recebem, atualmente.

Com certeza, não bastaria apenas a presença de um tecnólogo. Seria imprescindível também que fosse estabelecida uma rede de apoio capaz de encaminhar rapidamente as pessoas para hospitais e centros de saúde daquelas regiões quando elas fossem referenciadas pela telemedicina para serem atendidas nessas instituições.

"AMBULANCIOTERAPIA"

Em um país continental como o Brasil, os contrastes estão presentes entre as capitais e o interior dos estados. Os municípios menores não têm recursos para montar hospitais ou para contratar médicos com salários aceitáveis. Incapazes de solucionar a falta de meios para uma assistência mínima de saúde para seus moradores, esses municípios partem, então, para a prática da "ambulancioterapia". Ou seja, sem os recursos para medidas mais efetivas, compram uma ambulância, botam pessoas dentro delas e as enviam para a capital ou uma cidade de referência regional, nas quais existam médicos e hospitais.

O lamentável é que essas pessoas não precisariam estar ali, entulhando as emergências dos hospitais, enfrentando diversos desconfortos. Elas poderiam estar sendo atendidas com qualidade pela telemedicina em seus próprios

---

[5] Ibidem.

[6] IBGE. Projeções da população. (Sem data) Disponível em: <https://www.ibge.gov.br/estatisticas/sociais/populacao/9109-projecao-da-populacao.html?=&t=resultados>. Acesso em: 20 jan. 2020.

municípios. Só iriam para os grandes centros se referenciadas por médicos capacitados. Isso tornaria o atendimento à saúde pública no Brasil muito mais eficiente e, de fato, universal.

No momento em que o teleatendimento se estabelecer, será aberto um campo fantástico para novas startups investirem em propostas voltadas para a telemedicina. Já existem alguns embriões desses futuros bons negócios, que rapidamente poderão evoluir para o teleatendimento assim que a legislação o permitir. O Dr. Kids[7] é uma dessas promessas. Criado em Santa Catarina, esse aplicativo permite aos pais acessar um pediatra a qualquer hora do dia e da noite. Funciona como um Uber da pediatria. Seu filho adoeceu, você entra no aplicativo e é informado sobre quais são e onde estão os pediatras disponíveis em sua região e que atendem por meio dessa ferramenta. Você os aciona, e o pediatra vai até sua residência. Se o caso for simples, tudo é resolvido ali mesmo.

Daqui a pouco tempo, esse atendimento, hoje feito predominantemente de maneira presencial, será totalmente digital. Ao chegar esse momento, o médico só irá à casa do paciente, ou este ao consultório, se houver necessidade de um exame físico, no qual ele precise tocar o corpo dessa pessoa. Não havendo grande complexidade, o problema poderá ser resolvido por meio da orientação de algum procedimento ou uma receita de medicamentos. Imagine o conforto e a segurança que isso proporcionará para alguém que, estando longe de casa, em uma cidade onde não conhece ninguém ou em um país no qual ele não compreenda a língua, puder resolver seu problema de saúde por meio de um atendimento pela telemedicina, com um médico que já o conheça. É sensacional!

Não há como negar que entre ser atendido pessoalmente por um médico e realizar uma teleconsulta, o atendimento presencial, com a tecnologia que temos hoje à nossa disposição, ainda é superior em qualidade. Mesmo sem levarmos em conta que, se a opção for entre um atendimento pela internet ou não ter atendimento médico algum, o teleatendimento é, disparado, a melhor escolha. Devemos, no entanto, ter em mente que as pessoas têm o direito de ser atendidas da maneira que preferirem.

FUMAR, SIM; ESCOLHER, NÃO

Mas a questão que não encontra resposta é a seguinte: presencial ou remotamente, por que seríamos proibidos de decidir por nós mesmos que tipo de atendimento médico queremos? Todos sabem do mal que é provocado pelo consumo de cigarros, mas nunca ocorreu às autoridades impedir que as pessoas

---

[7] DR. KIDS. Dr. kids é uma forma moderna e prática de cuidar da saúde do seu filho. (Sem data) Disponível em: https://drkids.med.br/>. Acesso em: 20 jan. 2020.

escolhessem fumar ou não. Por que em relação à telemedicina não é dada essa liberdade de escolha?

Por outro lado, se um paciente escolher se submeter a uma teleconsulta, ele obrigatoriamente assumirá os riscos que podem advir desse tipo de atendimento. Imagino que, no momento em que ele acessar um software de telemedicina, surgirá uma mensagem alertando-o de que ele será atendido de maneira não presencial. O atendimento só prosseguiria após essa pessoa clicar no "eu concordo". Ela assumiria o risco; o governo, conselhos de classe ou sindicatos não teriam por que se meter nisso. Considero que essa seja a maneira como evoluiremos como seres humanos livres vivendo em uma sociedade livre, como é nosso desejo.

Na etapa em que estamos no Brasil, a teleconsulta seria usada de uma maneira ampla em casos de saúde mais simples. Seriam queixas passíveis de serem resolvidas por um exame visual feito por meio de uma câmera com acesso à internet, sem a necessidade de um exame físico. Por exemplo, alguém que estivesse com dor de garganta: o médico pediria para o paciente abrir a boca e direcionar a câmera para a garganta, e ele examinaria a imagem para detectar a possível presença de placas de pus. Se, somado à presença delas, o paciente se queixasse também de que está com febre há 48 horas, isso sugeriria um diagnóstico de amigdalite, para identificar a inflamação das amígdalas.

Mas isso seria só o começo. Avaliações mais completas poderão serem feitas utilizando-se tecnologias que permitem ao paciente realizar um autoexame físico e enviar seus resultados pela internet. Há kits já disponíveis em sites de compras comuns que permitem que sejam feitos exames físicos domiciliares da membrana timpânica, da laringe, do fundo dos olhos e outros.

Também existem estetoscópios que, por meio da tecnologia bluetooth, captam o som de ausculta pulmonar e cardíaca e o envia por um smartphone conectado à internet até ao médico. O Google patenteou uma luva — Google Smart Glove — capaz de transmitir, a distância, sensações próximas àquelas que percebemos pelo tato. Com essa luva, um técnico poderia realizar um exame físico em um paciente e transmitir essas impressões para um médico situado a centenas de quilômetros de distância.

Quando esses exames preliminares sugerirem problemas de saúde mais sérios, que precisem ser investigados de maneira mais intensa, o médico responsável por esse teleatendimento orientará o paciente a procurar um atendimento presencial ou um serviço de emergência capaz de proceder com um exame mais profundo ou realizar os procedimentos médicos necessários. Mas casos assim seriam exceções. As estatísticas vêm mostrando que em torno de 80% a 85% dos atendimentos de atenção básica primária em saúde podem ser tranquilamente resolvidos por meio da teleconsulta. E ainda mais: esse tipo de atendimento apresenta o potencial de reduzir em 30% as idas ao pronto-socorro.[8]

TRIAGEM A DISTÂNCIA

Ou seja, a maior parte das consultas em saúde básica pode ser resolvida por meio da teleconsulta. Nos casos que inspiram maior atenção, a teleconsulta funciona como uma triagem. Se eu atendo um paciente nessa situação de emergência, ele será devidamente referenciado e, caso logística funcione a contento, chegará ao atendimento presencial já com o nome na lista e acompanhado de todas as informações que coletei e passei para o serviço de atendimento local.

No meu entender, essa tecnologia será a única ferramenta capaz de levar essas pessoas que vivem em regiões desassistidas a um atendimento com um mínimo de qualidade. O teleatendimento talvez seja a maneira moderna pela qual os municípios conseguirão lidar com essa imensa demanda por saúde. Com os parcos recursos de que dispõem e enfrentando grandes dificuldades políticas e jurídicas de se conseguir fazer saúde com qualidade hoje no Brasil, a telemedicina é a alternativa mais em conta que eles terão.

Mesmo em regiões em que há um maior número de médicos, ainda há escassez de especialistas. Este é, aliás, outro desafio que poderá ser amenizado pela telemedicina. Essa tecnologia será capaz, por exemplo, de auxiliar os clínicos gerais, colocando-os em contato com os especialistas capazes de resolver questões de saúde mais complexas. Quando esse sistema estiver implantado e operacional, talvez ele funcione como um estímulo para que os futuros médicos invistam na sua formação em saúde de família e em saúde comunitária.

É possível que se crie em cada estado uma central de telemedicina especializada, na qual trabalhem especialistas eficientes e bem remunerados, que estarão disponíveis para atender às dúvidas dos profissionais de saúde quando estes estiverem atendendo emergências nos prontos-socorros, hospitais ou serviços de saúde básicos. Conectados pela internet, esses médicos mais habilitados resolveriam dúvidas quanto ao melhor tratamento a seguir. Já há serviços como esses sendo prestados no Brasil. Eles oferecem, por exemplo, atendimento a distância quando se lida com algum paciente com suspeita ou já acometido por um AVC ou um infarto agudo do miocárdio.

Nessa hora, essa teleconsultoria dada a distância por um especialista pode salvar vidas, minimizar o sofrimento e ainda economizar o dinheiro público que seria gasto na reabilitação ou na internação dessas pessoas. Outros profissionais

---

[8] Segundo reportagem do jornal *O Globo*, publicada em 4 de fevereiro de 2019, citada no site do Sindicato das Empresas de Seguros e Resseguros. Disponível em: <http://sindsegsp.org.br/site/noticia-texto.aspx?id=31135>.

não médicos também podem utilizar da teleconsultoria. Um enfermeiro obstetra poderá realizar um parto ou um exame de colo do útero, com apoio e orientação, em caso de necessidade. As imagens desses procedimentos podem ser enviadas para um médico a distância, que, ao detectar alguma anormalidade, sugeriria as medidas necessárias ou referenciaria a paciente para um hospital de maior porte.

CIRURGIAS TRANSOCEÂNICAS

Há outra especialidade na telemedicina que os conselhos e associações vêm com uma carga de restrições mais leve. Trata-se da telecirurgia, as cirurgias feitas por robôs que podem ser manejados a distância mesmo quando o espaço que separa robôs e humanos são transoceânicos. Um cirurgião, utilizando um robô, pode estar em um hospital de referência nos Estados Unidos e realizar uma cirurgia em um paciente no Brasil. Já na década de 1990, começaram os primeiros experimentos em relação a essa intervenção.

A primeira telecirurgia no Brasil, e também no Hemisfério Sul, foi realizada em outubro de 2016, no Hospital Sírio-Libanês, em São Paulo,[9] por uma equipe formada por médicos brasileiros e um norte-americano. Um robô foi montado no Hospital Sírio Libanês e comandado, via computador, por um médico do Hospital John Hopkins, localizado em Baltimore, nos EUA.

O paciente foi operado de varicocele, varizes que ocorrem na bolsa escrotal. Embora robôs cirurgiões existam em vários hospitais, telecirurgias transoceânicas são raras. De acordo com a notícia publicada no site do Hospital Sírio-Libanês, essa foi a segunda intervenção desse tipo no mundo; a primeira foi realizada em 1998 entre os Estados Unidos e a Áustria.

A telecirurgia também pode ser comandada por um cirurgião renomado que acompanhe por teleconferência, ou teleconsultoria, a operação que é feita por outro médico. Nesse caso, não há robôs, mas, sim, um médico humano assistindo à intervenção realizada por outro médico humano. Hoje, no entanto, o termo "telecirurgia" se refere mais às cirurgias feitas com o auxílio de robôs. Apesar de em geral associarmos robôs a máquinas grandes, com formato humano e gestos bruscos, os robôs cirurgiões são notáveis pela precisão, delicadeza e segurança com que executam os cortes e outras manobras.

Ao contrário das mãos humanas, robôs não têm tremores, nem existe o perigo de executarem movimentos imprecisos e bruscos provocados por tensão, ansiedade ou por aquela taça de vinho a mais tomada na noite anterior à cirurgia. É dito que as pessoas estão muito mais propensas a serem operadas por um robô

---

[9] SÍRIO LIBANÊS. Brasil: é realizada a primeira telecirurgia no país. (2016). Disponível em: <https://www.hospitalsiriolibanes.org.br/imprensa/noticias/Paginas/Brasil-%C3%89-Realizada--a-Primeira-Telecirurgia-no-pa%C3%ADs-.aspx>. Acesso em: 20 jan. 2020.

do que ser atendidas por um enfermeiro-robô. Aparentemente, não conseguimos nos livrar dessa nossa tendência de sempre querer receber algum calor humano.

PROBLEMAS DE COMUNICAÇÃO

Mesmo com tão boas qualidades, a telemedicina não poderia eventualmente oferecer algumas dificuldades e trazer alguma espécie de risco para nossa prática profissional? Um dos pontos de atenção em relação ao sucesso dessa prática no Brasil seria a baixa qualidade da velocidade da nossa internet, o que poderia provocar algum impacto na comunicação entre as partes envolvidas no atendimento pela telemedicina, embora isso não seja um ponto negativo intrínseco da telemedicina em si.

O que pode ser de fato um desdobramento negativo da telemedicina seria a vulgarização do atendimento médico. Isso ocorreria como uma deturpação de um princípio fundamental da telemedicina, que é o de colocar em contato profissionais renomados oferecendo suas habilidades para outros que não tenham um domínio tão grande sobre algumas práticas médicas. Tal desvio aconteceria se os grandes grupos da Medicina dessem prioridade a contratar médicos não tão qualificados assim, para economizar no pagamento por seus serviços.

Outro risco é haver um descompasso entre a evolução da estrutura de comunicação na telemedicina e o crescimento da rede de suporte que deveria receber os pacientes referenciados pelos médicos. Ou seja, teríamos a telemedicina ligando o interior da Amazônia, o interior do Acre, de Roraima, do Amapá e de outros lugares longínquos aos centros com mais recursos. Mas, na outra ponta, não haveria uma rede de suporte capaz de conduzir os pacientes a tais centros para ser atendidos presencialmente e ter acesso aos eventuais exames e internações necessárias.

É verdade que a telemedicina seria capaz de resolver 85% dos casos por ela examinados, o que já seria um ganho gigantesco. Mas no momento em que os 15% de pacientes que necessitariam de um atendimento presencial, rápido, de emergência precisassem ser referenciados para alguma instituição, não haveria para onde pudessem ser levados com a urgência ou o conforto necessários. Ou seja, não é suficiente investir apenas na telemedicina, é preciso investir igualmente nesses centros de referência.

Há, ainda, o temor de que o atendimento a distância torne a relação entre médico e paciente impessoal. Não acredito nisso. Hoje, somos capazes de estabelecer conexões bem interessantes e próximas com as pessoas pela internet. Conhecemos alguém pela rede, por uma relação profissional ou por algum outro interesse comum, e quando encontramos essa pessoa pessoalmente, já somos amigos e nos sentimos à vontade na companhia delas.

Da mesma maneira, acredito que essa boa dinâmica também existirá na teleconsulta. É certo que a relação entre médico e paciente será diferente da que tínhamos há dez ou vinte anos. Mas o mundo está mudando, a tecnologia está evoluindo e transformando relações e relacionamentos. Sou um entusiasta da tecnologia e, como entusiasta, tenho dificuldade em enxergar coisas negativas no caminho da inovação.

Além disso, as dificuldades que podemos enfrentar têm a mesma raiz que os problemas que hoje afetam a medicina tradicional. Questões como a impessoalidade na relação médico e paciente, riscos de que a qualidade do serviço prestado não atenda às expectativas e necessidades das pessoas, falta de recursos, descaso das autoridades... esses desafios estão presentes desde o surgimento da Medicina, não apareceram agora, por causa da telemedicina.

O QUE VIRÁ PELA FRENTE?

Por outro lado, temos hoje a inédita oportunidade de levar uma Medicina de qualidade para todas as pessoas. Mesmo que não estivermos fisicamente nas cidades distantes e pequenas, poderemos proporcionar a quem vive ali uma assistência digna, de primeira linha, e melhorar e salvar vidas que hoje não têm acesso aos avanços que a Medicina já alcançou.

A telemedicina faz parte de um movimento de intenso avanço no atendimento à saúde. Como atenderemos as pessoas daqui a alguns anos? Como será o consultório do futuro? É difícil prever o que nos reserva a ciência, mas imagino que, já de início, haverá uma drástica diminuição nos atendimentos presenciais. A maior parte de nossos clientes será atendida a distância, pela telemedicina. O acompanhamento dos pacientes ficará muito mais próximo com o teleatendimento.

Nós, médicos, teremos nossa possibilidade física de atuação bastante ampliada e poderemos oferecer nosso serviço de especialistas a regiões do Brasil, e mesmo do exterior, às quais hoje não temos acesso. Você, como clínico-geral, como médico de família, como internista, terá acesso a meios e a especialistas que trarão recursos preciosos para seu dia a dia, de uma maneira prática, consistente e rápida como você nunca experimentou.

Será possível monitorarmos de maneira mais próxima e eficiente nossos clientes, oferecendo a eles um serviço muito mais qualificado. Certamente o número de pacientes que monitoraremos crescerá significativamente. Hoje já existe o telemonitoramento de aparelhos de apneia do sono, por exemplo. Dessa maneira, ainda podemos controlar o nível de oxigenação das pessoas 24 horas por dia, perceber alguma piora de quadro e tomar providências. Um neurologista, por meio de teleposicionamento, saberá se seu paciente sofreu uma queda e acionará o atendimento de urgência.

Já há um novo mundo diante de nós. A chegada dessas grandes transformações nos coloca diante da premência de refletirmos sobre alguns movimentos e escolhas. Uma delas será abordada no nosso próximo capítulo, no qual discutiremos se devemos manter nosso foco no negócio atual ou investir em novas estratégias.

Capítulo 18

MANTER O FOCO NO NEGÓCIO ATUAL
ou investir em estratégias inovadoras?

No exato dia em que eu começava a preparar este capítulo, logo pela manhã, participei de uma reunião que trouxe a possibilidade de uma profunda e há muito desejada mudança para minha vida profissional. Nesse dia, iniciei uma parceria para o desenvolvimento de um aplicativo voltado para pessoas que sofrem com alguma disfunção pulmonar. O que ficou combinado é que eu me envolveria na criação do Tummi Air, uma versão voltada para a pneumologia do já existente Tummi[1], aplicativo criado pela oncologista gaúcha Alessandra Morelle e que facilita o monitoramento de pacientes que estão em tratamento contra cânceres e lhes traz instrumentos para lidar com as reações adversas provocadas por medicamentos quimioterápicos.

Assim como eu, a doutora Alessandra participou de uma imersão no Vale do Silício, embora não tenha sido na mesma época em que eu lá estive. Uma trajetória de busca pela inovação parecida com a minha. Lá mesmo no Vale do Silício, eu já tinha recebido a sugestão de entrar em contato com ela e com o colega Cristiano Englert, ambos médicos gaúchos com grande interesse e experiência em novas tecnologias aplicadas à área da saúde. Cristiano é anestesista, sócio e cofundador da Grow+, aceleradora de startups gaúcha, uma das mais importantes no cenário nacional em healthtechs.

Talvez como tenha acontecido com ela, a decisão de desenvolver um aplicativo significativo para minha especialidade foi um dos mais significativos passos em direção à mudança de minha trajetória profissional, na qual busco trazer inovações tecnológicas para meu dia a dia como médico. Fiquei feliz e confiante de que me envolver com o desenvolvimento de um aplicativo como esse acelerará minha caminhada para o universo da inovação.

A ideia do Tummi Air é a de que os pacientes com problemas pulmonares consigam, assim como se faz no Tummi oncológico, relatar as reações adversas aos

---

[1] TUMMI. Novo aplicativo para pacientes oncológicos: Tummi, 2018. Disponível em: <https://tummi.org/aplicativo-para-pacientes-oncologicos/>. Acesso em: 20 jan. 2020.

medicamentos que usam. Também haverá, no aplicativo, orientações quanto ao uso correto de inaladores, um dos grandes problemas em relação à má resposta ao tratamento, em vídeos que poderão serem vistos no próprio celular. Em uma segunda etapa, o Tummi Air permitirá ao médico controlar remotamente a função respiratória do paciente, observando sua oxigenação e função pulmonar, checando outras informações que poderão indicar se essa pessoa está entrando em crise, mesmo que ela não tenha ainda percebido isso.

Um dos maiores riscos à saúde de pacientes com problemas respiratórios são as exacerbações, relacionadas diretamente com o maior risco de morte, inclusive em pessoas portadoras de doença pulmonar obstrutiva crônica (DPOC — bronquite e enfisema) e fibrose pulmonar idiopática. Apesar desse risco, os doentes respiratórios percebem pouco os sintomas e costumam não valorizar o surgimento ou agravamento destes, procurando atendimento médico só quando já estão exacerbados, ou seja, em plena crise. É um hábito perigoso. Por essa razão, se o aplicativo for capaz de alertar o usuário de que seu quadro corre o risco de se tornar mais crítico, este poderá tomar providências, iniciando medidas simples de automanejo, como aumentar o uso das bombinhas inaladoras, que melhorarão significativamente sua condição e, principalmente, diminuirão o risco de morte, o que, não raro, acontece nesse contexto de exacerbação.

GASTO X INVESTIMENTO

Conto essa história logo neste início de capítulo porque considero essa novidade um exemplo claro de como os fatos se desenrolam favoravelmente a partir do momento em que decidimos investir em novas estratégias em nosso caminho profissional. A experiência vem me mostrando que entre nós, brasileiros, ainda há uma visão equivocada sobre inovação, que costuma considerá-la muito mais pelo ângulo dos gastos que ela trará para seu orçamento do que como uma perspectiva de investimento.

Nos países mais desenvolvidos, há o consenso de que inovar é investir em algo que garantirá a sustentabilidade e a perenidade dos negócios e das carreiras. Eu concordo com essa visão, mas também sei que, quando estamos no dia a dia de nosso consultório, em nossa rotina de trabalho, dificilmente enxergamos o que há de novo além das paredes que nos cercam. Para minha sorte, comecei a perceber essas inovações há uns três, quatro anos, quando passei a frequentar esses ambientes tecnológicos, assistir a palestras sobre inovações e ler meus primeiros livros sobre o assunto.

Naquela época, nem sonhava que hoje eu estaria aqui escrevendo um livro ou que seria convidado para fazer palestras sobre inovações, muito menos que me envolveria na criação de startups. Mas agora posso garantir que todas essas coisas começam a surgir a partir do momento que você se movimenta em direção às inovações. Parece algo óbvio, mas se você participa desse meio, conhece pessoas, frequenta ambientes nos quais novas ideias são apresentadas, vai a congressos e visita centros de excelência, acabará ganhando passagens para embarcar no ônibus, ou melhor, no jato supersônico do empreendedorismo. Mas terá de caminhar por esses ambientes. Se você não se dispuser a sair de seu consultório, não pegará carona nesse avião. Ele não entra em consultórios.

O mais animador é que esses primeiros passos não doem nada. Você não precisará botar dinheiro nisso, não terá de desistir de nada. O que é necessário fazer é mudar sua mentalidade. Caminhar sem pressa pelo espaço que separa esses novos caminhos do patamar em que você atualmente está em direção a algum patamar desejado. Essa distância será preenchida pelo conhecimento. Aprendendo novas coisas, conhecendo áreas do conhecimento até então inexploradas, novas ideias e oportunidades começarão a surgir. Como o Tummi Air, que começou a se materializar hoje pela manhã.

Inovar não é fazer coisas difíceis, caras e disruptivas. Inovar significa dar passos, por menores que sejam, que comecem a mudar a maneira como fazemos as coisas de nossa rotina. Já tratei aqui sobre a mais modesta das mudanças que acredito que um profissional médico possa fazer, que é passar a imprimir suas receitas, no lugar de continuar a escrevê-las à mão. Parece muito pouco, mas pode ser um primeiro e decisivo empurrão para uma carreira que evoluirá em uma trajetória repleta de inovações. Esses gestos, mesmo pequenos, são percebidos pelos nossos clientes, que ficarão gratos pelo nosso esforço de proporcionar a eles serviços cada vez de melhor qualidade.

Acredito que haja uma certa incompreensão entre muitas pessoas e, principalmente, por boa parte das organizações em relação à energia potencial existente nesse impulso de inovar, que hoje está cada vez mais presente na sociedade. Essas organizações costumam encarar isso como um modismo, algo sobre o qual todo mundo está falando, mas aquilo em que elas acreditam daqui a pouco será esquecido. Por terem essa visão, até podem criar um departamento de inovação, mas lhe destinam recursos insuficientes para fazer qualquer coisa a sério. E não é algo raro o preencherem com aquelas pessoas que não conseguem se encaixar em nenhum outro lugar na empresa.

Assim, tomam iniciativas discutíveis, para depois saírem dizendo, satisfeitas com elas mesmas: "Somos inovadores, temos a inovação em nosso DNA." Outras empresas tentam uma abordagem estética e mudam o cenário do local de trabalho, o deixam moderninho, colocam alguns sofás coloridos, mas, na verdade, não transformam sua velha maneira de fazer as coisas, não mudam o pensamento, a cultura da organização

Mudar a maneira com que pensamos é exatamente a primeira atitude que devemos adotar para inovar. Precisamos começar a olhar nossos negócios, nosso dia a dia no consultório ou na clínica, com um olhar do século XXI. Temos falado ao longo deste livro sobre a necessidade da mudança do mindset, inserir em nossa forma de pensar essa mentalidade de inovação. Isso é necessário porque, quando estou atento ao que está acontecendo no mundo, fico muito mais propenso a aderir às novidades e, assim, me manter em sintonia com esses novos tempos.

INOVAR EM DOSES HOMEOPÁTICAS

A inovação tem de ser introduzida passo a passo. Não posso simplesmente matar o meu negócio atual, fechar meu consultório hoje e decidir aplicar todo meu dinheiro em uma startup qualquer, sendo que até um dia antes eu vinha trabalhando de uma maneira convencional. Talvez, ou mais provavelmente com certeza, essa atitude não dê bons resultados, e poderei ficar sem nada. A sugestão é que comecemos a mudar em doses homeopáticas. É preciso testar as diferentes alternativas que surgirem, conhecer mais sobre as tecnologias voltadas para o negócio da Medicina e, muito importante, verificar se essa nova maneira de trabalhar, indo além do tradicional, é o que, de fato, queremos e se ela nos trará bons resultados e satisfação.

Vamos voltar ao velho exemplo da receita escrita à mão e imaginar que, hoje, faço tudo no papel na minha clínica. As fichas dos pacientes estão no papel, as receitas que eu passo, o controle do fluxo de entradas e saídas de dinheiro... minha mesa e a da minha secretária têm montanhas de folhas de papel. Aí decido inovar. Contrato um SAAS (Software As A Service — um software que posso usar sem tê-lo fisicamente instalado em meu computador) capaz de concentrar todos esses controles na nuvem. Não haverá nem mesmo um bilhetinho de papel no consultório.

Mas isso não está me deixando feliz. Toda minha vida profissional sempre foi escrita em papéis. Não estou me adaptando à nova realidade. Além desse estranhamento, nem eu e nem a secretária conseguimos dominar adequadamente o software que contratei para gerir o consultório. Começa, assim, uma grande confusão. Nada funcionará, me atrapalharei, todos os procedimentos atrasarão.

O erro foi mudar tudo de uma maneira repentina. É preciso ir aos poucos. Se eu começasse apenas imprimindo a receita para os clientes, teria dado um grande passo para inovar todo meu procedimento. Acredito que não há como ficar alheio às novidades que estão a todo tempo surgindo no mercado. Assim, é importante caminhar devagar, para conhecer e adotar novas formas de praticar a Medicina. Elas estão acontecendo a uma velocidade cada vez maior e trarão, afinal, bons resultados. Teremos mais agilidade, mais segurança e mais assertividade para o trabalho e geraremos mais valor para os clientes e mais dinheiro para nós.

Mas mesmo com todas essas potenciais vantagens, a maior parte das pessoas ainda está bastante focada no seu dia a dia e empenhada em seguir fazendo aquilo que fez a vida inteira. Sem olhar para fora da porta, acabam não abrindo espaço em sua agenda para conhecer e pesquisar as inovações. Tal alienação poderá fazer com que chegue o momento em que elas perceberão que os colegas inovadores estão "roubando" grande parte de sua clientela. Se assustarão com isso e, só então, se preocuparão em integrar à sua rotina as novidades que estão surgindo, mas talvez aí elas já não sejam mais nem tão novidades assim, ou, como profissionais, essas pessoas já tenham se tornado completamente obsoletas mesmo sem ter envelhecido

MOTORES MAIS POTENTES

A estratégia vencedora, portanto, será manter o foco no negócio atual, continuar tirando dele o sustento, usufruindo dos resultados que ele proporciona, mas reservando os recursos necessários para investir em novas tecnologias e soluções. Com a segurança dessa reserva, vá, aos poucos, trazendo inovações para seu dia a dia.

E então chegará o dia em que você decidirá que é o momento de colocar motores mais potentes em sua vida profissional. É provável que você já tenha incorporado pequenas inovações pontuais à sua rotina e percebido que elas melhoraram sua performance no trabalho. Animado, você passa a participar de grupos de discussão, tem sua atenção atraída para possíveis novos negócios e, aos poucos, começa a ser capaz de oferecer outros serviços para seus clientes.

Na medida em que isso vai acontecendo, você percebe que será preciso tirar um pouco do foco de seu negócio principal, o consultório, de onde vem a maior parte de seus rendimentos, e transferir mais atenção e esforço para o negócio secundário. É o que as pessoas que dão palestras e propõem práticas de empoderamento chamam de queimar pontes. Você terá, então, de queimar pontes do negócio principal para evoluir para o negócio secundário, aquele do qual lá atrás você começou a se aproximar devagar e com cautela.

Sim, queimar pontes pode parecer algo assustador. Mas abra as portas para a inovação, abrace essas novas oportunidades que estão surgindo. É nesse momento que ficará claro se você estava flertando com as novidades apenas porque, como já dissemos, inovar está na moda, ou se seu espírito empreendedor é firme e tem empuxo para seguir em frente. Alguma possibilidade inovadora surgirá, e você irá testá-la, checar se as coisas funcionam da maneira que você espera. Funcionou? Siga para o passo seguinte. Não funcionou? Volte atrás, crie outro protótipo e teste novamente.

ZONA DE CONFORTO NÃO É FELICIDADE

É preciso, no entanto, nos lembrarmos de que inovar, pensar diferente, sair da zona de conforto não é para todo mundo. Se você está feliz com sua situação atual, tudo bem. Está tudo certo. Mas estar na zona de conforto não significa exatamente felicidade, ou que você estará se sentindo completo, realizando todo seu potencial. Talvez você esteja apenas acomodado e considerando que é algo normal se sentir mal pago pelos convênios para os quais você trabalha, não ter tempo de ir para a academia, como você queria, não ver as pessoas que você ama.

Se é esse o sentimento, você tem muito a ganhar caso se encha de coragem suficiente para mudar. Considere essa possibilidade, afinal, você não quer passar o resto da vida sendo infeliz, ser mais um médico a sofrer um burnout e engrossar as estatísticas dos profissionais da saúde que usam drogas, se suicidam...

Dá medo de uma mudança de rumo dar errado? Claro que dá medo, claro que esse movimento é difícil. Será que dará certo? Terei dinheiro para continuar dando conforto à minha família? Se tudo der errado, conseguirei retomar o que já havia conquistado? Eu tenho dúvidas como essas todos os dias. Mas depois olho para o que vem acontecendo em minha vida, e as experiências que tenho vivido me encorajam.

Ganho mais confiança de que estou no caminho correto ao escutar outras pessoas que também mudaram suas vidas profissionais e experimentaram sucesso. Até hoje não ouvi nenhuma história de quem tenha decidido dar esses passos em direção à inovação que tenha sofrido um revés o qual não tenha conseguido superar.

É preciso sempre nos recordarmos de que, quando falamos em inovar, não estamos determinando que todas as pessoas têm de fazer suas carreiras subir como um foguete e evoluir de patamar a patamar até tornar-se o rei das startups, o líder das tecnologias avançadas, o melhor palestrante sobre inovações disruptivas. Talvez, no momento em que você começar a introduzir em seu dia a dia aquelas pequenas inovações sobre as quais falamos e alcançar bons resultados, passe a se interessar em dar saltos mais altos. Mas talvez não. Mesmo colhendo bons resultados ao incorporar novidades à sua prática, é possível que você continue desejando seguir trabalhando apenas em seu consultório.

Não há qualquer problema nisso. O que é relevante é ter determinada uma nova meta e se esfor até alcançá-la. Seu patamar desejável pode não exigir, a princípio, mudanças radicais em sua vida, mas também pode acontecer que ter conhecido outras possibilidades profissionais empurre sua régua um pouco mais para o alto do que você imaginava anteriormente, e outros metas surgirão e continuarão a empurrá-lo adiante.

É de grande importância que você estabeleça uma meta inicial, caso se decida a trazer os avanços tecnológicos para sua carreira profissional. De novo, são pequenos passos, objetivos bem definidos. Por exemplo, a meta inicial de algum médico é a de que seu consultório seja mais tecnológico. Ou o seu objetivo é conseguir ter um maior controle do fluxo de seus pacientes, organizar a agenda, mudar o sistema de telefonia do consultório.

Assim que atingir essas metas, esse profissional poderá mirar outras, um pouco mais ambiciosas. As metas podem ser variadas e ir mudando com o tempo. Conseguir um sócio disposto a adquirir em parceria um equipamento médico que não exista ainda na cidade é um exemplo. Mudar-se para um consultório maior, contratar um enfermeiro, inscrever-se em um curso de gestão. Os objetivos não devem ser, neste momento, completamente disruptivos, como construir um prédio para estabelecer uma clínica, mas é importante que o que se quer alcançar seja algo desafiador. Se o objetivo que perseguiremos não exigir que se quebrem alguns paradigmas, nos tirar de nosso confortável sofá, não inovaremos de fato.

PENSANDO EM TURNOS

Mas o que devemos ter como meta? O que de fato estamos querendo mudar no nosso percurso como profissionais da área da saúde? Poderemos começar nosso processo de renovação reservando uma manhã ou uma tarde a cada duas semanas para olhar para nosso negócio e refletir sobre quais seriam as questões que gostaríamos de transformar em nossa dinâmica de trabalho. Nesse turno do dia escolhido, não marque nenhuma consulta. Olhe exclusivamente para a gestão de sua clínica, para as pessoas que trabalham com você, para seus softwares, examine o sofá e os quadros na sala de espera.

Leia sobre gestão, navegue pela internet à procura de casos de sucesso, escute podcasts. Esse período deve estar voltado exclusivamente para procurar possíveis melhorias para a maneira com que seu negócio funciona e para imaginar avanços futuros. Você ficará surpreso com as ideias que surgirão, com as pessoas que você conhecerá e com a ajuda que os outros estarão dispostos a lhe prestar.

Neste mergulho reflexivo, surgirão para você as dores que lhe afligem profissionalmente, que são as prioridades a serem resolvidas para melhorar o seu negócio. Conforme você começar a estudar e a pesquisar uma solução para cada uma dessas dores, começará a vislumbrar que inovações poderão solucionar esses desafios. Depois que você colocou no papel as dores que mais lhe incomodam, é hora de escolher uma delas, a principal, a maior dor que você tem.

Talvez seu maior desafio esteja em você mesmo. "Chego sempre de trinta minutos a uma hora atrasado em meu consultório, não consigo cumprir minha agenda", você poderia dizer. Podem existir mais dores: "A minha secretária não consegue atender a todos os telefonemas (esta é uma dor boa, pois mostra que há muita gente procurando você); os horários de todos no consultório estão uma bagunça, cada um chega em um horário diferente; meu sistema de prontuário é antiquado; eu não tenho marcação online..."

É um monte de dores. Mas a primeira a ser enfrentada será esta: "Eu me atraso todos os dias." Definido o principal desafio, o passo seguinte é colocar no papel as soluções para esse problema. Como se dá esse atraso? "Eu sempre estou atrasado pela manhã", você escreve em um papel. Anotar metas é sempre uma maneira eficiente de criar um compromisso consigo mesmo. Definir um problema de uma maneira simples e direta assim costuma inspirar diagnósticos e soluções também simples. Talvez você esteja assistindo TV até tarde demais; a solução pode ser começar a assistir Netflix mais cedo do que o usual. Talvez ir à academia de manhã cedo seja incompatível com marcar a primeira consulta para as 7h30 da manhã. Mude o horário da academia ou comece a trabalhar às 8h30.

Mas assistir a um seriado uma hora mais cedo ou começar a trabalhar mais tarde são inovações? Sim, é uma quebra do status quo, um primeiro passo que poderá iniciar um processo de mudanças profundas. Há outros desafios possíveis. "A minha secretária encaixa pacientes sem combinar comigo, e isso vira a minha agenda de cabeça para baixo. Nada funciona direito dessa maneira." Para enfrentar isso, pode-se organizar o dia de maneira que a cada três ou quatro consultas você tenha um horário de pronto atendimento, e isso será colocado na agenda. Dessa maneira, haverá um horário pela manhã e outro à tarde, livres à espera de alguém que tenha alguma urgência em ser atendido e apareça na clínica sem ter marcado com antecedência.

Outra dor a resolver: "Vários dos meus pacientes voltam à clínica, antes do prazo de retorno, para me mostrar resultados de exames." Você pode criar uma regra na qual um paciente que tenha feito um exame de imagem deixará, a partir de agora, os exames com a secretária ou mandar para ela, por e-mail, a senha e o login para consulta dos resultados no site do laboratório. Organizando dessa maneira a entrega de exames, você poderá tirar meia hora, uma hora do final do dia, para examinar e dar retorno dos exames. Dessa maneira, se evitará que todos os dias quatro, cinco, seis pacientes venham querer falar pessoalmente com você sobre os exames que fizeram.

Sistemas de agendamento que não funcionam podem ser resolvidos com bons programas de computador. É algo simples encontrar um software de gestão de consultórios no mercado. Eles são fáceis de lidar, baratos e podem ser adquiridos sem que precisemos levantar da cadeira. O tempo em que era necessário investir muito dinheiro para soluções de tecnologia já passou. Hoje quase tudo é barato ou gratuito. É possível encontrar muita coisa de graça na internet. Você pode organizar sua agenda por meio da agenda do Google, que é bastante funcional. Não é preciso comprar softwares e instalá-los. É muito mais prático pagar uma pequena taxa mensal, entrar em um site e usá-los, com a vantagem de os desenvolvedores estarem sempre investindo na atualização e em melhorias nesses produtos.

INOVAR É UM NEGÓCIO

À medida que essas funcionalidades passam a fazer parte de seu cotidiano e trazem mais valor para sua vida, você pode começar a oferecer soluções semelhantes para as outras pessoas. Inovar pode se tornar, então, um negócio. Você poderá criar produtos que tragam benefícios para os outros ou se tornar um evangelizador, alguém que divulga, por meio de palestras ou pela mídia social, as vantagens das inovações, de criar aplicativos, de se associar a startups.

Mesmo que sua meta se restrinja a tornar-se um profissional médico capaz de prestar serviços cada vez melhores para seus clientes, investir em inovação trará mais recursos e tempo para você. O movimento começará a crescer, as novas tecnologias que você agregou ao seu consultório lhe darão mais liberdade. Você não precisará mais estar presencialmente todo o tempo dentro do consultório para gerar dinheiro. Terá as condições necessárias para, inclusive, escolher o tipo de público que quer atender. Não será mais preciso ter uma agenda lotada, esticando-a para atender a todo mundo, a qualquer preço, para qualquer convênio. Você começará a selecionar sua clientela, poderá aumentar seu ticket médio. Isso será possível porque as soluções modernas, o comportamento do século XXI que você passou a ter, o farão ser mais valorizado.

Em pouco tempo, com a telemedicina, você será um médico capaz de prestar atendimento pela internet a pessoas que estejam em qualquer cidade do mundo. Você estabelecerá os horários que quer trabalhar. Poderá atender às pessoas digitalmente. E terá mais tempo para viver, conhecer outras coisas, aumentar seus campos de interesses. Tudo isso será libertador.

Mas volto a insistir: as pessoas costumam entender que, quando se fala em inovação, é preciso fazer algo completamente inédito, como criar um novo smartphone revolucionário que desbancará o iPhone. Tudo isso que citei anteriormente é possível, inclusive desbancar o iPhone. Mas a maior parte das mudanças capazes de tornar a vida melhor são microinovações no dia a dia. São as chamadas inovações incrementais, um conceito que é usado nas indústrias quando pequenas melhorias ou atualizações são feitas nos produtos para melhorar sua eficiência, produtividade e competitividade, mas preservando suas características básicas.[2] Ninguém precisa, portanto, abandonar a fonte de renda principal, deixar a família de lado, mudar de país, aventurar-se em ações de alto risco e resultados duvidosos.

---

[2] DISTRITO. Inovação disruptiva, radical e incremental: qual a diferença? (2020). Disponível em: <https://distrito.me/inovacao-disruptiva-radical-e-incremental-qual-a-diferenca/?gclid=CjwKCAiA8qLvBRAbEiwAE_ZzPfb4buT6z2wKe7sKdXAUkFOOAR5a6yAZxfM5hNzayrSAK97NQYW_ZBoC7e8QAvD_BwE>. Acesso em: 20 jan. 2020.

OUTRA VISÃO DE MUNDO

O que há de mais fascinante em se envolver com a inovação é você começar a ter novos insights, viver novas experiências, conhecer coisas que poderão ser agregadas à sua rotina, mudar inteiramente sua maneira de trabalhar. Tenho experimentado pessoalmente essas mudanças. Estou me conectando com muitas pessoas que até então não faziam parte de meu círculo. Fazer networking tem se tornado, para mim, praticamente uma filosofia de vida.

Como resultado de todas essas transformações, passei a enxergar meu dia a dia de uma maneira bem diferente. Isso se refletiu na maneira como passei a tratar meu cliente, como o recebo e percebo sua jornada. A jornada do cliente, por exemplo, sobre a qual falamos no Capítulo 9, era algo que eu até então desconhecia completamente. Hoje, sou outra pessoa. Não mudei em relação aos meus ideais, ao meu caráter, mas minha visão de mundo transformou-se completamente. Perto de completar 50 anos, isso é renovador.

Todo esse aprendizado tem sido muito importante para melhorar o meu negócio. Algumas vezes, essas ações tiram um pouco do foco da atividade principal, que é o atendimento no consultório. Em alguns momentos, surge até uma certa angústia, uma dúvida sobre se eu não estaria me afastando do *core business*, a essência de minha atividade. Isso é algo que pode acontecer com as pessoas que inovam. É preciso estar sempre atento.

Você também terá dúvidas como as minhas o tempo todo. Mas não podemos deixar que incertezas nos paralisem. Do contrário, não iremos a lugar algum. O grande negócio, estou convencido, é experimentar o novo e ver se ele faz sentido, se melhora a vida das pessoas à sua volta, se deixa você mais feliz. Devemos sempre fazer um checklist de nossas atividades. Continuo dando a mesma atenção aos meus clientes, que são meu negócio principal? Sim, continuo dando atenção a eles. O negócio principal continua movimentado? Sim, tenho muitos clientes. As pessoas continuam saindo satisfeitas de minhas consultas? Sim, estão saindo ainda mais satisfeitas do que antes, porque, com minha caminhada pelo negócio secundário, aprendi novos comportamentos que tornaram o meu atendimento melhor.

VELHOS CONHECIDOS

Uma das transformações que me surpreendeu foi exatamente a maneira como os clientes passaram a se relacionar comigo depois que passei a trazer as inovações para minha clínica. Quando comecei a gravar vídeos e as pessoas começaram a me ver na internet, elas desenvolveram uma grande familiaridade comigo. Hoje, já nas primeiras consultas, elas vêm conversar comigo como velhos conhecidos. Já sabem quem sou, já sabem como penso, já têm quase um relacionamento comigo, apenas por terem me visto nos vídeos na internet.

Essa é uma reação esperada quando desenvolvemos ações de comunicação e marketing, um assunto que será tratado em profundidade no próximo capítulo. Mas às vezes me pego pensando que talvez seja algo além disso. O que se estabelece é uma relação do tipo ganha-ganha. Você passa a criar habilidades inéditas e levas novos conhecimentos e nova habilidades para seu negócio principal. Isso, claro, deixa seus clientes felizes, porque recebem um serviço de muito maior qualidade. Mas há ainda algo a mais: eles percebem o quanto você está feliz e pleno nessa nova fase de sua vida, sentem como você se empoderou. E quem não gosta de se relacionar com pessoas felizes?

PARTE 5

O QUE O MÉDICO
precisa saber
PARA ADMINISTRAR
bem sua carreira
E SEU NEGÓCIO

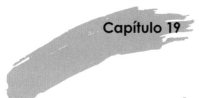

O QUE O MÉDICO PRECISA SABER
sobre comunicação e marketing

Colegas médicos costumam me perguntar: quando devo começar a fazer meu marketing? E eu respondo: no momento em que você entregar sua ficha de matrícula na secretaria da faculdade de Medicina. Quando chegar ali, dê um sorriso para o atendente, pergunte como ele tem passado, fale coisas agradáveis durante o tempo em que você estiver ali, acompanhando a tramitação dos documentos. Quando tudo terminar, levante-se, dê um aperto de mão e agradeça com mais um sorriso. Pronto, você acaba de começar com o pé direito o seu marketing pessoal.

Seu marketing e sua comunicação profissional começam na universidade. Eles se desenvolverão de acordo com a maneira como você se relaciona com seus colegas de curso, na convivência com os funcionários, no modo como seus professores o enxergam. Essas relações gerarão o posicionamento que você irá, aos poucos, conquistando diante dos olhares de seus colegas, de seus professores e de toda a comunidade universitária com a qual conviverá. Provavelmente, eles serão as primeiras pessoas que recomendarão você para um estágio, sugerirão uma oportunidade de trabalho, o ajudarão nos caminhos para uma pós-graduação ou para uma residência. Mais tarde, quando você já estiver no mercado, continuará a tecer essas redes de relações, que serão preciosas para garantir uma trajetória profissional feliz e bem-sucedida.

Quando somos jovens, não sabemos disso, mas grande parte dos colegas de faculdade e de nossos professores caminhará próxima de nós ao longo de toda nossa carreira. Mesmo que conheçamos dezenas de outras pessoas, mudemos de cidade, passemos a frequentar diversos ambientes, nunca chegaremos a perder inteiramente o contato com esses primeiros mestres e colegas. Em vários momentos de nossa vida profissional, teremos a oportunidade de reencontrá-los e receber ajuda deles e de ajudá-los. Por isso, é de grande relevância que nos preocupemos com nosso marketing profissional desde quando ainda somos graduandos.

A maneira como nos comunicamos com os outros e fazemos nosso marketing, ou seja, mostramos as qualidades e as habilidades que acreditamos ter para os outros, definirá nosso posicionamento diante de nosso círculo de contatos, clientes e do mercado. Posicionamento de mercado é um conceito utilizado pelo marketing para definir a percepção do público a respeito de uma marca, produto ou serviço,[1] mas acredito que podemos usar essa mesma concepção para avaliar a maneira como nós, médicos, somos vistos enquanto profissionais.

São as impressões positivas ou negativas que vamos deixando ao longo de nossa vida que determinarão nosso posicionamento. Tudo o que fizermos em vida, todos os relacionamentos que mantivermos, sejam eles com colegas, com a imprensa, com entidades, com nossos clientes, tudo isso refletirá no posicionamento de nossa marca e de nosso marketing. Essas conexões e vínculos poderão reforçar ou comprometer nossa marca, nosso posicionamento no mercado, por isso, é extremamente importante sermos pessoas íntegras, agradáveis, honestas, justas e capazes de ter empatia em todos os relacionamentos que estabelecemos.

Uma sugestão que tenho dado às pessoas em relação a estratégias de posicionamento e marketing diz respeito à forma como você deve se aproximar das pessoas, sobretudo quando você, por força de um novo trabalho ou mudança de cidade, chega a um ambiente em que não conhece quase ninguém. O que sugiro é que essa aproximação se dê juntando-se às redes sociais, engajando-se em trabalhos voluntários ou atuando em entidades sociais que estejam ligadas a esse novo contexto.

Há, claro, várias outras maneiras de participar dessa nova comunidade em que você estará se inserindo. Uma delas, que funcionou bastante para mim, é me aproximar de grupos ligados a alguns esportes, como futebol e academias. As atividades esportivas aproximam as pessoas de uma maneira informal e relaxada, por isso, são ambientes em que encontrará ouvidos e olhos receptivos para que se gere a percepção de que você é uma boa pessoa, com a qual vale a pena se relacionar.

MARKETING GENUÍNO E HUMANIZADO

Até há pouco tempo, o entendimento predominante do que é fazer marketing profissional era transmitir nossas qualidades por meio de propagandas em alguma mídia tradicional, tais como jornal, rádio, televisão. Isso ainda é algo que pode gerar algum valor, principalmente em cidades de interior, nas quais as rádios e os jornais locais ainda são uma importante forma de comunicação. No meu caso, há muitos anos coloco anúncios nos jornais de minha cidade, e eles sempre me trazem pacientes. Mas fazer marketing é, principalmente, comunicar para as pessoas, de uma maneira aberta e próxima, quem você é. Algo que se aproxime de uma interação em duas mãos de direção com sua clientela, e não apenas produzir anúncios

---

[1] ENDEAVOR. Posicionamento de marca: navegar é preciso. (2017) Disponível em: <https://endeavor.org.br/marketing/posicionamento-de-marca-navegar-e-preciso/>. Acesso em: 20 jan. 2020.

que serão aceitos passivamente. Esse novo estilo de fazer marketing, transparente e honesto, vem se impondo hoje em dia. Isso se dá porque o maior veículo de marketing hoje são as pessoas.

Assim, o caminho mais efetivo para reforçar sua imagem leva em conta sua empatia, passa pela qualidade de seu atendimento, pede que a experiência e a jornada do cliente sejam valorizadas. Seu marketing está, portanto, fundamentado em uma relação cada vez mais próxima e pessoal com seus clientes. Se ele for convincente, a clientela reagirá recomendando-o por meio do velho e bom boca a boca, que ainda é a mais poderosa forma de promover, ou desqualificar, a marca de alguém.

Se fazer marketing é comunicar para os outros o que você realmente é, estamos fazendo marketing em cada e toda ação que executamos. Desde que acordamos pela manhã até o fim do dia. Nem todos percebem isso. A maioria das pessoas considera que divulgar o que somos é algo que está fora de nosso comportamento diário. Fazer marketing seria algo que acontece apenas nos momentos que decidimos fazer uma publicidade ou falar sobre o que pensamos nas mídias sociais. Passados esses instantes, nos fechamos em nós mesmos, como caramujos.

Penso de uma maneira diferente. Para mim, marketing é um estilo de vida. Todos os relacionamentos que você tem, todo café que você toma com alguém, os telefonemas que você faz, todo paciente que você atende, os colegas médicos que você cumprimenta no corredor do hospital, ou com quem você inicia alguma conversa... enfim, é em toda essa rede de interações que acontece o seu marketing pessoal.

MARKETING FORÇADO

Talvez algumas pessoas tenham dificuldade de se imaginar fazendo marketing 24 horas por dia. Pode parecer a elas uma atividade forçada. Você teria de sorrir para todo mundo? Falar de si mesmo todo o tempo? Pensar em negócios até dormindo? Você é alguém introvertido e se sente aflito quando precisa falar com estranhos? Não é algo estranho esse marketing em tempo integral?

Certamente um marketing forçado nunca funcionará. Voltamos aqui para aquela questão do mindset fixo e do mindset de crescimento, de que tratamos quando falamos sobre desenvolver atitudes empreendedoras. Fazer um marketing de qualidade e verdadeiro exigirá que passemos do mindset fixo, aquela mentalidade conservadora que não acredita ser possível mudar muita coisa, para o mindset de crescimento, que se manifesta de uma maneira positiva diante dos desafios, sempre acreditando que dará certo.

Temos de ter essa mentalidade que deseja sempre melhorar nossas condições atuais. Para alguém assim, relacionar-se com os outros de maneira positiva é algo natural, e não um exercício forçado, fingido. Se alguém se vê como introvertido, avesso a contatos próximos, é preciso trabalhar essa característica, caso deseje ter uma relação relevante com os demais. Talvez um curso de oratória, ou contar com a orientação de um psicoterapeuta que possa prestar uma ajuda para que essa pessoa se torne mais sociável e desenvolva empatia pelos que a cercam. Não se relacionar bem com as pessoas e desenvolver um bom marketing pessoal são coisas incompatíveis entre si.

Nunca experimentei dificuldade no contato com as pessoas, mas quando comecei a entender melhor a importância do networking e a mergulhar nesse mundo da tecnologia, entendi que nos conectamos muito mais facilmente com pessoas calorosas, que se expressam de uma maneira agradável, usam um vocabulário acessível a todos, sem "tecquinês" ou "medicinês".

Essa percepção fez mudar minha maneira de me relacionar com os outros. Não que alguém me achasse desagradável, pelo menos nunca me disseram isso, mas passei a perceber que eu era demasiadamente sério quando me sentava no consultório com os clientes. E quanto mais formal você é, mesmo que você imagine que com essa postura esteja mostrando que domina a técnica médica, mais difícil será conquistar os clientes.

O que as pessoas desejam é uma relação empática, principalmente quando estão diante de um médico, que, elas esperam, solucionará a sua dor. A empatia, como se sabe, é a capacidade de se identificar com outra pessoa, de sentir o que ela sente, de querer o que ela quer, de apreender do modo como ela apreende.[2] Quando passei a agregar essas habilidades ao meu relacionamento com os pacientes, a resposta deles foi a melhor possível.

Isso não chega a ser uma surpresa. Ninguém quer se conectar com uma máquina, com um ser rigorosamente técnico. A gente quer se conectar com o ser humano. Quanto mais formos capazes de expor nossa humanidade para as pessoas, mais fácil será para elas se conectar conosco. Isso reforçará diretamente nossa marca, nosso posicionamento. Relatos que ouvi me fizeram perceber que as pessoas passaram a se conectar de uma maneira muito mais franca com médicos que apresentavam, nas redes sociais, um marketing de conteúdo ao falarem sobre prevenção a doenças, sugestões para se ter uma melhor qualidade de vida, explicações sobre como é possível ter mais conforto físico para realizar tarefas do dia a dia. Falarei sobre isso mais adiante.

MAIS PREVENÇÃO, MENOS DOENÇA

Cada vez mais aumenta o interesse das pessoas pelos profissionais médicos que dedicam sua comunicação ao bem-estar e à prevenção de problemas de saúde, do que por aqueles que centram sua comunicação falando sobre doenças e ameaças à saúde. Certamente precisamos falar das doenças e, depois que elas se instalam,

---

[2] Terceira acepção do verbete "empatia" no *Grande Dicionário Houaiss*, edição eletrônica

sugerir maneiras de enfrentá-las, afinal, somos médicos. Mas é uma realidade que, hoje, o interesse está mais na busca de uma vida saudável, na prevenção das doenças, do que nas maneiras como devemos tratá-las.

Médicos podem escolher com que tipo de público querem lidar. Da mesma maneira que há um crescente número de pessoas que se interessa pela prevenção dos males à saúde, também há aquelas que não veem essa questão como algo prioritário e se interessam em ouvir os profissionais da saúde apenas quando são acometidas por alguma doença. E há médicos que se sentem mais úteis para um grupo, enquanto outros se identificam com a visão do outro.

Da mesma maneira que o profissional faz um corte pelas inclinações de seus pacientes, também é possível que escolha trabalhar para públicos pertencentes a diferentes segmentos socioeconômicos. De acordo então com o segmento do mercado no qual atuará, o médico terá de desenvolver um marketing e uma comunicação adequados à visão de mundo de seus integrantes, só assim conseguirá ser percebido por eles como uma autoridade.

Podemos exemplificar isso imaginando uma clínica popular que sempre funcionou voltada para um público de menor poder aquisitivo. A comunicação dessa clínica é uma comunicação de massa, que usa linguagem, imagens e raciocínios mais simples para ter sua comunicação compreendida. A estratégia principal da empresa estará voltada para o preço baixo que é cobrado pelos serviços médicos. Certamente, ela aceita todos os convênios médicos, sobretudo os mais populares.

Depois de um tempo, e algum acúmulo de capital, os médicos dessa clínica decidem mudar a estratégia de negócio. Querem se posicionar de outra maneira no mercado. O foco agora passará a ser um público de maior poder aquisitivo, classes A e B. Eles terão, portanto, de adotar uma nova linha de comunicação para atingir esse segmento. Talvez se mudem para outra região da cidade, onde vivem e circulam as pessoas que formarão, agora, o seu público preferencial. Em vez de falarem em preços acessíveis, da proximidade com o transporte público e do grande número de convênios que atendem, passarão a destacar suas instalações modernas, a facilidade de acesso, o estacionamento, a segurança.

A excelência e os títulos dos profissionais serão também lembrados. A comunicação, que anteriormente era feita em mídias mais tradicionais, tais como jornais, rádio, televisão e distribuição de panfletos, agora será recalibrada para ser veiculada nas mídias sociais, malas diretas, e, utilizando ferramentas que tornem possível, direcionar a publicidade levando em conta a idade, o sexo, hábitos de consumo, além da região que correspondam às características dos novos clientes que agora desejam.

CONFLITOS NOS NICHOS

Eleger um nicho com o qual você quer trabalhar é uma decisão que facilita o sucesso de seu empreendimento. É um pensamento estratégico. Você não estará disponível para todo o mundo, mas para aquele público específico que quer atingir. Isso tornará sua comunicação e seu marketing mais precisos e facilitará a construção de um posicionamento diferenciado que terá grandes chances de fortalecer sua imagem e trazer melhores resultados financeiros.

Determinar em qual segmento do mercado se pretende atuar é uma decisão que pode ser tomada não só por clínicas, mas também individualmente, pelos médicos. E, para os médicos, manter o foco nesse nicho pode ser uma atitude fundamental para evitar choques de interesse com outros profissionais e garantir uma carreira bem-sucedida. Exemplifico o que estou afirmando contando o que costuma acontecer com os pneumopediatras, profissionais que são pneumologistas como eu, mas têm sua atuação focada na saúde pulmonar das crianças.

Pneumopediatras têm um mercado mais restrito do que o dos pneumologistas que tratam de adultos. Por essa razão, nos primeiros anos de carreira, quando o movimento em seu consultório é modesto, eles costumam atuar como pediatras gerais, para garantir sua renda. Ou seja, saem de seu nicho e "invadem" o daqueles que são pediatras gerais. Com isso, mesmo sendo especialistas em problemas pulmonares, os médicos que são exclusivamente pediatras não irão referenciá-los, ou seja, não encaminharão seus pacientes para eles, mesmo quando deveriam indicar seus pequenos pacientes para especialistas em pulmão. Farão isso porque enxergam esses pneumopediatras como concorrentes.

"Ele é meu concorrente", eles afirmarão. "Como vou encaminhar um cliente meu para o meu concorrente, que está fazendo exatamente o que eu faço?" Dessa maneira, mesmo quando um pneumopediatra passar a se dedicar exclusivamente à sua especialidade, sem atuar como pediatra, ainda assim, continuará a amargar a má vontade dos pediatras. Em razão disso, terá dificuldades para fazer com que seu negócio seja viável.

Mas se eu for um pneumopediatra e me restringir a trabalhar única e exclusivamente em minha especialidade, estarei nichando. Não farei pediatra geral. O mais provável é que eu demore um pouco mais para ter minha clientela e passe por um pouco mais de dificuldade em um primeiro momento, mas seguirei atuando em minha especialidade e centralizando toda minha comunicação e marketing para informar aos colegas e ao mercado que sou especialista em problemas pulmonares que acometem crianças.

Com o passar do tempo, quando os outros pediatras entenderem que faço pneumopediatria, e não pediatria geral, e, portanto, não sou um concorrente, eles me encaminharão pacientes quando precisarem de minha especialidade. Essa atitude é de grande importância para o sucesso do marketing de um profissional.

O mesmo desafio costuma ser enfrentado pelos cirurgiões torácicos. Eles fazem atendimentos clínicos, tratam pacientes com asma, com bronquite, com enfisema... sua atuação é semelhante à de um clínico. Da mesma forma que agem os pediatras, os pneumologistas clínicos não encaminharão pacientes para aquele cirurgião operar, porque ele se coloca como um concorrente. Sai de seu nicho e invade o espaço profissional de outros. Fatos como esse acontecem com frequência, e muitas vezes o profissional nem percebe que com sua atitude está matando sua especialidade, para a qual se preparou por tanto tempo.

Se um médico passa a atirar para todos os lados, ocupando espaços das outras especialidades, produzirá inimizades e rancor. Agindo assim, estará se engajando em um marketing negativo. O resultado é que seus colegas, que poderiam referenciar a ele clientes que teriam necessidade de uma intervenção cirúrgica ou de um tratamento por um especialista, o colocarão na geladeira. Mesmo se a especialidade que você escolheu não for inicialmente tão generosa como outras, é preciso ter paciência.

RITUAL DE CORTESIA

Por outro lado, quando colegas nos encaminham pacientes com frequência, acredito que devemos cumprir um certo ritual de cortesia em relação a eles. É preciso não só agradecer a esses profissionais, como também indicar clientes para eles. É importante preservar relacionamentos proativos. Mande uma carta, um e-mail agradecendo esse encaminhamento, envie um WhatsApp dizendo qual foi sua impressão sobre o caso clínico, mantenha aceso esse relacionamento.

Se há alguém que confia em você e o recomenda como autoridade, o reconhece como um especialista, você tem a obrigação de ter consideração e dar retornos para essa pessoa. Se ela o admira profissionalmente, se sentirá reconhecida pela sua atenção. Quando em sua rede social algum colega compartilha algo que você escreveu, faça uma referência pública a essa pessoa, citando-a nem seus stories. Quando faço isso, as pessoas me agradecem: "Que legal, eu fui citado no seu story, obrigado!" Isso é algo tão simples de fazer, reconhecer a contribuição de um colega! Todos nós ficamos felizes quando mandamos uma mensagem para alguém que admiramos e essa pessoa responde e ainda nos cita publicamente. Esse é um marketing simpático e eficiente, que traz bons resultados e confirma nossas boas relações com os demais.

Já disse neste livro que essa visão positiva que os colegas médicos e os clientes têm sobre nossa capacidade é que nos leva da categoria de "especialista" para a de "autoridade". Essa é uma percepção subjetiva, não está ligada a uma avaliação formal de nosso conhecimento, e exatamente por isso é preciosa. Ser considerado uma autoridade é um fruto inegável do sucesso de nosso marketing. Nós nos tornamos uma autoridade quando os colegas passam a enviar seus pacientes para nós, quando somos convidados para expor nossos conhecimentos e nossa experiência em congressos e palestras, procurados para dar entrevistas, enfim, nos tornamos referência em nossa especialidade.

AUTORIDADE EM TECNOLOGIA

Quando você passa a ser visto como uma autoridade, passa a ter diante de si uma excelente chance para incrementar ainda mais seu posicionamento profissional. Algo que vem trazendo mudanças em relação ao meu posicionamento é estar caminhando para ser uma autoridade no uso da tecnologia voltada para a Medicina. Poucos colegas de minha especialidade têm prestado atenção à tecnologia que está hoje disponível para as atividades médicas. Mesmo aqueles que moram nas capitais costumam considerar desnecessário ou difícil ter uma tecnologia avançada em suas clínicas.

Já para mim, investir tempo e esforço na tecnologia trouxe como resultado uma grande marca em minha carreira, mesmo morando em uma cidade pequena. A partir do momento em que passei a fazer isso, comecei a ser referenciado como alguém que dominava e conhecia tecnologias modernas. Utilizo esses novos conhecimentos para promover a saúde com mais qualidade em minha clínica.

Mas também aplico esforço em outras frentes, mais tradicionais. Estou me referindo ao marketing tradicional, que é fundamentado em algumas mídias, tais como jornais, entrevistas em rádios e participações em programas na televisão. Esse marketing ainda é relevante, sobretudo em comunidades e públicos que não acompanham de maneira sistemática as redes sociais na internet. É uma fatia na qual ainda há muita gente e seria um erro preteri-la.

Nunca devemos perder a oportunidade, por vergonha, falta de tempo ou por considerar que não ficamos bem no vídeo, de ter uma mídia gratuita para falar de nossa especialidade. Se alguém lhe procurar para uma entrevista, pare tudo o que estiver fazendo e dê a entrevista. Se for convidado para uma conversa em um programa na televisão, de novo, pare tudo o que estiver fazendo. Acorde às 6h da manhã, às 5h, e vá lá. Eu já fiz isso várias vezes para a TV daqui de minha região, batendo o queixo, 3°C graus lá fora, 6h da manhã, para falar sobre os riscos à saúde provocados pelo frio.

Se o chamarem para uma entrevista no rádio, vá também. Todas essas ações, por mais modesto que seja o veículo que o está convidando, reforçarão seu marketing, farão com que seu nome esteja presente na mídia, e, por essa razão, ele será lembrado por um número de pessoas que é muito maior do que imaginamos. Se seu nome estiver presente na mídia, ele poderá dar um importante salto de qualidade ao tornar-se *top of mind*,[3] ou seja, o primeiro nome que vem à cabeça das pessoas quando pensam em um cardiologista, um pneumologista, pediatra, otorrinolaringologista ou seja qual for sua especialidade. Quando isso começar a acontecer, seu marketing terá sido um sucesso.

VOCÊ OU A CLÍNICA?

Mas, afinal, é mais importante divulgar seu nome ou o de sua clínica? Caso você seja o único proprietário do estabelecimento, terá a garantia que será o dono daquela marca por toda sua vida profissional. Dessa maneira, ao fazer o nome de sua clínica ser conhecido, quem ganhará com essa exposição será você, pois sua clínica representa você mesmo. Mas muitas vezes temos sócios, fazemos parte de um conglomerado, de um grupo. Se fizermos um intenso marketing da clínica, deixando nosso nome de lado, todo esse esforço de comunicação pertencerá à clínica.

Quando, por alguma razão, sairmos desse grupo, desfizermos a sociedade e os outros sócios se tornarem proprietários do nome da clínica, não teremos feito qualquer marketing pessoal. Seremos desconhecidos para o mercado e teremos de recomeçar do zero a construção de nosso nome para os futuros clientes.

Também é de grande importância, mesmo que você trabalhe em uma instituição pública ou em uma grande empresa privada ou que preste serviços de maneira autônoma para organizações com os quais não têm qualquer vínculo formal, que sempre invista em seu marketing pessoal, divulgue seu nome. Empregos e trabalhos vão e vêm, mas seu nome você nunca perderá, ele sempre estará com você. Então é ele que você deve valorizar e divulgar.

Por essa razão, é preciso que você sempre tenha um cartão de visitas com seu nome, sua especialidade, dados que permitam que você seja contatado por alguém que reconheça seu valor profissional. Seu nome é, portanto, o melhor ativo para levá-lo ao sucesso profissional. Também é verdade que, se alguma coisa der errado, a repercussão negativa atingirá em cheio seu nome. Em situações negativas, as instituições costumam lavar as mãos, e todos os efeitos negativos são repassados ao profissional médico. É o risco de estar no mercado, mas nem por isso você deve abrir mão de seu marketing pessoal e de tornar seu nome conhecido.

NA COLUNA SOCIAL

Há um tipo de exposição de nosso nome na mídia que não está ligado diretamente à nossa atividade profissional. Isso acontece, por exemplo, quando participamos

---
[3] MORNING EXCHANGE. 7 mitos publicitários que podem prejudicar seus negócios. (2009). Disponível em: <http://www.exchangemagazine.com/morningpost/2009/week51/Wednesday/121611.htm>. Acesso em: 20 jan. 2020.

de eventos sociais, como um show musical, um vernissage, a inauguração de uma loja chique, um casamento badalado, e temos nossa presença e até nossa imagem, registrada nos jornais, revistas ou sites dedicados à cobertura social. Essa exposição é relevante? Poderá colaborar para que sejamos reconhecidos como autoridades na área médica?

Considero que a presença social do médico é fundamental. Fazemos parte de uma sociedade e queremos que ela nos enxergue como participantes ativos e interessados no que acontece nela. De minha parte, prefiro muito mais, no lugar de ter uma presença nas capas de revistas que tratam de eventos sociais, ter um envolvimento social efetivo, com entidades que prestam trabalhos sociais de impacto. Mas reconheço que participar de eventos semelhantes a aqueles citados, um desfile de moda, por exemplo, pode ser relevante, dependendo do nicho social no qual você atua como médico.

Há aí outro aspecto que também precisamos registrar. À medida que participa dos eventos que acontecem em sua comunidade, você se torna mais acessível às pessoas. Se você é alguém recluso, de pouca conversa, isso afastará as pessoas. É comum que médicos, sobretudo se estão em uma cidade pequena, sejam colocados em um pedestal como alguém inatingível, superior aos demais. Essa imagem não favorece seu marketing pessoal. É difícil conviver com alguém assim. Quanto mais próximo estiver das pessoas, mais você se relacionará com elas de uma maneira mais fácil, aberta e honesta. Isso fará com que você seja lembrado, citado e admirado com muito mais naturalalidade.

Entre todas as maneiras de promover seu marketing pessoal, uma das que surgem como mais adequada para os médicos nesta época em que as mídias sociais mobilizam tanto as atenções é a produção de conteúdo. Essa é a melhor forma, acredito, para promover um marketing pessoal eficiente. E é especialmente indicada para nós médicos porque o que temos de mais marcante profissionalmente é o domínio técnico sobre questões relacionadas à saúde.

Podemos, então, juntar às nossas mídias sociais conteúdos significativos, ou seja, informações sobre saúde, bons hábitos, cuidados especiais para evitar doenças que estão relacionadas a certas estações do ano, como as complicações respiratórias nos meses frios, e outros assuntos. O importante é estar presente em todas as redes sociais. É obrigatório. Os médicos que querem produzir um marketing pessoal de qualidade têm de ter presença digital.

MUNDO DO VÍDEO

De acordo com a profundidade de sua presença nas redes sociais, é interessante utilizar de maneira diferenciada as diversas mídias digitais existentes. Você pode usar algumas redes sociais para atrair seguidores para o seu canal no YouTube ou para textos maiores em seu site. Algumas delas não permitem textos longos, como o Instagram, mas você pode colocar ali imagens que chamam a atenção acompanhadas de links para suas páginas.

De qualquer maneira, as pessoas já não querem, ou já não têm tempo e paciência para ler muita coisa. Os textos, portanto, devem ser curtos. Se você tiver bons artigos publicados, é melhor deixá-los em seu site. O mundo hoje é o mundo do vídeo. Portanto, procure sempre dizer em vídeo tudo o que quer expressar. Além disso, quando as pessoas veem sua imagem, elas se conectam mais com você, pois passam a conhecê-lo "pessoalmente". Quando passei a postar vídeos em que eu falava para o público, mesmo quando ainda gaguejava e me sentia inseguro, as pessoas passaram a me procurar mais.

No início, produza você mesmo seus vídeos. Não se preocupe em fazer longos roteiros. Seja o mais espontâneo possível. E o formato com que esses vídeos são produzidos sempre deve ser possível de ser visto no celular. Poucas pessoas ainda usam laptops ou microcomputadores de mesa para acessar as mídias sociais.

Como foi dito, diferentes mídias sociais atendem a diferentes propósitos. Há quem diga que o Facebook é frequentado por um público mais amplo, de diferentes estratos sociais. Quem preferir um contato menos formal com pessoas de um poder aquisitivo maior e uma formação intelectual mais sólida encontrará esse público no Instagram. Mas se você busca uma relação mais formal e focada em negócios, sua presença no Linkedin, ou sites similares, é obrigatória. O Linkedin tem me aproximado de muita gente interessante e me ajudado em meu networking, por exemplo, para ser convidado para dar palestras, conhecer empresas inovadoras, novas startups.

Você deverá estar presente em todas essas redes e, dependendo de seu planejamento estratégico e de sua habilidade, ter uma presença maior em uma ou outra. Acredito que, de início, o profissional médico será capaz, ele mesmo, de executar esse trabalho de marketing nas redes sociais. Produzir e postar seus stories, gravar vídeos usando o próprio celular, fazer o upload dos arquivos para o YouTube são ações fáceis de serem aprendidas. Não há problema que o resultado tenha um aspecto amador de início. Ao contrário, percebo que as pessoas gostam de se conectar com a vida real, com pessoas que sejam humanas.

MOSTRAR AQUILO QUE VOCÊ É

É importante você elaborar pelo menos um planejamento mínimo básico, colocar sua estratégia de marketing no papel. Dessa maneira, você direcionará os seus esforços, criará um compromisso consigo mesmo e fará o que precisa ser feito. Mas nada de passar meses elaborando um plano de negócios, por exemplo. Ninguém mais faz isso. O que importa é começar a produzir algo, mexer-se. Você não precisará contratar uma assessoria de comunicação de início. Algum dinheiro você terá de gastar, por exemplo, para patrocinar algumas postagens, nada que abalará suas finanças.

Haverá um momento em que sua presença na mídia social começará a alavancar seus negócios. Nessa fase, talvez você precise adquirir habilidades que ainda não domina, como saber lidar com negociação e vendas, um assunto sobre o qual falaremos no próximo capítulo. Talvez, a essa altura, você tenha o retorno financeiro necessário para fazer investimentos mais significativos contratando, agora sim, uma assessoria de comunicação, pessoas que possam ajudá-lo a desenvolver um marketing cada vez mais eficaz e robusto. Isso será conquistado com sua coragem de botar a cara no vídeo, comunicar para as pessoas aquilo que você pensa, aquilo que você é e o que você faz.

Capítulo 20

O QUE O MÉDICO PRECISA SABER
sobre negociação e vendas

Não faz muito tempo, recebi um chamado à noite para atender a uma senhora que é minha cliente há vários anos e mora na zona rural do meu município. Não é minha rotina atender em domicílio mas tenho essa forma de atendimento devidamente precificada em minha tabela de preços da clínica. Familiares ligaram para a clínica, minha secretária atendeu e passou o valor da consulta. Chegada a hora, entrei em meu carro e dirigi por uma estrada mal iluminada, na zona rural, até chegar à região na qual minha paciente mora. Estava cansado, o dia fora bastante agitado. Cheguei à residência às 9h da noite, o atendimento durou uma hora e alguns minutos.

Finalizada a consulta, estava me preparando para ir embora, quando o genro dessa senhora, o qual eu não conhecia, e que até parecia alcoolizado, se aproximou de mim, disse algumas coisas de maneira desrespeitosa, tirou algum dinheiro do bolso e me disse: "Olhe, é isso o que eu tenho para te pagar." Olhei para ele e disse: "O senhor me desculpe, mas não é esse o valor do meu serviço, não foi isso o combinado quando solicitaram a consulta." E falei mais: "Estou me sentindo ofendido pela maneira como o senhor está me tratando. Não precisa pagar a consulta, até logo!" Virei as costas e fui embora. Cheguei em casa às 11h da noite, ruminando de raiva por ter passado por aquela situação. Naquele dia, não vi meus filhos, que já estavam dormindo.

No dia seguinte, a família daquela senhora me procurou, extremamente envergonhada. É uma família que tem posses. As filhas da paciente me pediram mil desculpas e acertaram o valor combinado pela consulta. Continuo tendo uma excelente relação com todos eles, e até o genro passou a me respeitar e a ser cordial comigo, e nunca mais a situação se repetiu.

Talvez alguns colegas médicos considerem essa atitude que tomei radical, demasiadamente dura. Eu não penso assim. Não devemos aceitar coisas como essas. Se você tem um posicionamento honesto e sério, as pessoas têm de respeitá-lo pela sua posição. Médicos sabidamente enfrentam dificuldades em relação a quanto devem cobrar pelo seu trabalho. Temos de deixar de lado essa mentalidade pouco profissional. Considero uma covardia um médico se envergonhar de precificar seu trabalho e ficar constrangido em cobrar pelo que entrega às pessoas.

CONSCIÊNCIA DE VALOR

Se você realmente tem segurança do que você está produzindo, de sua habilidade e seriedade, você deve, da mesma maneira, ter segurança para cobrar por esse serviço. Isso é fundamental. Eu preciso saber que tipo de profissional eu sou, devo ter essa consciência. Quando sabemos com segurança qual é nosso valor, as pessoas percebem isso, e a relação médico-paciente torna-se transparente. A consequência de nossa postura é a de que haverá maior aceitação do valor que propomos para nosso atendimento. Se ficamos inseguros sobre o que somos, se nos envergonhamos em fixar um valor pelo nosso trabalho, os clientes também perceberão essa insegurança e passarão a valorizar menos nosso trabalho.

A habilidade de saber vender, e no caso dos médicos isso significa, principalmente, determinar o valor de suas consultas e de outros procedimentos, é uma das mais importantes qualidades para qualquer profissional. Isso é fácil de entender, pois, além de ser óbvio que as pessoas precisam de dinheiro para viver, é justo que qualquer profissional seja remunerado pelo produto ou serviço que entrega. Um atendimento médico competente decididamente beneficiará a vida de quem recebe esse bem. Portanto, há uma troca justa de valores que deve funcionar em duas direções.

Já falamos da dificuldade que muitos médicos têm em lidar com o fato de que o dinheiro é parte insubstituível dessa troca de valores entre profissionais e clientes. Ainda há entre nós a perniciosa crença de que a Medicina é um sacerdócio, algo mais ou menos sagrado, para a qual a menção de dinheiro e lucro soa como sacrilégio. Isso é uma bobagem.

A habilidade de vendedor que os médicos devem cultivar nos tempos atuais é a de desenvolver um marketing de conteúdo que convença as pessoas de que adquirir seus serviços não é apenas um gasto, mas um investimento de grande valor para a vida. O médico, no entanto, só conseguirá fazer isso se souber demonstrar a qualidade dos serviços que entrega. Temos de ter essa habilidade de vendedor, saber explicar para nossos clientes as qualidades que têm hoje nosso serviço, nossa clínica ou nós mesmos como médicos.

Uma das grandes vantagens do mundo digital é que ele reduziu os custos da comunicação, possibilitando ao profissional da Medicina ter acesso à atenção das pessoas de uma maneira que, até há pouco tempo, só era possível aos grandes grupos. Na época em que as mídias tradicionais, como jornais, revistas, rádio e televisão, eram os únicos instrumentos de propaganda e marketing, apenas grandes empresas conseguiam atrair os clientes para seus serviços.

MERCANTILIZAÇÃO DA SAÚDE

A internet tornou extremamente acessível para todos a divulgação de suas especialidades e o desenvolvimento de seu próprio marketing, sem que se gaste quase nada em dinheiro. Essa nova realidade está novamente aproximando os médicos de seus clientes e, aos poucos, deixando no passado a época em que esses profissionais dependiam quase que exclusivamente das operadoras de planos de saúde para trazer clientes para os consultórios.

Estamos, portanto, vivendo outro ciclo. Houve uma época em que médicos eram raros, e cabia às pessoas tomar a iniciativa de procurá-los quando se sentiam doentes. Quando o país se urbanizou definitivamente e as cidades incharam, os médicos passaram a ter necessidade de alguém que os levasse até os clientes, e esse papel coube às operadoras de planos de saúde. Agora, nesta terceira fase, a tecnologia nos permite ir atrás das pessoas.

Não podemos desprezar essas mudanças, do contrário perderemos a oportunidade que as novas tecnologias nos dão de ter acesso aos clientes e nos livrar dessa dependência das empresas de saúde. A produção de conteúdos é a melhor maneira de nos fazermos conhecidos e admirados. Um vídeo que você produza falando de algum assunto de sua área, como uma tosse, uma das maiores causas de procura de atendimento médico em minha especialidade, fará com que as pessoas se encantem pela informação que você está lhes proporcionando gratuitamente, o vejam como um especialista bem informado e, assim, se decidam a ir até seu consultório.

Essa nova maneira de nos aproximarmos de nossos potenciais clientes nos colocará não em rota de colisão, mas diante de um momento em que haverá uma redefinição do relacionamento entre médicos e os planos de saúde. E essa transformação torna o saber vender nossos serviços algo imprescindível para nossa sobrevivência. Falo aqui da mercantilização da saúde.

Trata-se de um fenômeno antigo. Começou a se instalar no país na década de 1960,[1] quando surgiram os primeiros intermediários da saúde, que se consolidariam nos planos de saúde, nas seguradoras, nas cooperativas e em outros grupos que contratavam serviços médicos e os vendiam para as pessoas que aderissem a esses arranjos econômicos. A partir daquele momento, a saúde transformou-se em um grande comércio. Não havia mais aquela relação direta médico-paciente. Os profissionais da saúde deixaram de ser autônomos e transformaram-se em prestadores de serviços para essas empresas.

---

1 Luiz Tavares Pereira Filho, consultor jurídico da Confederação Nacional das Empresas de Seguros Gerais (CnSeg) afirma, em seu artigo "Iniciativa Privada e Saúde", que as primeiras empresas de Medicina de grupo surgiram na década de 1960 para atender, a princípio, os trabalhadores do ABC paulista, por iniciativa das multinacionais ali instaladas, que consideravam deficiente a saúde pública brasileira. Disponível em: <http://www.scielo.br/scielo.php?script=sci_arttext&pid=S0103-40141999000100011&lng=en&nrm=iso>.

Hoje, nós, médicos, somos a ponta dessa Medicina dos planos, das seguradoras e das cooperativas. Não há dúvida: somos o elo mais importante dessa cadeia. Mas acabamos representando o menor custo em todo esse esquema e os que têm a menor autonomia para criar nosso próprio valor. Ou seja, ele é a ponta, ele é o profissional mais importante nessa cadeia, mas ele acaba representando o menor custo da cadeia e a parte que tem a menor autonomia no sentido de se colocar no mercado criando seu próprio preço.

Essa é a face da mercantilização da Medicina. Nesse contexto, todos os players envolvidos fazem seu marketing e investem muito dinheiro na venda de seus serviços, menos os médicos, que mesmo depois de quase sessenta anos do início desse processo de mercantilização, ainda têm preconceito em relação a vender seus serviços.

APARELHOS COMPLEXOS

Se continuarmos considerando que é feio ou pouco ético usarmos ferramentas para vender diretamente nossos serviços, sem intermediários, não escaparemos de ser usados pela indústria da saúde como um artigo de baixo custo. Os médicos vêm cada vez mais perdendo sua autonomia para determinar os preços que consideram adequados pelos seus serviços. A maneira de reagirmos a isso é desenvolver nossas habilidades de venda, entender de marketing digital e aderir à nova economia. Assim, além de conquistar a independência necessária para sobreviver neste mundo mercantilizado da saúde, escaparemos de ser apanhados por aquela roda viva que nos empurra para a espiral da pobreza do trabalho médico.

Mas o que fez com que os médicos se vissem presos a essa dependência dos planos e perdessem a liberdade de precificar seus serviços? O que fez com que esses planos dominassem o mercado de maneira tão vigorosa? Há vários fatores que contribuem para isso. Um dos mais importantes é o crescente aumento do uso da tecnologia na saúde, com seus aparelhos complexos e sofisticados, o que encareceu as consultas e dificultou, para a maioria das pessoas, o acesso particular aos tratamentos. Este é, aliás, um fenômeno que vem ocorrendo em todo o mundo.[2]

Não há como negar que os planos de saúde e seguradoras surgiram como uma alternativa que possibilitou às pessoas ter acesso a essas novas tecnologias de alto custo que têm um papel fundamental em diagnósticos, procedimentos e tratamentos diversos. Eles também trazem algumas vantagens para os médicos, na medida em que dão a esses profissionais acesso a uma série de serviços dos quais,

---

[2] CADERNOS EBAPE. BR. V.4, n.1, Rio de Janeiro, mar. 2006. Análise do impacto do progresso tecnológico nos custos do tratamento hospitalar: o caso do tratamento para litíase urinária no hospital universitário de Brasília. Disponível em: <http://www.scielo.br/scielo.php?script=sci_arttext&pid=S1679-39512006000100011>. Acesso em: 20 jan.2020.

sozinhos, eles não teriam como desfrutar. O problema é a miséria que essas empresas pagam pelos serviços que prestamos.

Não foi sempre assim. No início, quando esses planos, essas cooperativas e seguradoras começaram a ganhar estatura no mercado, os médicos aderiram sem restrições, pois a remuneração era atraente. O pagamento pela consulta era fixado em um valor bem próximo àquele que os médicos cobravam em seus atendimentos particulares. No entanto, à medida que essas empresas passaram a dominar o mercado, elas se tornaram o lado mais forte dessa "parceria" e passaram a reduzir seus custos, achatando os valores pagos aos profissionais da saúde.

Não devemos nos esquecer de que esses grupos permitiram, até certo momento, um acesso relativamente amplo da população a serviços de saúde de qualidade. Mas isso viria a mudar em seguida. À medida que a concorrência entre essas empresas aumentou, reduzir ao máximo os custos passou a ser uma estratégia de sobrevivência desses prestadores de serviços de saúde, e isso comprometeu a qualidade dos procedimentos para o consumidor final.

Cada vez mais o segurado paga suas mensalidades imaginando que, em caso de necessidade, terá amplo acesso a todas as possibilidades da Medicina. Mas quando vai utilizar os serviços, eles não são de tão boa qualidade assim, e há uma série de restrições, não se tem acesso a todos os exames, alguns itens têm de ser pagos por fora. Os contratos têm letras pequeninas. Há, por isso, uma forte judicialização em relação a essas empresas, com seus clientes questionando na justiça o que consideram ser seus direitos.

Há como escapar de trabalhar para esses convênios e cooperativas quando estamos no começo de nossa carreira? Se você tiver pais em boa situação financeira, que banquem suas despesas por alguns anos, ou se você se matar de fazer plantões, talvez sim. Mas a perspectiva realista é a de que, no início de nossa carreira, teremos de utilizar todas as oportunidades de trabalho que surgirem para nos tornarmos conhecidos.

Mas aí deve entrar o planejamento. Ao decidir aderir aos planos e convênios médicos, que seja por um determinado período de tempo, pois esse não é seu sonho profissional. Use-os para alavancar seu nome e autoridade em sua região, cidade ou bairro, e tenha um plano sobre quando pretenderá se descredenciar. Estipule uma meta de dinheiro ou de tempo, coloque isso no papel e tenha coragem de seguir seu plano. Faça as coisas de modo gradual, saia aos poucos, deixando de atender aqueles que pagam menos, aqueles com os quais você tem a pior experiência e aqueles menos éticos no relacionamento com os médicos.

Dedique-se de corpo e alma a prestar sempre o melhor atendimento que conseguir para cada cliente, seja por meio do melhor ou do pior plano que você atender, porque ele, o cliente, não tem culpa se você se sujeitou a atendê-lo por aquele convênio que lhe paga mal. Ele, na verdade em geral, paga caro pelo seu plano, e nem sabe qual é a sua remuneração. Ele imagina que você recebe do plano um valor tão alto quanto a mensalidade que ele paga. Lembre-se de que ao sair de seu consultório, ele pode ser um cliente promotor ou detrator de sua marca, e isso depende somente da experiência que você proporcionou a ele.

TRABALHAR A MARCA

Uma forma eficaz de marketing que você poderá praticar no início de sua carreira é passar a atender para algum desses grupos, pois isso lhe trará clientes que ainda não o conhecem. Quando eles começarem a chegar, você deverá entregar o melhor atendimento de que for capaz, para que eles passem a referenciá-lo para seus conhecidos, e, então, você começa a construir sua marca.

O que não se deve fazer é considerar como algo normal ficar dependente para o resto da vida das seguradoras que pagam preços baixos, e dos plantões e dos empregos que oferecem apenas poucas horas de trabalho por semana, remunerando-o de maneira precária. É importante planejar por quanto tempo você quer ficar dependente desses trabalhos. "A minha meta é, no momento em que estiver com meu consultório cheio, começar a abrir espaços em minha agenda para atender a pacientes particulares", você pode escrever em seu caderno ou aplicativo de planejamento.

Fixar como um objetivo cortar esse cordão umbilical que no início da carreira liga você aos planos de saúde é um passo necessário para fazer evoluir sua marca e começar a precificar melhor seu trabalho. Podemos sempre continuar ligados àquelas empresas que nos trazem uma remuneração melhor e que mais nos indicam pacientes, mas tanto para saber quando será esse momento correto como para decidir que vínculos manteremos com seguradoras e planos, precisamos ter os números de nosso consultório à mão. Sem uma gestão competente, não saberemos a hora certa de mudar nosso rumo profissional.

Não estou "endemoniando" todas as empresas da área da saúde, não estou dizendo que todas sejam ruins. Mas hoje existe, sim, uma grande pressão do mercado para que você atenda um número exagerado de pacientes, e recebendo em troca uma remuneração que, na média, tem sido sempre baixa. Em resumo, é difícil manter-se apenas com consultas feitas a partir de convênios médicos, a não ser que você tenha um grande volume de atendimento, o que também não é bom, pois compromete a qualidade de seu trabalho, sua vida familiar e sua saúde.

CRENÇAS LIMITANTES

Uma vez que os negócios começarem a progredir, você passar a se sentir mais seguro profissionalmente e a clientela já estiver bem formada, é o momento de começar a ter seus clientes particulares. Mas como calcular o quanto cobrar pelas consultas? É nesse momento que costumam surgir as crenças limitantes em nossa mente, e elas nos impedem de decidir de maneira racional quanto proporemos como valor para nosso trabalho.

Um dos principais dogmas é o clássico "ah, saúde e dinheiro não combinam, é inadequado um profissional de saúde falar em dinheiro". A solução que tenho para essa crença limitante é contemplar esse raciocínio simples e lógico: minha profissão é ser médico, e como qualquer outro profissional, eu preciso receber um valor justo pelo meu trabalho, porque isso é que me dignifica enquanto profissional e isso é que faz com que eu tenha estímulo para continuar entregando para as pessoas o melhor que tenho.

Eu não tenho vergonha de falar de dinheiro com meus clientes. Não delego, como fazem alguns colegas, à secretária ou a funcionários do hospital com o qual trabalho a cobrança de meus serviços. Eu precifico e digo o valor para as pessoas. Porque, no momento em que a pessoa se queixar de que está muito caro, ou trazer outras objeções, tenho uma resposta elaborada pronta, um roteiro, para quebrar cada um desses argumentos. Eu digo: o meu valor é esse pelo tipo de dedicação que eu tenho, pela quantidade de horas de estudo que acumulei, pela qualidade da minha entrega, pelas especializações que fiz, pelas viagens para o exterior para estudar, pelos congressos dos quais participei, pelo quanto tenho investido na minha carreira para entregar a melhor solução de saúde para você.

E costumo acrescentar: o meu valor provavelmente será diferente de outros profissionais que não saíram da cidade, que não se atualizaram, que não foram a congressos. Eu sou um dos médicos mais *up to date*, ou seja, atualizado em minha especialidade de minha região e de meu estado. Esse último comentário, eu não poderia fazer em público, pois seria uma propaganda não permitida pelo Conselho Federal de Medicina. Mas posso dizer para as pessoas que sou um profissional extremamente atualizado. Eu viajo, invisto muito dinheiro em minha formação, e, por esse motivo, meu custo traduz a qualidade do serviço que entrego.

Tenho consciência de que, se eu estivesse no início de minha carreira, não poderia usar nenhum desses argumentos ao conversar com algum cliente sobre o valor que cobro pelos meus serviços. Quando somos iniciantes, não podemos precificar nosso trabalho na mesma faixa de quem está há vinte ou trinta anos no mercado. Simplesmente porque ninguém concordará em pagar. Lá na minha clínica, por exemplo, os colegas que são mais jovens do que eu cobram menos do que eu pelas consultas. Eu não me importo com isso.

Outras clínicas costumam determinar que todos tenham o mesmo preço de consulta, mas não acho justo que eu, que tenho vinte anos de estrada, obrigue os jovens médicos que estão chegando à minha clínica a cobrar o mesmo preço que eu. Tenho uma marca no mercado muito mais forte do que a deles, então não é justo que eles sejam obrigados a cobrar o mesmo que eu cobro, porque, se tiverem de escolher entre mim e eles, a tendência das pessoas é escolher a mim. Se pagarei o mesmo preço, que seja para o mais experiente, pensarão os clientes.

Isso não quer dizer que quem sai da faculdade não tenha o que argumentar a favor de cobrar um preço justo. Se alguém fez uma especialização, passou dez ou doze anos formando-se como médico, essa é uma experiência significativa, uma bagagem que lhe dará argumentos para garantir que presta um serviço de excelência.

Mas há um cuidado a ser tomado. Seu preço nunca deve ser o mais baixo da região, mesmo que você fique tentado a fazer isso para atrair mais clientes. Em empreendedorismo, sempre dizemos que, quando você está no balaio de descontos, as pessoas percebem muito pouco valor em seu trabalho. Então, nunca esteja na seção de ofertas. Enquanto você estiver lá, outros ocuparão a vitrine principal. Sua marca será percebida como tendo um valor muito baixo, e você terá de se esforçar depois para recuperar o prestígio perdido.

Do lado contrário, ter um preço mais alto pode ser uma boa estratégia. Dependendo da região em que você atua e da população que você atende, se for o mais barato, as pessoas valorizarão menos o seu trabalho, mesmo que você seja um excelente profissional. Mas se você cobrar mais caro, poderá ser admirado por isso. Entre dois profissionais que têm a mesma qualidade, as pessoas costumam valorizar mais o que cobra caro.

DESCONTOS, DAR OU NÃO DAR?

Quando se fala sobre valor de consulta, preços de tratamentos ou outras intervenções que os médicos executam, sempre surgirá a questão dos descontos no que é cobrado, ou mesmo quando prestar serviços de forma gratuita. Nós médicos, durante toda nossa vida profissional, sempre fazemos e faremos caridade. Não existe nenhum médico que ao longo de sua carreira não faça benemerência quase todos os dias. Isso é tão presente, que é algo que vemos como normal, não conseguimos agir de outra maneira.

Há uma visão enviesada a respeito dos médicos que considera que eles, por cobrarem caro por seus procedimentos, são pessoas com uma mentalidade totalmente mercantilista. Somos chamados de frios, interesseiros e outros adjetivos ruins. Mas, de novo, todos os médicos fazem benemerência. E todo santo dia a gente vê alguém com uma condição financeira precária querendo renunciar aos poucos bens que tem para ter acesso a uma Medicina melhor. É nessa hora que costumamos trabalhar de maneira gratuita para ajudar essas pessoas.

Outras vezes orientamos o cliente. "Olha, você não tem condição de arcar com uma internação particular, gastará tudo o que tem no hospital", explicamos. "Existem bons serviços de saúde pública, eu posso te recomendar para bons colegas que trabalham em centros universitários, nos quais você terá acesso a uma

Medicina de qualidade." Isso é verdade, pois ainda existem verdadeiros oásis em termos de saúde pública no Brasil. A cidade onde moro é uma das que têm uma saúde pública de excelente qualidade.

Sempre digo, no entanto, que é preciso ter sabedoria ao praticarmos essas ações filantrópicas. Há médicos que sempre estão dando descontos nos valores que cobram. Os clientes, ao indicá-los aos outros, os recomendam como médicos que sempre reduzem seu preço. É só dar uma choradinha, e ele abaixa os preços das consultas, dos exames e procedimentos. Assim, todos os pacientes chegarão ao consultório e tentarão regatear o valor. Eu dificilmente dou desconto. Prefiro, algumas vezes, trabalhar de graça a dar desconto. Se você está sempre disposto a diminuir o preço de seu serviço, ninguém, talvez nem você mesmo, saberá qual é seu valor.

Precisamos saber com exatidão qual é nosso valor, e nossos clientes também. A questão do pagamento dos honorários deve ser tratada com honestidade e clareza desde o primeiro contato. Seu cliente tem o direito de saber exatamente quanto terá de lhe pagar já no momento em que contrata seus serviços. Nunca diga: "Ah, depois a gente vê isso." Não enrole o paciente. Diga: "Meu preço é este." Isso é importante, não só para evitar divergências e mal-estares futuros, como também para você deixar claro, de maneira adulta, qual é seu posicionamento profissional.

Devemos estar atentos aos aproveitadores. Pessoas que evidentemente têm condições de pagar seus honorários e tentam pechinchar, pedir descontos, devem ser tratadas com firmeza. Se você fraquejar, se sentirá usado posteriormente e mal por isso. Não abrindo mão de receber um pagamento justo, você fará com que os outros o tratem com respeito. Seu prestígio profissional crescerá, se você agir dessa maneira.

Devemos ter bom senso e estar preparados para negociar valores e formas mais suaves de pagamento quando as contas forem excepcionalmente altas. Se uma família manteve uma pessoa hospitalizada por muito tempo, a conta será cara. Nesse caso, é óbvio que cobrarei menos e facilitarei o pagamento. Para isso, tenho de ter recursos, como capacidade de emitir um boleto ou trabalhar com cartão de crédito. A quase totalidade dos médicos não aceita cartão de crédito. É um erro. Ninguém anda mais com dinheiro no bolso. Se você não aderir ao comportamento geral, perderá mercado.

CIENTÍFICO, NATURALISTA, GUERREIRO, MAGO E TANTO FAZ

Costumamos receber clientes com diferentes perfis em nossos consultórios. Cada um deles, é claro, tem sua individualidade, nunca será exatamente igual a outra pessoa. No entanto, a experiência nos mostra que os clientes têm padrões de comportamento com características que os aproximam mais de uns do que de outros. É interessante conhecer essas diferentes personalidades, pois isso nos deixa mais bem preparados para entender seus conflitos e propor soluções mais adequadas.

Um desses grupos é encarnado pelo cliente "científico". Ele é curioso, gosta que lhe expliquem quais são os procedimentos que serão adotados, como eles funcionam, como o corpo reagirá a eles. O cliente científico é mais propenso a aceitar o uso de tratamentos mais recentes e tecnológicos. Há, ainda, o paciente naturalista, que se interessa por coisas naturais e tem um perfil puxado para o esotérico. O "naturalista" não gosta de tomar remédios, prefere não fazer exames e tem resistência a ser submetido a procedimentos. Ele perceberá menor valor nas soluções tecnológicas que forem oferecidas a ele. Algumas vezes, o mais acertado é encaminhá-lo para um médico que tenha essa linha mais naturalista, do que ele ser atendido por um profissional como eu, que é mais ligado à parte científica.

Temos outros perfis de pacientes baseados nos arquétipos da personalidade.[3] O "guerreiro" é aquele cliente impaciente. Chega ao consultório e pede uma decisão rápida. Não quer ficar muito tempo ali e espera que você seja breve e o mais direto possível. Se for necessário ser submetido a alguma intervenção, que isso seja feito o mais rápido possível, diz o guerreiro. Um guerreiro tem pressa e quer tudo para ontem.

O paciente "mago" é aquela pessoa que precisa de sua atenção. Ele é metódico, traz todos os seus exames em pastinhas, separados por doença e data. Quer que tudo seja explicado em detalhes. É essa a maneira de agir que o faz se sentir seguro. Se já identificamos quais entre nossos clientes são magos, sabemos que a consulta se estenderá por um tempo maior, e que eles prezam pelo cumprimento de horários Por isso, é conveniente reservar um horário de consulta no qual o consultório não esteja muito cheio e no qual você tenha menos chance de se atrasar, talvez no início ou final de um turno.

O paciente "rei" é aquele que está à frente de seu tempo, tem iniciativa, é extremamente otimista em relação a tratamentos e aos procedimentos e adora novidades tecnológicas.

Por fim, temos o paciente "amante". Esse é o perfil da maior parte das pessoas. Ele está ali para ser guiado pelo médico. Espera que você decida e tome a decisão por ele de quais caminhos o tratamento necessário deverá percorrer. Ele não quer tomar a decisão, se recusa a tomar as rédeas da própria vida. Cabe a você fazer esse paciente entender que a decisão sobre a própria saúde tem de ser dele, e não sua.

---

[3] GILLETE, D.; MOORE, R. *Rei, guerreiro, mago, amante*: a redescoberta dos arquétipos do masculino. Rio de Janeiro: Campus, 1993.

COMPARTILHAR DECISÕES

Este é um ponto de grande importância na prática da Medicina: convencer o cliente a aderir ao tratamento de uma maneira ativa, ou seja, como uma decisão compartilhada entre médico e paciente. Você não pode impor ao cliente o que você acha que ele deve fazer, mas, sim, compartilhar a decisão. Explique quais são as opções aceitáveis e viáveis cientificamente para ajudá-lo a resolver o problema e ajude-o, se for o caso, a decidir. Mas a decisão final tem de ser dele. Lembre-se de que, quando é você quem impõe o tratamento, a responsabilidade sobre o insucesso será totalmente sua. A Medicina moderna exige essa postura do médico: compartilhar decisões com o cliente.

As grandes mudanças pelas quais passa a sociedade exigem dos médicos conhecimentos mais diversificados do que os que tinham os profissionais das gerações anteriores. Atualmente, temos de atender a muitas exigências do mercado. Precisamos nos aprofundar em novas tecnologias, divulgar conteúdos úteis para o público, gerenciar o dia a dia de nosso consultório, entender de finanças — assunto que estará em discussão no próximo capítulo — e lidar com pacientes que têm posturas e expectativas que até então não haviam emergido.

Mas algo permaneceu inalterado ao longo do tempo: nossos pacientes vêm até nós com a expectativa de que serão ouvidos, acolhidos e tranquilizados em seus temores. A capacidade de fazer isso é uma qualidade preciosa que devemos sempre nos esforçar para cultivar. Costumo dizer que sinto como um triunfo pessoal especial todas as vezes em que consigo conquistar um paciente difícil, aquela pessoa que já passou por outros profissionais que não conseguiram lidar de maneira adequada com ela. Às vezes, todo o necessário era ter paciência e escutá-la com real disposição. As pessoas precisam de alguém que as ouça. Quando você consegue estar aberto a escutar, se mostrar solidário, consegue que esse paciente abra as portas de seu inconsciente e aceite ser ajudado, e esse é um momento mágico. Esse paciente se torna seu fã, recomenda você, percebe e admira a sua autoridade no assunto e sua humanidade no atendimento. E ele terá um Life Time Value (LTV) maior que os outros pacientes, ou seja, será cliente de seus serviços por muito tempo e ainda facilitará seus esforços de venda.

Capítulo 21

O QUE O MÉDICO PRECISA SABER
sobre finanças

Nos primeiros anos de trabalho em minha clínica, cometi um pecado grave. Ainda inexperiente na gestão empresarial, misturei o dinheiro que deveria ser usado para pagar minhas contas pessoais com o dinheiro que eu deveria aplicar nos gastos do consultório. O resultado foi que, ao longo desse tempo, nunca fui capaz de saber ao certo se meu consultório era lucrativo ou, pelo menos, autossustentável, ou se eu o estava financiando com o que faturava com outros trabalhos, sobretudo plantões, que continuava a fazer. Em resumo, eu não sabia se meu consultório poderia estar dando prejuízo ou não.

Embora isso nunca tenha me servido de consolo, esse é um erro que 90% de nós, médicos, cometemos e que pode ter implicações graves em nossa trajetória profissional. O pior é que nós não nos damos conta do veneno potencial que essa mistura de pessoa jurídica e física pode provocar com o passar dos anos. Basta imaginar essa situação ocorrendo com um médico que, ao longo de sua vida profissional, se envolveu em vários outros trabalhos, além de atender em seu consultório. Chega um momento em que esse médico decide que viverá exclusivamente do que ganha com seu consultório. Sem fazer qualquer conta, larga todos os outros empregos, e quando começa atender exclusivamente no consultório, se dá conta que ele, na verdade, é deficitário.

Como nunca havia se preocupado anteriormente em calcular o que seu consultório gerava de dinheiro e quanto rendiam seus outros trabalhos, só agora, quando talvez já seja tarde demais, ele entenderá que, durante todo o tempo, sustentou um consultório deficitário com a renda vinda e suas outras ocupações. Na confusão de suas contas, nas quais estavam misturados recursos de pessoa física e jurídica, não sabia de onde vinha e para onde ia seu dinheiro. Imaginem a enorme frustração que esse médico, talvez com seus 60 ou 70 anos de idade, sente ao constatar que o consultório, que deveria ser um porto seguro para lhe dar uma vida mais tranquila e bem remunerada, se mostra um negócio insustentável. Nessa idade, já cansado, ele terá de voltar a fazer plantões!

ALERTAS TATUADOS

As faculdades de Medicina não nos ensinam a gerenciar negócios. No colegial ou no ensino fundamental, também não ouvimos uma única palavra sobre como tratar nossas finanças pessoais, ao contrário do que acontece nos países mais avançados. Portanto, não é de todo surpreendente que nós, médicos, cometamos erros e troquemos os pés pelas mãos, quando temos de lidar com a parte financeira de nossos negócios. Temos poucas pistas sobre como fazer isso.

Os dois equívocos mais corriqueiros são, portanto, misturar as contas de pessoa física e pessoa jurídica e confundir faturamento com lucro. O resultado desses dois erros é que costumamos considerar que temos mais dinheiro do que realmente temos, e as consequências que podem vir desse lamentável engano dispensam explicações. Deveríamos tatuar este alerta em um braço: *"Não devo tirar dinheiro da empresa para pagar minhas contas pessoais"*; e no outro braço, este: *"Faturamento é uma coisa, lucro é outra"*, para nunca mais cometermos esses erros.

É de grande relevância que se faça muito bem essa divisão, desde o início da carreira médica. Se você for disciplinado e tratar sua vida econômica com sabedoria, será um profissional organizado e, sem dúvida, terá grande sucesso em sua carreira. Mas se deixar para fazer isso mais tarde em sua vida, como foi meu caso, tudo se tornará mais difícil. Nunca é tarde para acordar. Felizmente, já há algum tempo passei a cuidar de forma profissional de minhas finanças e continuo sempre aperfeiçoando minha gestão financeira. É preciso parar, sentar e organizar nossa vida econômica de uma maneira que realmente funcione. Já começando da maneira correta, o gerenciamento de suas finanças será bem mais fácil.

Por mais surpreendente que isso possa ser, quase todos os médicos fazem confusão entre o que é o faturamento de seu consultório ou clínica e o lucro que esses negócios eventualmente proporcionem. Esse erro de avaliação pode acontecer em qualquer momento da carreira, mas surge com mais força quando seu negócio começa a gerar dinheiro e o montante de entrada lhe enche os olhos e não o deixa enxergar claramente a diferença entre as duas coisas.

O faturamento, dito de uma maneira bem simples, é o que entra de dinheiro; e o lucro é o que sobra para você e seus sócios após todo o resto ser pago (aluguel, IPTU, condomínio, salários e encargos de funcionários, contas de consumo de água, energia e telefonia, manutenção de aparelhos, parcelas de financiamentos, assessoria contábil, impostos diversos etc.). Uma empresa pode ter um faturamento alto, mas experimentar uma lucratividade muito baixa. Isso pode acontecer quando sua clínica é um empreendimento de alto custo. Você pode estar em uma zona extremamente cara da cidade, na qual os aluguéis são estratosféricos, talvez você tenha funcionários demais ou esteja penando para honrar dívidas devido à compra de aparelhos ou mobiliário dispendiosos.

O equilíbrio entre faturamento e lucratividade pode ser alcançado de duas maneiras: ou você aumenta o valor da consulta e dos procedimentos que oferece, ou reduz seus custos. Mas dificilmente você conseguirá fazer qualquer uma dessas duas coisas sem saber exatamente o quanto está faturando e o quanto disso está se transformando em lucro ou se sua clínica fecha no vermelho. Desconhecendo seus números, não será possível chegar a qualquer solução, e existe a probabilidade de seu negócio não ser viável. Então anote aí: você precisa conhecer seus números!

CUSTOS FIXOS E CUSTOS VARIÁVEIS

A primeira coisa a fazer, portanto, será tentar entender qual é a real situação de sua vida financeira. Isso começa com o cálculo de quais são seus custos fixos e quais são os variáveis. Quando tratamos, no Capítulo 9, dos primeiros passos para abrir um consultório, falamos da importância de conhecer o valor desses custos. Agora aprofundaremos um pouco mais esses conceitos.

Custos fixos são aqueles gastos constantes, independentemente de o consultório ter tido um movimento maior ou menor, digamos, no período de um mês. Tais custos fixos são, portanto, parte da estrutura do negócio.[1] Eles são as despesas, que incluem aluguel, condomínio, faxineira, luz, secretária, telefone, imposto de renda, INSS. Também estão incluídos aqueles custos anuais, a exemplo do IPTU, taxas dos sindicatos profissionais, associação médica, Conselho Regional de Medicina, imposto sobre serviços de qualquer natureza, o alvará do consultório. Embora os impostos geralmente devam ser pagos uma vez por ano, sugiro que você faça uma estimativa o mais precisa possível do valor total deles e divida esse valor por doze meses. Assim você chegará ao valor mensal dos impostos e poderá realizar uma provisão mensal para poder pagá-los quando for o momento.

Por sua vez, os custos variáveis,[2] como diz o nome, variam de acordo com a quantidade de bens produzidos ou entregues. Em uma clínica, isso, em geral, é considerado com o que se gasta com os componentes descartáveis de um equipamento médico, luvas, gazes, café, produtos para assepsia, e outros itens. Se você, em um mês, atende duzentos pacientes, terá de gastar um número determinado de luvas, e os clientes tomarão uma quantidade x de cafezinhos. Se nos meses seguintes os clientes forem cem, o mais provável é que será usado metade do número de luvas do mês anterior, e a cozinheira trabalhará bem menos para preparar o café.

A soma de seus custos fixos mensais mais a média, também mensal, de seus custos variáveis lhe mostrará o quanto seu consultório representa de gasto para você.

---

[1] SEBRAE. Saiba o que são custos fixos e custos variáveis (Sem data). Disponível em: <https://www.sebrae.com.br/sites/PortalSebrae/ufs/ap/artigos/saiba-o-que-sao-custos-fixos-e-custos-variaveis,7cf697daf5c55610VgnVCM1000004c00210aRCRD>. Acesso em: 20 jan. 2020.

[2] Idem.

Mas ainda faltará uma informação para você calcular o quanto deverá cobrar pela sua consulta, exames e procedimentos: pagos todos os custos do consultório, quanto de dinheiro você deseja de retirada mensalmente? Esse será o seu pró-labore, sua remuneração, o montante de dinheiro gerado pela clínica, depois de descontados os gastos, de que você precisa para sustentar sua vida pessoal ou familiar.

É preciso mencionar ainda que, entre os gastos, está o fundo de reserva. Esse fundo é um valor que você separa todos os meses para fazer frente a alguma emergência, como você ficar doente e não poder trabalhar ou ter de fechar o consultório para uma grande reforma. Enfim, é um dinheiro guardado para que você possa manter seu negócio vivo, mesmo que durante algum tempo seu faturamento caia para zero.

Tradicionalmente, recomenda-se que esses fundos somem o equivalente a algo entre seis e doze meses de despesas do consultório. Ele deve ser aplicado em renda fixa, que é um investimento que permite que o resgate seja feito com facilidade e rapidez, o que é o ideal para fazer frente a alguma emergência. Mas, de novo, esse fundo de reserva destina-se a algum momento crítico que afete seu consultório, não é para ser usado como um socorro para suas despesas pessoais.

É um dinheiro que só pode ser gasto pela pessoa jurídica. Pessoas físicas estão proibidas de se aproximar dele. Uma vez que você constitua seu fundo de reserva, não precisa mais se preocupar com ele. Mantenha-o em uma aplicação de renda fixa e só aumente seu valor na medida em que os gastos da operação também crescerem. O importante é que ele seja capaz de suprir um período de seis a doze meses de funcionamento do consultório.

Uma dica importante é se preparar financeiramente para o final do ano. Geralmente, nos meses de dezembro e janeiro, você tem um aumento importante de despesas com pagamento de 13º salários, férias, IPTU etc., e devido a festas e feriados, e a um menor movimento nas cidades, a não ser que sua cidade seja litorânea. Com a queda significativa em sua receita, se não tiver se planejado direito, poderá ter dificuldade para fechar as contas nesse período.

CUSTOS E GANHOS EM PERCENTUAIS

Esses gastos sobre os quais falamos até aqui podem ficar mais claros se os examinarmos como percentuais. De todo seu faturamento, 50% dele seriam destinados àqueles custos básicos que mantêm seu consultório funcionando. Vamos imaginar que seu negócio renda R$50 mil por mês. Desse total, portanto, R$25 mil cobririam os custos fixos e variáveis, ou seja, os salários do pessoal, aluguel, impostos, material de limpeza etc. Desse total, seria descontado também um percentual mensal para compor o fundo de reserva. Seriam separados, por exemplo, 5% dos R$25 mil, que correspondem a R$1,25 mil, para formar esse fundo.

Dos R$25 mil restantes, seriam retirados, antes de irem para seu bolso, 30%, ou seja, R$7,5 mil, que seriam colocados em alguma aplicação financeira para compor outra reserva, destinada para dois objetivos: 1) Investimentos futuros da empresa: isso pode ser a compra de um equipamento, a pintura do imóvel, adquirir novos móveis e outras despesas do negócio; 2) Verbas para financiar cursos, congressos e viagens que você fará, tendo em vista exclusivamente sua formação profissional. O que sobraria depois desse desconto para essa reserva de investimentos, R$17,5 mil, seria o lucro da operação, o pró-labore que estará à sua disposição.

É claro, essa é uma simulação para facilitar o entendimento de como costuma se dar, a partir do faturamento geral, a alocação de recursos para esses cinco itens básicos das finanças de um consultório ou clínica: custos fixos, custos variáveis, fundo de reserva, fundo de investimento e pró-labore. Essas contas tornam-se mais complexas quando há sócios que detêm, cada um, percentuais diferentes de participação na sociedade. Também pode haver recursos alocados por pessoas que não são médicos, mas investidores que investiram o dinheiro na construção e aparelhamento da clínica e têm, por essa razão, direito aos seus pró-labores.

Talvez um faturamento total de R$50 mil mensais, como foi colocado neste nosso exemplo, não seja algo fácil de ser atingido já nos primeiros anos de consultório. No quadro atual da Medicina no Brasil, a maior parte dos médicos, sobretudo os mais jovens, tem uma enorme fatia de sua remuneração originária dos convênios médicos, que, como já dissemos aqui, pagam valores pouco atraentes pelas consultas realizadas. Mas essa análise ponto a ponto das variáveis que envolvem o trabalho médico permite um entendimento do peso que as despesas têm para o negócio e quais são as possibilidades de rendimento do negócio.

Tendo levantado os custos com os quais você tem de arcar, você será capaz de determinar qual deve ser seu fluxo de caixa mensal no consultório para pagar essas contas. Uma maneira de fazer isso é calcular qual é seu custo/hora, o que também o levará a conhecer qual será seu faturamento/hora necessário e o lucro/hora. O custo/hora é influenciado pela sua taxa de ocupação do consultório. Sabendo que nos primeiros anos de carreira dificilmente trabalharemos apenas no consultório e teremos de dar plantões e trabalharmos em outras instituições, temos de saber por quantas horas ocupamos, de fato, o consultório com nossos atendimentos. Isso é relevante, porque, estando ou não no consultório, terei de pagar suas despesas. Com esse dado em mãos, saberei se o custo do consultório é um valor maior ou menor do que o lucro que ele me traz.

QUANTO VALE SUA HORA?

Calculando ainda o valor de minha hora de trabalho, devo saber quanto os convênios pelos quais atenderei pagam pelas consultas. Com esse dado, poderei saber quantas consultas pelos convênios sou capaz de fazer em uma hora em minha especialidade. Trata-se de uma informação importante, que permitirá o cálculo de quantas clientes terei de atender para cobrir os custos do consultório e ainda auferir algum lucro.

O custo médio de um consultório em uma cidade de porte médio gira em torno de R$12 mil. Em uma capital, dependendo do estilo da clínica, esse valor pode atingir entre R$15 mil e R$20 mil. Se os convênios, em 2019, pagavam em média de R$50 a R$60 por consulta, seria necessário realizar cerca de duzentas consultas apenas para cobrir os custos de R$12 mil da empresa, ou seja, 10 consultas por dia. Não é pouco. Explico mais uma vez: todas essas simulações pressupõem um médico trabalhando sozinho em seu consultório. Se você tem um sócio, as despesas podem ser divididas por dois, o que torna o negócio potencialmente mais lucrativo. Se forem três sócios, a margem de ganho será ainda maior, embora os custos fixos e variáveis também aumentarão. Se você faz exames e procedimentos em seu consultório, oferece vacinas e outros serviços, naturalmente isso mudará a composição de seu faturamento. Há muitas variáveis, e seria impossível tentar cobrir todas elas neste capítulo.

O que você precisa saber é quanto é necessário produzir para cobrir os custos de seu consultório, quanto custa atender cada paciente, realizar cada exame ou procedimento, ou seja, o quanto terá de trabalhar para cobrir os gastos do consultório. Com esses dados, você terá muito mais segurança e assertividade para calcular, nesse conjunto de gastos e faturamento, qual é o pró-labore que você deseja ou é capaz de receber.

O valor desse pró-labore depende, agora sim, dos gastos pessoais que você pretende ter. As variáveis aqui são quantos filhos você tem e que nível de conforto você acha necessário dar a eles. Quantas viagens você pretende fazer em família é outra variável. Se você for casado sem filhos ou solteiro, haverá outros gastos. Você pode querer reservar um dinheiro para, daqui a dois anos, se mudar para um apartamento maior, em um bairro melhor. Você tem uma queda por carros esportivos, vinhos etc.

Se você depende exclusivamente do consultório para seu sustento, seu pró-labore terá de ser suficiente para fazer frente a todos seus gastos e caprichos. Dificilmente você conseguirá manter um padrão de vida elevado se atender exclusivamente aos convênios. Será necessário ter uma boa clientela particular, que lhe pague honorários mais elevados.

O pró-labore não é a única forma de remuneração possível. Alguns médicos preferem a fórmula da divisão dos lucros da empresa. Isso se dá ao final do ano fiscal, quando o lucro auferido é distribuído entre os sócios, de acordo com a participação acionária de cada um deles na clínica. A forma como será feita a distribuição do lucro pode variar, mas sempre deve estar explicitada no contrato social.

O lucro poderá, ainda, ser dividido integralmente, ou descontada uma parte para ser reaplicada na própria empresa, no fundo de investimento.

Também é possível criar uma fórmula híbrida. Os médicos recebem um pró-labore menor por mês — digamos, R$5 mil, ou mesmo algo simbólico, como R$500,00 — e, no final do período fiscal, dividem todo o lucro. Nessa maneira de repartir os lucros, os profissionais têm de ser disciplinados e organizados para usar esse montante ao longo de todo um ano de despesas pessoais individuais. Acredito, no entanto, que a maioria dos profissionais prefere receber o pró-labore em uma base mensal, pois têm um maior controle do que entra mensalmente em sua conta.

QUANTO CUSTA SUA CONSULTA?

Só depois de ter todos esses dados a respeito dos custos que estão envolvidos no seu negócio você poderá decidir a respeito da precificação da consulta que você prestará para seus clientes. Nesse cálculo, você embutirá, além do quanto é preciso ter de rendimento para cobrir os custos fixos e variáveis, o quanto você quer ser remunerado pelo seu trabalho, o seu pró-labore. Você pode fixar o preço que desejar, mas certamente, se o valor estiver bem acima do que outros médicos de sua especialidade, e com uma expertise e experiência semelhantes às suas, estão cobrando, é pouco provável que os clientes queiram pagar mais caro por um serviço que está disponível por um valor mais acessível. Seu consultório ficará às moscas.

Faça um benchmarking e pesquise os preços praticados por outros médicos em sua região, cidade ou bairro. De novo, seu valor não poderá estar muito distante da média dos honorários cobrados. Como se faz esse benchmarking? Perguntando aos colegas de sua especialidade quanto eles cobram pelas consultas. Simples assim. Você liga para o consultório deles e pergunta o preço da consulta.

Quando comecei em minha clínica, como eu não havia feito a lição de casa para aprender a calcular custos e lucros, liguei para dois ou três hospitais de Porto Alegre para saber quanto eles cobravam para fazer exames, já que eu havia comprado um equipamento. A partir do que eles me disseram, fixei o valor a ser cobrado.

Mas me dei mal. Não é assim que se deve proceder. É preciso ter claro o quanto aquela máquina custou, em que velocidade você pretende recuperar o valor investido, quanto ela custa por exame, qual é o lucro pretendido em cima dela. E havia ainda outro erro ao tomar como referência de preço aqueles que são praticados por um hospital. Como estes são empreendimentos de grande porte, que têm escala, eles compram os insumos necessários e mesmo os equipamentos a um preço bem mais baixo do que aquele ao qual tenho acesso. Por isso, podem cobrar valores muito mais baixos do que os meus, e ainda ter lucro.

A HORA DO ASSESSOR FINANCEIRO

Apesar de alguns colegas optarem por fazer sua própria declaração de imposto de renda, recomendo que desde o início você contrate pelo menos a assessoria de um contador. À medida que os negócios avançarem e o controle de suas finanças se tornar mais trabalhoso ou complexo, é provável que você cogite contratar também os serviços de um assessor financeiro. Considero essa uma atitude que poderá facilitar sua vida, mas alerto que ela também traz a possibilidade de cairmos no equívoco de terceirizar completamente a gestão financeira de nossa clínica.

Muitos colegas fazem isso. Mas, se por um lado, eles se desobrigam das tarefas exigidas no dia a dia da gestão financeira, por outro, continuam sem saber o quanto custa seu dia a dia e não são capazes de precificar corretamente seu trabalho. O pior: por terem terceirizado inteiramente sua vida financeira, continuam sem ter o controle sobre suas contas e podem acabar, em alguns casos, sendo até mesmo enganados ou passados para trás

Devemos participar ativamente, desde o início, do controle financeiro de nossa empresa ou clínica. Temos de contar com profissionais dessa área para nos ajudar, sim, mas temos de entender, mesmo que superficialmente, o que significam nossos números financeiros. Somente assim seremos capazes de avaliar se a saúde financeira de nossa vida e a de nossa empresa estão em ordem. Precisamos ter um contador, mas deve ser um contador confiável, proativo, que vá além de processar suas notas fiscais e lhe sugira boas opções para melhorar sua tributação e gestão financeira.

Uma das orientações que um bom assessor financeiro ou contador poderá lhe dar é a de adotar o livro caixa em sua empresa. Esse instrumento é uma excelente maneira de lidar com os tributos que são exigidos da atividade profissional dos médicos.[3] O livro caixa é uma possibilidade fiscal ao qual os médicos autônomos têm direito. Por meio dele, é possível deduzir o valor de várias despesas do total a ser pago no imposto de renda. Os profissionais da saúde que usam esse recurso devem assinalar, todos os meses, as receitas e as despesas relativas à prestação de serviços.

É possível descontar do imposto o valor integral de quase todas as despesas geradas pelo seu consultório ou clínica. Até mesmo gastos com congressos e outros relacionados à formação médica podem ser deduzidos. Alguns gastos, tais como despesas trabalhistas, serviços de terceiros, despesas com custeio e funcionamento, propaganda, assinatura de jornais e revistas, roupas especiais, contribuições a

---

[3] MEDCAPITAL. Tudo-o-que-voce-precisa-saber-sobre-livro-caixa-para-medico-autonomo. (s/d). Disponível em: https://www.medcapital.com.br/blog-medcapital/tudo-o-que-voce-precisa-saber-sobre-livro-caixa-para-medico-autonomo. Acesso em 20 jan.2020.

entidades de classe, imóvel residencial e profissional, manutenção e conservação, máquinas e equipamentos, e outros, podem entrar na lista de descontos.[4]

Outra possibilidade de reduzir a tributação, que o assessor financeiro também poderia sugerir, são as aplicações financeiras no PGBL — Plano Gerador de Benefícios Livres[5] —, uma modalidade de previdência privada que é beneficiada por incentivos fiscais governamentais. Como opção de investimento, o PGBL é ruim. No entanto, ele oferece a vantagem de você poder aplicar até 12% de seu imposto nele. Ou seja, você paga 12% a menos do imposto devido aplicando no PGBL o dinheiro correspondente a esse percentual. O dinheiro fica aplicado nesse plano, e quando você for resgatá-lo, daqui a dez ou vinte anos, por exemplo, estará pagando um valor menor de imposto e ainda terá um dinheiro acumulado.

GERENTE NÃO É ASSESSOR

Mais do que um contador proativo, você poderá ter bons resultados financeiros caso seja orientado por um assessor financeiro competente. Considero isso algo especialmente importante entre nós brasileiros. Por não termos tido acesso a uma educação financeira, cometemos erros primários ao lidar com nosso dinheiro. Um deles é a tendência nacional a considerar o gerente do banco como sendo nosso assessor financeiro. O gerente do banco jamais assumirá esse papel. Ele está ali para atender aos seus interesses econômicos e aos da instituição financeira para a qual ele trabalha. Não está preocupado com nossos ganhos e perdas.

Não tenha a ilusão de que um banco algum dia se preocupará em proporcionar a você as melhores opções de investimento ou soluções inteligentes e rentáveis para seu dinheiro. O banco está focado em sua própria lucratividade e não na do cliente. Portanto, minha primeira sugestão é a de que você nunca deve seguir a orientação de seu gerente de banco.

Outra sugestão: estude e aprenda sobre investimentos. Só com o conhecimento dos diferentes produtos financeiros você terá, de fato, condições de buscar sua liberdade financeira. Se você nada souber de investimentos, sempre dependerá de alguém, terá de confiar nas dicas e na orientação de pessoas que, obviamente, têm seus próprios interesses pessoais e usarão você para conseguir os resultados que elas almejam.

Mas existem profissionais éticos e existem empresas de assessoria financeira que podem lhe ajudar nesse sentido. No começo de sua caminhada, conte com o auxílio de um contador. Mas depois, quando você passar a ter uma sobra maior de

---

[4] Idem.

[5] INFOMONEY. PGBL: o plano de previdência que pode ser abatido no Imposto de Renda (Sem data). Disponível em: <https://www.infomoney.com.br/solucoes-financeiras/pgbl/>. Acesso em: 20 jan. 2020.

recursos no seu dia a dia, é importante que você saiba e seja bem orientado sobre como tratar seu dinheiro.

Um bom consultor não lhe deixará, por exemplo, acreditar que poupar e investir são a mesma coisa. Você tem que poupar seu dinheiro, claro, mas não basta só isso. À medida que seu negócio passar a fazer com que sobre dinheiro todo mês, além do pagamento de seus custos e do pró-labore, você não guardará essas sobras debaixo do colchão, não é? E nem na poupança ou na renda fixa, pois assim você estará perdendo dinheiro ou apenas repondo a inflação. Há opções de investimentos mais rentáveis que lhe trarão bons juros reais líquidos, já descontados a inflação, taxas e impostos — só assim o seu dinheiro crescerá ao longo do tempo.

Existem diferentes formas de investimento: comprar imóveis, adquirir ações, aplicar em cotas de fundos de investimento imobiliário, abrir outro negócio próprio. Cada uma dessas opções traz vantagens e riscos próprios. Quanto maior o risco, maior será a lucratividade possível. Se você for um investidor de perfil agressivo, aplicará seu dinheiro em possibilidades mais rentáveis, mas que também oferecem o risco de potenciais prejuízos. O ideal é você se educar financeiramente e ir aprendendo aos poucos, na prática, sobre o que pode usufruir do mercado financeiro. Enquanto não for capaz de fazer isso, contrate uma assessoria financeira para ajudá-lo. Mas nunca confie integralmente nas dicas do gerente do seu banco.

A consequência lógica da carreira de um médico que tenha espírito empreendedor, que pense em sua atividade como um negócio, que tenha o controle de seus gastos, que seja capaz de planejar, é a de atingir, em certa altura de sua vida, uma situação financeira bastante confortável. Mas ao chegar a esse ponto, ele não deve baixar a guarda e negligenciar suas finanças. Ao contrário, precisa manter o mesmo cuidado que tomou para continuar desfrutando um resultado de abundância.

SEM PORSCHES E LAMBORGHINIS

Uma das maneiras de fazer isso, estou convencido, é levar uma vida simples. Mais uma vez usarei o exemplo do Vale do Silício. Em São Francisco, um em cada oito moradores é um milionário. No entanto, você anda pela cidade e não vê as ruas congestionadas por Porsches ou Lamborghinis. A vida ali é simples, as pessoas se vestem iguais. Você não sabe quem é milionário e quem não é, o estilo de viver é calmo, sem ostentação.

Tenha, portanto, uma vida mais simples. Você não precisa morar mal, não precisa viver mal. Não existe diferença entre você andar em um carro de R$500 mil reais ou em um de R$100mil. O mais caro talvez ofereça alguns pequenos luxos a mais, mas, no final das contas, todos os dois o levarão para o mesmo lugar. Se sua escolha for possuir bens de alto valor, você se matará de trabalhar e não terá tempo de sair para jantar com sua esposa ou seu marido. Viverá cansado e sem disposição para brincar com os filhos, conviver com os amigos, visitar a família.

Conheço pessoas que querem andar em um carro de R$500 mil, do qual penam para pagar o financiamento, mas são incapazes de investir esses mesmos R$500 mil em seu próprio negócio. Isso é insano. O automóvel perderá valor, você se desfará dele. Mas se você se empenhasse em investir em seu negócio, poderia trabalhar menos, ganhar mais e viver melhor. Certa vez, ouvi em uma palestra que tudo o que você compra e que, no lugar de lhe trazer lucro, aumenta suas despesas, é um passivo. Isso não o empurrará em direção a uma melhor performance financeira; ao contrário, prenderá suas rodas.

Darei um exemplo pessoal: sempre ouvi colegas dizendo que comprar um aparelho de função pulmonar avançada, que custa cerca de R$300 mil, era uma despesa que não traria lucratividade. Mas esses mesmos colegas não vacilavam em colocar uma soma semelhante a essa para comprar um automóvel! Nem passa pela cabeça deles investir esse dinheiro para adquirir um equipamento que trará mais qualidade e lucratividade para o trabalho deles.

Há não muito tempo, quando eu ainda morava com minha família em um duplex, um conhecido estava em um churrasco, no qual eu também estava presente. Ele tomou algumas cervejas a mais e me perguntou, na frente de todos, se eu não tinha vergonha de viver naquele tipo de residência, enquanto todos os outros colegas médicos moravam em casas enormes e bacanas em condomínios fechados. Eu respondi que minhas prioridades eram outras. Queria ter uma clínica grande, rentável, que me daria tranquilidade para pagar minhas contas. Talvez, depois, pensaria em ter uma casa grande.

Aí montei o meu negócio, que se tornou um empreendimento lucrativo. Passado algum tempo, essa pessoa com a qual havia me encontrado no churrasco tomou coragem para empreender. Largou o emprego e estava tentando se desfazer da própria casa para montar um negócio próprio. Adivinhem para quem ele veio pedir conselhos e uma ajuda financeira para montar seu próprio negócio!

Devemos ter bem claras quais são nossas prioridades. Para mim, a prioridade número um é ter ativos que gerem lucro. No lugar de comprar, para ficarmos no exemplo anterior, uma casa imensa que gerará muitas despesas, eu invisto constantemente meus recursos financeiros em meu negócio, para que ele gere cada vez mais valor e que, quando estiver faturando e lucrando o que estabeleci como meta, eu possa adquirir coisas que me trarão conforto. É importante conquistarmos nossa liberdade financeira.

Passamos a maior parte de nossa vida profissional trocando nosso tempo por dinheiro. Enquanto eu estiver atendendo um paciente atrás do outro, correndo de plantão para plantão, estarei trocando meu precioso tempo por dinheiro. Se sou empregado de alguém, por mais empreendedor que eu seja, estarei também trocando meu tempo por dinheiro. Nessa situação, sempre serei escravo de meu trabalho. Ao começar a empreender e ter liberdade financeira, passarei então a utilizar o tempo a meu favor. Poderei dedicar mais tempo para as coisas que gosto de fazer e ficar mais junto às pessoas que amo.

Há duas situações que permitirão que eu não precise mais trocar meu tempo por dinheiro. Uma delas é ser dono de um negócio rentável e em crescimento, no qual terei pessoas que trocarão o tempo delas por dinheiro para elas e para mim. Aliás, saber gerir pessoas é o assunto de que trataremos no próximo capítulo. A outra situação libertadora é quando desenvolvo a habilidade de fazer com que o dinheiro que conquistei passe a gerar mais dinheiro. Ou seja, quando aprendo a investir bem, o dinheiro passa a trabalhar para mim.

Podemos sempre nos encorajar lembrando que, no início de nossa carreira, sempre estaremos trocando nosso tempo, nosso lazer, nossa convivência com os outros por dinheiro. Mas se eu me planejar, sempre buscar inovar, ter confiança no meu potencial, serei cada vez mais senhor de meu próprio tempo.

Em um evento onde palestrei em 2019, em São Paulo, o Médicos S.A., escutei uma frase que resume bem a importância deste capítulo: "O médico que não sabe cuidar de seu dinheiro sempre trabalhará para os que sabem."

Capítulo 22

O QUE O MÉDICO PRECISA SABER
sobre gestão de pessoas

O Dia do Médico é comemorado em todo o mundo, mas em datas diferentes e tendo como inspiração eventos diversos. Nos Estados Unidos, por exemplo, o *Doctor's Day* é festejado no dia 30 de março.[1] Essa data foi a escolhida por ser o dia, em 1842, em que pela primeira vez se usou o éter como um eficiente anestésico em uma cirurgia.[2] No Brasil, o Dia do Médico ocorre no dia 18 de outubro, uma data de inspiração religiosa. Esse é o dia de festa de São Lucas,[3] um dos doze apóstolos e que teria sido um médico.[4] Em 2019, o dia 18 de outubro caiu em uma sexta-feira, e eu estava viajando. Na segunda-feira seguinte, me emocionei quando os funcionários da minha clínica organizaram um lanche na empresa, com frios, coquetéis e sanduíches, em homenagem ao Dia do Médico, o meu dia.

A festinha foi organizada pelos meus colaboradores, pessoas que, eu sei, ganham salários modestos, mas que se juntaram para comprar os ingredientes daquela pequena festa. Não há uma maneira mais clara de mostrar o quanto aquelas pessoas gostam de você. Elas batalham pelo seu dia a dia. Eu sou o chefe. Para elas, aquela data poderia não ter qualquer significado. Mas não é assim. No meu aniversário, elas também se unem, fazem questão de me dar um presente, um cartão assinado por todos e abraços.

---

[1] HALLMARK. Ecards business connection (Sem data). Disponível em: <https://ideas.hallmark.com/articles/spring-ideas/history-of-doctors-day/>. Acesso em: 20 jan. 2020.

[2] SURVEY ANESTHESIOLOGY. Classical File, dez. 1991, Vol. 35, Edição 6, p 375. Disponível em: <https://journals.lww.com/surveyanesthesiology/Citation/1991/12000/An_Account_of_the_First_Use_of_Sulphuric_Ether_by.49.aspx>. Acesso em: 20 jan. 2020.

[3] CALENDARR. Dia do Médico (Sem data). Disponível em: <https://www.calendarr.com/brasil/dia-do-medico/>. Acesso em: 20 jan. 2020.

[4] Para os cristãos, uma das evidências de que Lucas teria sido médico é uma referência feita a esse respeito pelo apóstolo Paulo, que o chama de "caríssimo médico", em sua Epístola aos Colossenses, (Colossenses 4:14), *Bíblia Sagrada*, p. 1399, Editora Vozes, 33ª ed., 1982.

Meus funcionários não fazem isso por serem puxa-sacos. Eles têm, de fato, consideração por mim. Não tenho dúvidas de que, quando seus colaboradores comemoram as conquistas deles com você e fazem questão de lhe relatar o que se passa na vida deles, isso mostra o quanto você, como empresário, está fazendo a coisa certa. Esse é o grande ensinamento, a essência do que quero deixar como mensagem neste capítulo.

Ter uma empresa é construir algo para a humanidade. E para fazer isso, você e as pessoas que fazem parte dessa construção têm de estar convencidos de que vale a pena todo o esforço do seu dia a dia para atingir o objetivo comum de fazer bem ao próximo. A clínica ou o consultório não é só você. Os funcionários são parte indivisível do negócio, e é importante que eles se percebam assim. Dessa maneira, se sentirão valorizados e tudo funcionará bem.

Tenho muito prazer de estar presente no lugar onde trabalho, porque as pessoas gostam de mim, me admiram e me respeitam. De minha parte, também gosto delas, as admiro e as respeito. É um ambiente maravilhoso, no qual me sinto muito bem, muito protegido. Sempre me sinto disposto a dar o melhor de mim, pois sei que todos ali estão envolvidos e também querendo fazer o seu melhor.

EMPATIA É O QUE CONTA

Esse bom clima no ambiente de trabalho é algo possível de ser alcançado por qualquer médico empreendedor. Ele começa a ser construído no exato momento em que começamos a contratar aqueles que farão a caminhada profissional conosco. Não há dúvidas de que devemos examinar cuidadosamente o currículo e a história pregressa da pessoa que queremos convidar para trabalhar conosco. A formação técnica e a maneira com que algum possível candidato coloca em prática seus conhecimentos são qualidades fundamentais para alguém ser um profissional que mereça ser chamado por esse nome.

Mas hoje, quando entrevisto alguém para trabalhar comigo, me preocupo em conhecer essa pessoa por um ângulo mais subjetivo. Quero entender quais são os objetivos de vida daquela pessoa e, especialmente, tento perceber a capacidade de empatia que ela tem em relação às pessoas. Este último item é, para mim, mais significativo do que o currículo, do que as referências que ela possa trazer ou do que qualquer outra coisa.

O que tem mais valor neste nosso negócio, e, acredito, em qualquer outro, é a capacidade de recebermos bem as pessoas, colaborar com a jornada do paciente, tratar bem nossos clientes. Não me adianta ter o melhor candidato do ponto de vista técnico ou administrativo, se no contato com o cliente ele não consegue demonstrar empatia, gentileza e ser educado o suficiente para que nosso cliente se sinta a pessoa mais importante do mundo, como é a nossa meta.

Outro item que considero fundamental é a motivação. Por que aquela pessoa quer vir trabalhar conosco? Para descobrir isso, tento conhecê-la em profundidade. Qual é o objetivo de vida dela? Qual é a importância, de fato, que ela está dando para a oportunidade de se juntar a minha clínica? O que eu desejo é que esse candidato ou candidata se identifique com a cultura de nossa empresa e com nosso propósito, que é ajudar, da forma mais competente e humanizada possível, a resolver os desafios das pessoas que tenham algum problema de saúde ou que desejem aprender como mantê-la.

Garantir esse engajamento com o propósito empresarial é essencial para estabelecer uma relação capaz de fazer com que o empregado e a empresa cresçam juntos. É sempre ruim contratarmos alguém que chega com a intenção de ser empregado apenas para garantir um salário, enquanto continua procurando outra ocupação com a qual se identifique mais. Ele ocupará uma vaga em seu negócio que poderia ser dada a alguém com o perfil certo; não terá a performance necessária, e no final, ficará aquela sensação de que todos perderam tempo e não se construiu nada de significativo.

PARENTES, NÃO!

Não perceber a falta de motivação de um candidato que estamos a ponto de contratar é um erro, mas há ainda outros erros que devemos também tentar evitar a todo custo. Um deles, cometi quando era ainda inexperiente como empreendedor. Esse equívoco foi o de contratar parentes de conhecidos, ou seja, você emprega a pessoa não pela competência, mas pela indicação. Contratei pessoas que não tinham experiência e nem referências profissionais. Dei uma vaga para elas simplesmente porque algum amigo estava precisando empregar o filho ou a esposa. Esse foi o maior erro que cometi no início de minha carreira no consultório.

Isso não seria tão ruim, se você pudesse simplesmente desligar essas pessoas caso elas não atendessem às expectativas. Mas não é assim que acontece. É muito difícil demitir alguém que você trouxe para a empresa com esse tipo de recomendação, porque isso sempre interferirá na amizade com quem lhe pediu a contratação. É até compreensível, as pessoas são muito passionais quando se trata do relacionamento com os parentes. Elas nunca entenderão racionalmente que aquelas pessoas que elas amam têm seus próprios problemas pessoais e suas deficiências profissionais. Mas para o chefe, que não tem esse envolvimento familiar, essas deficiências ficam bem claras.

Aí a situação começa a se deteriorar, e você finalmente despede a pessoa. Você poderá tentar até explicar suas razões para o amigo ou parente que a indicou, mas o mais provável é que ele não consiga enxergar esses defeitos sobre os quais você está falando. Portanto, o melhor é evitar esse tipo de contratação, não empregar alguém usando apenas como critério o pedido de uma pessoa que tenha uma relação pessoal com ela. Você pode até contratar parentes indicados por amigos e conhecidos, mas desde que eles tenham referências profissionais sólidas, como seria exigido de qualquer outro candidato.

Em quase todas as entrevistas de emprego que são feitas, os candidatos chegaram até ali por terem sido indicados por alguém, talvez por quem já trabalha na empresa contratante. Ou seja, eles foram recomendados por colaboradores internos que conhecem suas competências e qualidades profissionais. É uma prática antiga, que deve existir desde que a humanidade criou o mercado de trabalho. Isso, de certa forma, nos dá alguma tranquilidade. É melhor pensar em empregar alguém que tem boa referência, ou aval de um conhecido, do que trazer alguém sobre quem não se sabe nada.

Quem tem familiaridade com as práticas dos departamentos de Recursos Humanos sabe que o grosso das vagas de alto nível — gerência, diretoria, CEOs — é preenchido após um processo seletivo no qual, muitas vezes, é dada preferência para candidatos indicados por alguém da equipe interna da empresa que está contratando.

Essa constatação reforça o que dissemos no Capítulo 9, e em outras passagens desse livro, sobre a importância do networking, para desfrutarmos das boas oportunidades que o mercado possa vir a colocar diante de nós. Se costumamos ficar dentro do nosso casulo, quando essas oportunidades surgirem, teremos menores chances de ser contratados, mesmo se nossos conhecimentos técnicos forem superiores aos dos demais concorrentes.

A FORÇA DA CONVIVÊNCIA

Quando estamos entrevistando um candidato para uma vaga em nosso negócio, mesmo que ele se saia bem e pareça se adequar ao perfil desejado, só iremos realmente conhecê-lo na convivência do dia a dia. E isso pode mudar tudo. Alguém pode ter todas as qualificações para o cargo, mas não se encaixar em seu modelo de negócio. Ninguém dirá que é mal-humorado, propenso a discutir com os outros ou preguiçoso na entrevista de emprego. Mas além de, na vida real, ele poder ser tudo isso, pode também entrar em conflito com as outras pessoas que já estão em sua clínica há mais tempo e trabalhando bem. Por isso, considero ser uma sugestão de grande importância utilizar ao máximo, como é a nossa prática aqui na clínica, os prazos dados por lei para o contrato de experiência.

Outra maneira que usamos para tentar minimizar futuras tensões é sugerir a um candidato em vias de ser selecionado que antes passe um ou dois dias acompanhando nosso trabalho, e só depois disso formalizamos a contratação. É a oportunidade de verificar se a pessoa gostará de nosso ambiente de trabalho. Alguns já desistiram, por considerar a jornada muito intensa ou mesmo por motivos que soaram surpreendentes. Já escutei coisas como "É muita mulher junta" ou "As pessoas trabalham muito próximas umas das outras".

Em se tratando de uma empresa da área da saúde, há outras variáveis que podem interferir na escolha do candidato. Mesmo se a pessoa deseja muito a vaga, pode não ter a noção real do que é trabalhar no dia a dia com gente que está sofrendo, que está doente. Ela não sabe que diariamente se encontrará com pacientes que estão estressados por causa da sua doença e vêm à clínica carregados de raiva e de tensão. É um ambiente, de certa maneira, hostil para quem está no dia a dia, na frente do balcão. Você precisa ter uma boa estrutura psicológica para suportar seguidamente situações como essas. Não é todo mundo que se adapta a essa situação.

Se a vaga que temos é para um cargo administrativo, no qual o funcionário ficará em sua sala, esse estresse não irá atingi-lo diretamente. Se também estamos contratando um enfermeiro, não haverá problema, pois trata-se de um profissional que está habituado às características desse meio. Mas se quem está pleiteando uma vaga na linha de frente é uma secretária, cuja experiência profissional anterior se deu em uma rede de lojas, por exemplo, mesmo se seu currículo for consistente, será um desafio se relacionar rotineiramente com pessoas doentes e suas dores.

Por isso, sempre peço que a pessoa, antes de formalizarmos sua contratação, fique por um ou dois dias aqui na clínica, acompanhando todo o funcionamento e as diversas ocorrências que têm lugar aqui. Depois disso, faço perguntas: "Você realmente quer fazer parte de nossa equipe? Você gostou do posto de trabalho? Se sentiu bem com essa situação? Deseja de fato trabalhar com a gente?" Essa checagem final é muito importante. É desgastante contratar alguém que, quando passar a conhecer o trabalho com mais profundidade, dirá: " Ah, não é para mim."

TESTE DO DESERTO

Para os que acham que essa minha medida é radical, costumo contar uma história que ouvi no Vale do Silício. O presidente de uma grande organização de tecnologia instalada ali costumava submeter os candidatos a CEO da empresa a um curioso teste. Depois de várias etapas do processo de contratação, ele escolhia os três mais bem qualificados e os colocava dentro de um carro para participar do Rali Paris-Dakar.[5]

---

[5] Chamado atualmente de *Dakar Rally*, trata-se da mais longa prova de rali do mundo, do qual participam veículos de vários tipos. A sua estreia foi em 1978, quando 182 veículos completaram um trajeto de 10 mil km entre Paris e a capital do Senegal, Dakar, cobrindo uma extensa rota entre dunas do deserto. Desde 2009, o rali passou a ser feito na América do Sul, devido a questões de segurança surgidas na travessia da Mauritânia. Em 2020, o rali estava previsto para ser realizado na Arábia Saudita, entre as cidades de Jeddah e Qiddya, um percurso de 7.500 km, quase todos no deserto. Disponível em: <https://www.dakar.com/en/historical>.

Ter habilidade para dirigir veículos 4x4 sobre dunas do deserto e outras condições extremas não é uma das funções que estão na descrição de cargos dos CEOS. Mas ter uma experiência na qual seja vital encarar situação de adversidade, lidar com situações de grande estresse e estar disposto a cooperar sem restrições com aqueles que estão ao seu lado são qualidades relevantes para um CEO de uma empresa competitiva. Todos esses desafios estão no rali, e quem passar bem por eles terá as qualidades necessárias para um CEO, pensava aquele presidente.

Aventuras no deserto à parte, também costuma dar bons resultados contratar alguém que não seja tão experiente tecnicamente e não traga consigo vícios de trabalho. Isso é melhor do que empregar uma pessoa com muita vivência profissional, mas que não se adapte a nossa empresa e insista em trabalhar da maneira como fez em outras instituições. Mesmo que seja preciso ensinar algumas questões técnicas para esse candidato menos preparado, se entendermos que ele está disposto a conhecer nossa cultura e a se identificar com nosso propósito profissional, vale a pena contratar alguém assim.

Existem, hoje, várias possibilidades de cursos de treinamento para colaboradores em uma clínica médica. Para a recepcionista da empresa, a telefonista e outros cargos como esses, que não exigem um background técnico mais aprofundado, é possível encontrar treinamentos que melhorarão a performance desses profissionais. Acredito que os médicos já estão convencidos de que precisam investir em um constante processo de aperfeiçoamento profissional deles mesmos. Mas por que então pensariam que seus funcionários não teriam, igualmente, essa necessidade?

Já me perguntaram se eu não temo a possibilidade de treinar um funcionário e ele, quando se tornar um especialista, pedir demissão para procurar trabalho em outro lugar. Acho essa dúvida estranha, pois se as pessoas estiverem dispostas a agir assim em sua clínica, o problema não estará nesses funcionários, mas na própria empresa.

Se algo assim acontecer, é porque as pessoas não gostam de trabalhar ali. Provavelmente o ambiente de trabalho não está bom, a cultura da empresa apresenta problemas e o seu propósito está errado. Então, o problema não são as pessoas, mas a empresa que você tem. Isso eu acho que é um grande feedback que você pode ter como dono de um negócio: quando as pessoas não querem mais trabalhar com você, certamente é você quem está cometendo grandes equívocos como chefe.

NÃO COMPRE UM CARRÃO

É hora, portanto, de descobrir o que está inadequado e tomar providências urgentes para corrigir o rumo. Tão importante quanto o treinamento técnico é você proporcionar aos seus funcionários bons exemplos de conduta. Eles serão capazes de executar o que estiver na descrição de seus cargos, no entanto, o desempenho deles estará condicionado à maneira com que você, como líder, se comporta.

Um exemplo: se sua empresa está passando por um período de dificuldade financeira e você, o CEO, orienta e treina a todos para reduzir seus custos, isso será visto como algo necessário, e eles aderirão. Mas aí, em um belo dia, você aparece na empresa em um carrão do ano, um modelo que todos sabem que custa caro. Certamente, depois disso, ninguém mais irá levá-lo a sério. E quem poderá dizer que eles estão agindo errado? "Qual é o sentido de estarmos aqui, todos nós economizando, nos matando para reduzir os gastos, e chega o dono aqui, folgado, desperdiçando dinheiro?", seus funcionários se perguntarão.

Seus subordinados sempre copiarão suas atitudes. As boas e as ruins. Presume-se que você sempre queira ser um bom exemplo, pois, assim, sua empresa crescerá, e a sua jornada e a dos funcionários será cheia de harmonia e progresso. Se você é extremamente educado e cortês com as pessoas, seus colaboradores também agirão dessa forma. Agora, se você destrata, maltrata um cliente, é grosseiro com todos, os funcionários também agirão dessa mesma maneira. Todos se sentirão infelizes nessa instituição. A possibilidade de que seus clientes não queiram mais ser atendidos em sua clínica também será muito grande.

Acontece, por vezes, em alguns dos hospitais no qual trabalho: quando chego ali, ninguém me dá nem bom dia, nem boa tarde. Se sou um médico, estou com um estetoscópio no pescoço e entro no hospital, é óbvio que sou alguém que atua naquela instituição. Mas ninguém me olha no rosto. Se fazem isso comigo, que sou um médico da casa, alguém pode esperar que eles cumprimentem os clientes, que os tratem bem? Não, eles não farão isso.

Talvez os pacientes continuem indo ali, por não terem outra opção. Mas na cidade pode haver outros consultórios ou clínicas como o seu. Os clientes vão preferir estar em um lugar em que sejam bem tratados e bem atendidos pelo dinheiro que estão pagando. A maneira como os funcionários agem reflete a cultura daquela instituição para a qual eles trabalham. Os pacientes entendem isso e fazem suas escolhas.

Os clientes, não é raro, decidem comprar um produto ou serviço prestado por alguma empresa por causa do ser humano que está por detrás daquele negócio. Como líder, você tem a função de mostrar essa face humana tanto para os clientes como para seus funcionários. Isso é fundamental para que as coisas andem bem. Esse comportamento criará um ambiente interno que será capaz de reter aqueles colaboradores estratégicos para seu negócio.

SALÁRIO NÃO É TUDO

Na minha opinião, nem mesmo um bom salário é capaz de fazer com que funcionários queiram permanecer em um emprego, se estão infelizes no trabalho, se sentindo maltratados. Vamos imaginar uma recepcionista em uma clínica cujo médico está sempre atrasado. Todos os dias, ele chega uma, duas horas depois do horário da primeira consulta, o que perturba todo o atendimento do dia. Quando isso acontece, quem está lá tomando broncas e ouvindo desaforos dos clientes que estão esperando durante todo o dia é a recepcionista, que nada tem a ver com a incapacidade de seu chefe em cumprir a própria agenda.

Em pouco tempo, ela pedirá as contas, para trabalhar, mesmo com uma remuneração mais baixa, em um lugar mais organizado, no qual o chefe cumpra os horários. No novo trabalho, os clientes não mais ficarão reclamando, dizendo-lhe grosserias. Ela não voltará para casa triste, nem correrá o risco de desenvolver uma úlcera e não se deprimirá por pensar que está, ela também, tornando as pessoas infelizes. Os pacientes vão tratá-la com educação e bom humor. Essa recepcionista sentirá que está ajudando os outros a resolver seus problemas e tornando a vida deles melhor.

Eu sinto esse ambiente positivo em minha clínica. Os clientes estão felizes por estarem aqui, onde seus problemas são resolvidos. Eles falam bem da empresa para as outras pessoas e adoram meus funcionários. Quando meus colaboradores andam pela cidade, eles são bem tratados, porque as pessoas gostam de nós. Isso nos encoraja, faz com que percebamos o valor que nós mesmos temos.

Meus sócios e eu nos esforçamos para criar um ambiente de trabalho feliz em nossa clínica. Aqui temos muita compreensão em relação aos problemas das pessoas. Quando um funcionário enfrenta alguma dificuldade, nós não só damos a ele o tempo necessário para resolver o contratempo, como também estamos dispostos a ajudá-lo na solução do desafio, seja ele qual for.

Instituímos na empresa o feriado individual. Trata-se do direito dos colaboradores a um turno, em algum dia útil, por mês para se ausentar do trabalho e resolver seus problemas pessoais. Esse turno é remunerado, como se houvesse sido trabalhado. Também recompensamos mensalmente, com um percentual de 18% sobre o salário, todos os funcionários assíduos e pontuais. Benefícios como esses deveriam ser oferecidos por todas as empresas, mesmo porque essas benevolências não incidem sobre as obrigações salariais e nem afetam o 13º salário.

FALTAS SÃO DESASTROSAS

A assiduidade dos empregados é importante em qualquer organização, mas quando se trata de um negócio de médio ou pequeno porte, um funcionário que não falte ao trabalho sem avisar cria um sério problema. Na grande empresa, se alguém falha em ir para o serviço, sempre haverá alguém para substituí-lo. Mas como fazer isso em uma clínica com dez funcionários, os quais têm funções bem específicas?

Número grande de faltas e atrasos é um sintoma de que os colaboradores não estão muito satisfeitos no trabalho. Nossos funcionários muito raramente faltam. Se seus funcionários são engajados, eles entenderão o quanto a ausência de um deles pode ter impacto no trabalho dos outros. "Se eu não estou no meu posto, os meus colegas vão 'ralar', trabalhando para cobrir a minha ausência. A mesma coisa acontecerá quando eles faltarem e for necessário que eu assuma as funções deles", eles pensarão. É importante incentivar e preservar essa consciência e esse espírito de colaboração. Felizmente, nós conseguimos fazer isso.

Se você tem uma empresa grande, com trinta ou cinquenta funcionários, você terá um departamento de Recursos Humanos, que será responsável pela gestão de pessoas. Se for um bom RH, de fato, cuidará de mantê-las felizes e capazes de ter um crescimento profissional. Por melhor que seja seu RH, se não tiver a sua presença e o seu envolvimento, contratações inadequadas e colaboradores não tão alinhados serão uma realidade. Quando você tem um consultório, uma clínica, com algo como até dez funcionários, o RH é você. Aqui na Respirare, quem faz esse gerenciamento sou eu.

No livro *O Mito do Empreendedor*, seu autor, o norte-americano Michael Gerber,[6] afirma que um executivo que almeja o sucesso deve cultivar três diferentes perfis: o perfil técnico, que é o que em geral os médicos têm bastante desenvolvido, pelo seu domínio dos conhecimentos médicos; o perfil administrador, de quem faz a gestão, que administra, que estabelece metas e persegue os números, que faz o treinamento e que dá feedback aos funcionários; e o terceiro, o perfil empreendedor, que é característico de quem quer criar coisas novas, empreender, tomar riscos, crescer, que está insatisfeito com o status quo e sempre procura melhorar. Quando você mistura na proporção certa esses três perfis, crescem suas chances de sucesso em seu negócio.

Ao exercer meu perfil de gestor, penso nos colaboradores da empresa como se compusessem uma grande família. Isso não é tão absurdo assim quando nos lembramos de que costumamos passar mais tempo na companhia uns dos outros no trabalho do que com nossa própria família natural. Da mesma maneira que quando chego em casa, olho para meu filho e percebo imediatamente se ele está bem ou não, ao entrar em minha empresa, também devo dizer bom dia para as pessoas, olhá-las no rosto e entender se elas estão ou não se sentindo felizes.

Eu conheço bem meus colaboradores. Ao cumprimentar o porteiro, sei se ele está bem ou não. Entro na clínica, abraço minha auxiliar de limpeza, dou bom dia para ela, conheço os filhos, a filha, os netos, conheço a família dela, e quase todos

---

[6] GERBER, M. *O mito do empreendedor*. Curitiba: Fundamento, 2011. Em sua obra, Michael Gerber afirma ser um mito que pequenas empresas costumam falir porque seus proprietários têm um perfil exclusivamente técnico e se preocupam apenas em produzir, deixando de lado uma abordagem empresarial. Gerber diz que mesmo um tecnocrata pode ter sucesso nos empreendimentos se estudar habilidades de gestão e estratégias de negócios. Disponível em: <http://www.nzherald.co.nz/employment/news/article.cfm?c_id=11&objectid=10469823>.

eles são meus clientes. Tenho um relacionamento próximo com todos os que trabalham comigo. Isso é gerir gente. Você não precisa amar aquelas pessoas, embora fosse bom que o fizesse, mas obrigatoriamente você tem de ter respeito, consideração e apreço por elas. Gosto de estar na companhia de meus colaboradores.

Por sua vez, essas pessoas também têm de gostar de estar com você. De novo, é uma relação semelhante à de uma família. Se não cuidarmos uns dos outros, acontecerão mal-entendidos, brigas e desastres, como acontecem nas famílias. Talvez nem todos os médicos que pretendam abrir seus consultórios e clínicas tenham essa mesma visão calorosa a respeito de seus funcionários como eu tenho.

Há pessoas que têm dificuldades em se aproximar dos demais. Algumas até dizem que não gostam tanto assim de gente. Estou convencido de que só nos tornaremos empresários de sucesso, e mesmo bons líderes, algo sobre o qual discorreremos a respeito no próximo capítulo, se treinarmos esses sentimentos em relação às pessoas.

É possível fazer isso e mudar radicalmente nossa maneira de nos relacionarmos com o próximo. Podemos desenvolver mais apreço por eles, entender como a proximidade com os demais pode ser enriquecedora e nos tornar pessoas melhores. Tudo é possível de ser aprendido, basta querer.

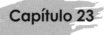

Capítulo 23

O QUE O MÉDICO PRECISA SABER
sobre liderança

Ao longo de minha vida, sempre assumi posições de liderança. Quando era criança, comandava meus irmãos na venda de gibis usados, na calçada de casa, para conseguir dinheiro para comprar fichas de fliperama, história que contei no Capítulo 3. No segundo grau, me candidatei ao grêmio estudantil. Não ganhei, mas me envolvi com a decisão no processo eleitoral. Nas gincanas do colégio, eu era um dos principais organizadores. Aos 18 anos, cheguei à faixa preta, e me juntei a um amigo tão jovem quanto eu em uma escolinha para dar aulas de judô para crianças. Era só o começo do meu envolvimento com o "Caminho suave". Mais tarde, presidiria, por dois mandatos, a Federação Gaúcha de Judô, entre outros cargos esportivos.

Na residência médica, fui presidente da associação dos residentes do hospital em que atuava. Lutamos para ter um quarto de plantão melhor, por melhores condições de trabalho e criamos várias coisas que não existiam. Quando já estava no mercado de trabalho, fui eu quem organizou o grupo de colegas que abriria a clínica comigo. Sempre estive à frente desse projeto, inclusive acompanhando as obras.

Foram tantas as situações em que exerci liderança ao longo de minha vida, que considero que isso faz parte de minha existência. No entanto, não me lembro de em algum momento ter pensado: "Quero ser um líder. Sempre que houver uma oportunidade, organizarei os eventos, influenciarei as pessoas." Eu me envolvia nos assuntos, participava ativamente do que estava acontecendo, e quase sempre, porque não havia outras pessoas dispostas, acabava tomando a frente dos acontecimentos. Aliás, eram as pessoas quem me pediam para levar adiante essas ações, onde quer que eu estivesse.

Tenho, portanto, uma vasta história de situações em que atuei como líder. O que me faz tomar a frente das coisas? O que sei é que surge um forte impulso em querer fazer com que as coisas aconteçam e funcionem. Tenho essa tendência natural de me envolver e de querer fazer que as coisas mudem para melhor. Mas não estou sozinho nessa atitude. Há muitas pessoas que têm um comportamento parecido. E como acontece comigo, elas são constantemente procuradas pelos outros, que as convidam para que ocupem cargos, tomem iniciativas, assumam instituições que estão enfrentando problemas.

SOMOS UNS CHATOS

Ser visto como alguém que é capaz de solucionar dificuldades é algo bom, fortalece nossa marca pessoal, ganhamos prestígio. Mas há um lado que pode ser negativo. Como nos sentimos insatisfeitos diante de coisas que consideramos que não estão funcionando bem, não resistimos e damos palpites, tomamos iniciativa, tentamos mudar as coisas. E para aquelas pessoas que preferem que tudo continue da mesma maneira, acabamos nos tornando uns grandes chatos. Lideramos, é verdade. Mas nos chamam de chatos.

Enfrentei situações desagradáveis por conta disso. Os encarregados das administrações dos hospitais aqui de minha cidade não gostam muito de mim. Isso porque, admito, sou mesmo chato, insistente, me esforço para que as coisas mudem. Estava sempre batendo na direção, incomodando. Quem tem um comportamento de líder às vezes se torna alguém não muito benquisto, por ser muito proativo no sentido de querer que as coisas realmente funcionem. Temos esse viés.

Passei por uma situação dessas recentemente. Um hospital de minha cidade estava com condições muito ruins, do ponto de vista de estrutura hospitalar, enquanto investia na parte administrativa. Eu me queixei com a administração e enfrentei momentos de grande negatividade por conta disso. Fui criticado, ouvi coisas desagradáveis em reuniões, houve pressão para me calar... Mas o resultado foi que, apesar de eu ter me estressado, ter sido maltratado, a administração do hospital acabou reformando as alas do hospital na qual apontei a existência de graves problemas, como quartos de internação em péssimo estado de conservação.

Assumir a iniciativa de buscar resolver problemas que estão à vista de todos, mas que poucos se dispõem a dar uma solução, é uma das atitudes dos que têm espírito de liderança, mesmo com todo o desgaste que esse esforço trará. Todos enxergam o que não está funcionando de maneira adequada, mas pouquíssimos, de fato, contribuem para realizar melhorias. Porque não tomamos as providências necessárias, passamos a nos acostumar com aquela irregularidade ou situação precária, até chegar o momento em que paramos de enxergar essas coisas ruins, mesmo que elas continuem lá. Não concordo com isso. Não é assim que agem os líderes.

LÍDERES COM BURNOUT

Mas se as instituições não gostam de você, seus clientes e consumidores te amarão. Afinal, você está ali brigando pelos direitos deles. E o que interessa ao líder é melhorar a vida das pessoas, não das instituições retrógradas, que não têm o foco no cliente. No entanto, paga-se um preço por termos esse espírito de liderança.

Quando você tem um comportamento de liderança, acaba sendo muito requisitado para assumir posições de comando, e é comum que as pessoas acabem por aceitar todos os convites que recebem. O resultado pode ser o burnout do líder, que é um fenômeno que ocorre mais frequentemente do que imaginamos.

Mesmo em atividades que não estão ligadas ao trabalho, como em um time de futebol ou voluntariado no bairro, quem tem espírito de liderança acaba sendo sempre colocado na direção da atividade. Influenciar, inspirar e conduzir grupos é algo que exige bastante dos líderes e pode, sim, exaurir a energia das pessoas que têm essa capacidade de liderar, fazendo com que em algum momento elas queiram se afastar de tudo. Eu passei por isso. Houve um momento em minha vida que fui tão requisitado para chefiar projetos, que acabei largando vários desses cargos, pois a situação tornou-se insustentável.

Reconheço que comecei este capítulo tratando do lado menos iluminado da liderança, mas posso assegurar que a sensação de poder estar à frente de ações que contribuam para o bem-estar das pessoas é algo bastante recompensador. Mesmo se grande parte desse impulso de liderar pareça ter algo a ver com a personalidade de cada um, ser líder é algo que pode ser aprendido. É uma pena não existirem disciplinas de liderança nos diferentes cursos de graduação da maioria das universidades brasileiras.

Mas nunca será tarde para aprimorarmos nossas qualidades de líder. Pesquise na internet e você encontrará cursos de extensão, especialização e pós em liderança ministrados por instituições consagradas na área de gestão e negócios, como Fundação Getúlio Vargas, Fundação Dom Cabral, Senac, Senai, Sebrae e várias outras. Se acreditamos em mindset de crescimento, sabemos que todas as habilidades podem ser aprendidas por qualquer pessoa.

VAMPIROS DO PASSADO

No entanto, mais do que aprender uma habilidade, o que se deve fazer é desenvolver a personalidade de liderança. Essa nova liderança a ser desenvolvida é algo bem diferente do que se praticava antigamente. O chamado líder do passado era uma pessoa mandona, que se impunha mais pela força, autoridade e posição de poder conferida por seu cargo do que pela capacidade de convencer e de agregar as pessoas em torno de uma ideia, de uma atitude. Eram chamados, rancorosamente, de "vampiros" pelos seus subordinados, pois sugavam a energia das pessoas até deixá-las exauridas Seus subordinados os obedeciam mais pelo medo do que por se sentirem parceiros, unidos por um mesmo objetivo.

Esse tipo de "líder", que podia ser chamado de "chefão", não é mais adequado para os tempos atuais. O líder moderno é alguém que deve saber se manifestar, apaziguar e escutar as pessoas nos momentos de impasse e de dúvida. Ele deve se preocupar em aprender habilidades de compartilhamento e de compreensão. Espera-se que ele seja capaz de promover um ajuste fino entre o relacionamento com as pessoas e as necessidades de busca por resultados, de produtividade e de cumprimento das metas do negócio.

O líder de hoje, mais do que nunca, tem de saber aproveitar as qualidades das pessoas, criar espaços e oportunidades para que elas possam colaborar com o desenvolvimento das instituições. Se estamos afirmando que as funções da liderança atualmente são outras, é porque está em curso uma grande transformação nas relações de produção dentro das empresas, tenham elas o porte que tiverem.

Estamos vivendo uma fase em que essa liderança tem de atuar muito mais na horizontal do que ser verticalizada. Ou seja, embora ainda haja hierarquia e níveis de comando dentro das empresas, hoje elas se relacionam em uma dinâmica bem diferente do que a do passado. Anteriormente, a estrutura de comando era rigidamente vertical, em uma sucessão hierárquica de camadas de chefia e autoridade que vinha de cima para baixo. Você conhecia seu chefe direto e nem sabia quem era o chefe do seu chefe ou qualquer outro cargo mais acima.

PIRÂMIDE ACHATADA

Agora, as relações se transformaram, e a pirâmide de comando literalmente se achatou para uma posição mais horizontal. Ou seja, costuma haver menos camadas de chefia do que antes, e as principais relações de trabalho se dão por meio de colaboração, alinhamento de visões e propósitos e trabalhos conjuntos entre equipes. Nesse novo arranjo, os líderes atuam como facilitadores e mentores de equipes.

Por estarmos trabalhando em instituições cada vez mais horizontalizadas, há cada vez mais espaço para que pessoas, que no passado eram praticamente invisíveis, como estagiários e auxiliares diversos, adquiram significância e oportunidades. Cada vez mais essas pessoas estão sendo levadas em conta, e, empoderadas, elas também se manifestam e participam, de maneira cada vez mais consciente, da construção do ambiente de trabalho. Esse é um dos fatos que vêm transformando de maneira profunda a maneira com que todos os colaboradores se relacionam dentro de uma organização, o que exige uma nova postura do líder.

Nesse novo cenário, os líderes só conseguem desfrutar de credibilidade e ser ouvidos e admirados de uma maneira positiva pelo exemplo, e conquistam os subordinados se demonstrarem respeito por eles. Forçar sua autoridade pelo medo agora é algo inadmissível. Com isso, a caneta do chefe, que regulamentava procedimentos, escrevia ordens e assinava proibições, perdeu o posto para uma nova postura, mais inteligente, que é a de ser capaz de recrutar e desenvolver as pessoas para que elas se tornem colaboradoras competentes, e que os líderes deixem essas pessoas trabalhar com a força do próprio talento.

As estruturas de comando horizontais também estão presentes na Medicina, na qual há cada vez mais equipes multidisciplinares. Mas mesmo em uma equipe formada por vários médicos habilidosos, a necessidade de uma liderança é algo indispensável na atuação médica. Em uma emergência, por exemplo, seja em um pronto-socorro ou, mais estressante ainda, em um atendimento de socorro na rua, para que as coisas funcionem de fato, deve sempre haver alguém conduzindo os demais.

Em uma urgência médica, é preciso um líder capaz de se manter emocionalmente estável. Não há, portanto, como fugir de praticar a liderança no exercício da Medicina, é algo inerente à profissão. Isso pode ser percebido muito cedo pelo médico, desde a sua formação, na faculdade, quando observa a postura dos professores e dos médicos nas salas de cirurgia. A vida do profissional da saúde é cheia de responsabilidades e pressões o tempo inteiro. Não é por acaso que na classe médica estão os profissionais que mais sofrem de burnout. Os médicos têm menor expectativa de vida e estão entre os profissionais que mais fazem uso de drogas para lidar com a pressão.

Quando você for o primeiro cirurgião em um procedimento, será o maestro que dirá como a banda terá de tocar. Cada músico, os auxiliares na sala de cirurgia, tem a partitura, mas será você quem ditará o ritmo. Você terá de aprender a pensar, decidir e agir rápido. Precisei agir assim quando trabalhei em pronto-socorro e UTI, e isso me ajudou a me desenvolver como líder. É papel da liderança saber coordenar equipes, tomar a frente quanto a situação exigir. Se não fizer assim, as coisas não funcionarão bem.

CLIENTE NÃO TEM LÍDER

Mas, atenção! Não podemos nos esquecer de que o papel do médico, diante de seu paciente, é o de compartilhar decisões. Você, enquanto médico, não é líder em relação ao seu cliente, mas um parceiro dele. Quando você se senta frente a frente com o seu cliente para alguma decisão a respeito de um tratamento ou intervenção, vocês devem agir como parceiros. Quem tem a primazia da decisão é seu paciente. Sua participação se limitará, nesse momento, a explicar, quantas vezes for necessário, as implicações das escolhas que ele fará. Não existe mais aquela antiquada conduta de o médico determinar, impor um tratamento ao cliente sem levar em conta suas considerações e seus desejos.

Você também é um líder quando expressa para a comunidade o seu conhecimento, quando dá uma opinião técnica, quando escreve um artigo no jornal. É esse espírito de liderança que cria a autoridade que você precisa ter e que trará uma repercussão positiva para sua imagem, seu marketing. Você também será líder diante de sua equipe, encorajando-a e orientando-a. Mas quando está sentado com o seu cliente, você não exercerá papel de liderança. No máximo, servirá como um guia, um conselheiro, um parceiro que ajuda aquela pessoa a decidir pelo melhor caminho a seguir. A decisão final sempre será do cliente.

Mesmo com todos os cuidados, quando se tem o modelo mental de liderança, nunca seremos capazes de agradar a todos. Não devemos, inclusive, nos preocupar muito com isso, pois nunca conseguiremos esse feito. Muitas vezes você terá de decidir por tomar atitudes desagradáveis em relação a algumas pessoas para beneficiar outras. Seu objetivo final é proporcionar o melhor aos seus clientes, fazer a coisa certa, salvar a vida de alguém, portanto, ter alguém contrariado com você é um preço baixo diante do que está em jogo na área da saúde.

Em um momento de extrema necessidade, em uma situação crítica, se estou em uma equipe, atendendo a um paciente, e a coisa não está andando, chegará o momento em que eu terei de falar mais alto, trazer o resto da equipe comigo, para que tenham a atitude necessária. Tomarei à frente para garantir que a banda não perderá o ritmo, continuará a tocar. Aquelas pessoas podem se melindrar, mas não é possível agir de outra forma. Você não está ali para fazer com que todos gostem de você, mas para fazer o certo. Seu objetivo sempre será a saúde, ajudar quem sofre, garantir a vida de alguém.

O risco de que alguém eventualmente se sinta melindrado não é algo que deveria nos surpreender. Líderes lidam com pessoas, e não há nada mais complexo do que lidar com pessoas. Devemos saber que nossa relação com nossos comandados não se dará estritamente no plano profissional. Também teremos de gerenciar vaidades, enfrentar emoções e todos os agitados comportamentos mentais que nós, seres humanos, temos. Não há como escapar dessa tarefa, mas devemos estar atentos e manter sempre uma atitude paciente e receptiva, do contrário, podemos nos afogar nesse oceano de sentimentos e perder nosso foco como líderes isentos e imparciais.

A maneira mais eficiente de passar sem muita trepidação por essa zona de turbulência é termos uma equipe bem treinada, com a cultura do negócio bem enraizada, conhecendo claramente suas funções e confiante em suas próprias forças. Quando isso não acontece, quando, por exemplo, você trabalha para um hospital sem forte cultura organizacional, sua atuação como líder tem de ser muito mais enfática. Você tem de assumir o comando e, de fato, mandar que as pessoas executem aquilo que tem de ser feito.

INTERVENÇÕES PONTUAIS

Aqui na clínica, meu desempenho como líder é muito tranquilo, exatamente porque todos nós sabemos o que temos de fazer. Estamos bem treinados. Mesmo assim, é necessário sempre fazermos pequenas intervenções pontuais para que as coisas continuem alinhadas e que fique bem claro para todos como tudo deve funcionar. E nossos colaboradores sabem o que fazer. Tanto é assim, que não há necessidade de impor coisa alguma, nem de longas reuniões para acertar a nossa dinâmica.

Quando os funcionários dentro de uma estrutura compreendem o que deve ser feito, eles se sentem à vontade para colaborar com novas ideias, para tomar suas próprias atitudes e para agir em nome da instituição. É exatamente nisso que reside o grande diferencial do líder moderno: sua capacidade de desenvolver seu pessoal, de fazer com que eles entendam e compartilhem suas ideias e de dividir com eles as funções da liderança.

Aí surge um ponto importante. Se é dada liberdade para que as pessoas ajam e assumam funções, elas também precisam ter a liberdade de errar. Porque, se elas perceberem que não há espaço para errar, não se arriscarão a tentar nada que seja diferente, mesmo se acreditarem que a nova ideia trará melhoria para os serviços prestados. Se o líder não tolera falhas, seus empregados entregarão sempre a mesma coisa. Por que eles se arriscariam? Tudo se tornará monótono e sem graça para eles, e a possibilidade de a instituição crescer e inovar se tornará cada vez mais remota.

Diante do erro, uma liderança proativa, naturalmente, investigará o que saiu errado e tomará providências a respeito. Mas a atitude mais produtiva é encarar aquela falha como um aprendizado. E isso não é uma frase de efeito. Quando erramos e conseguimos detectar qual o ponto da cadeia de decisões se mostrou inconsistente, aumentamos nossa eficiência ao corrigir esse desvio, conhecemos com maior profundidade a operação, criamos estratégias inovadoras e, por consequência, temos processos mais robustos e confiáveis.

Por essa razão, o líder precisa ter essa capacidade, não só de coordenar, mas também de dar espaço para que as pessoas possam contribuir, testar suas ideias e, ainda, errar e aprender com os erros. E, sobretudo, ele deve cumprir seu papel de guia ao saber apontar com precisão o que está sendo feito de incorreto. Essa percepção, esse olhar analítico do líder, é muito importante. Não é raro que todo um grupo esteja errando sem perceber onde está o engano. Assim, insistem no erro, tentando transformar equívoco em acerto, o que nunca dará certo. Com seu distanciamento crítico e sua experiência, o líder estará em condições mais favoráveis para apontar o que deve ser mudado.

SETE BOAS QUALIDADES

A esta altura do capítulo, acredito que podemos destacar quais seriam as sete características básicas que um líder deveria ter ou procurar desenvolver. São elas:

- **Dar um bom exemplo** — Muito do sucesso de um líder está subordinado a sua capacidade de ser um modelo para as pessoas com as quais ele se relaciona. Alguém que ocupe a liderança de um empreendimento deve tentar sempre ser um exemplo de retidão, de coragem ao lutar pelo que acredita, tentar fazer a coisa certa e, especialmente, não deixar de lado seus valores e princípios que, pressupõe-se, serão corretos e voltados para o respeito e o progresso dos outros. Seja o exemplo para as pessoas, mesmo que você se veja como o Joãozinho do Passo Certo,[1] ou seja, o único a agir de forma correta no meio de uma multidão de gente que atua de uma maneira totalmente inadequada. Se você está convencido de que sua maneira de agir inspirará as pessoas a tentar ser significativas para os outros, não tenha medo de andar contra a manada.

- **Ser autêntico** — Quem confiará em alguém que muda de opinião de acordo com as pessoas com quem está se encontrando, para tentar agradá-las? Quando você é um líder e está gerindo pessoas, vê, com frequência, pessoas agindo dessa maneira. De acordo com o grupo em que ela está, o discurso muda. Se estou com alguém que gosta de azul, falarei que também adoro o azul e detesto o vermelho. Mas, algum tempo depois, me encontro com o grupo do vermelho. "Ah, sempre foi a minha cor favorita" e "Não sei como alguém pode gostar do azul, é uma cor horrível!", eu direi. Mais cedo ou mais tarde, em geral muito mais cedo do que imaginamos, todos perceberão essa falta de autenticidade e não mais confiarão em mim. Isso é um tiro mortal na reputação de qualquer um. Sempre desfrutei de reputação e credibilidade porque sempre fui a mesma pessoa em todos os ambientes, lutando pelo que acredito. Muita gente pode criticar minhas posições, e até não gostar de mim, mas os clientes sempre gostarão desse meu posicionamento, pois entenderão que estou sendo autêntico, coerente com o discurso que sempre fiz a favor dos interesses e das necessidades deles.

- **Ter respeito** — Não importa a posição que você ocupa na hierarquia de uma instituição, você deve respeitar a todos, inclusive aqueles que atuam em funções modestas. Ser respeitoso é algo que faz com que você seja um líder que também receberá o respeito dos demais e, por isso, sempre será ouvido com atenção. As pessoas observam e definem os líderes fortemente pela maneira como eles se comportam nos relacionamentos interpessoais. Também acredito nisso e nunca respeitarei alguém que destrata aqueles que estão em uma posição hierárquica inferior. Já foi dito que, para conhecer a essência de alguém, basta observar como ele trata o garçom ou a faxineira. Nos dias de hoje, em que as empresas, como já referi, estão cada vez mais horizontalizadas, tratar com desdém qualquer colega soará tão fora do contexto quanto ir nu ao trabalho.

- **Ser humilde** — Você nunca terá razão o tempo todo. Por mais que se esforce, uma hora cometerá um erro. Errar é algo que todos nós sempre faremos.

---

[1] Essa expressão, tipicamente gaúcha, tornou-se famosa no país ao ser proferida pela ex-presidente da República, Dilma Rousseff, mineira que passou grande parte da sua vida no Rio Grande do Sul, quando explicava aos jornalistas o seu encontro com o ex-presidente dos EUA, Barack Obama, em abril de 2012 . Disponível em: <https://www1.folha.uol.com.br/fsp/mundo/36287-dilma-cobra-obama-por-exportar-crise-para-os-emergentes.shtml>.

Reconhecer publicamente que você errou não é nenhuma humilhação, nem comprometerá seu prestígio. Pelo contrário, se você tem a humildade de reconhecer que está errado, ganha muitos pontos em sua avaliação como um bom líder. Mas se continuar, por orgulho, a insistir que não se equivocou ou, pior, procurar responsabilizar outras pessoas por um erro que todos estão vendo que foi seu, se transformará em motivo de piada. Quando reconhecemos um erro e admitimos que ele foi resultado de nosso julgamento ou decisão incorretos, isso costuma atrair a simpatia das pessoas. Aos olhos delas, você se torna mais humano, mais próximo delas, e isso fará com que elas perdoem seu erro e continuem a lhe querer bem.

- **Ser amável** — O tempo dos líderes egocêntricos e arrogantes já passou. Com as facilidades trazidas pelas mídias digitais, que permitem, entre outras conquistas, um enorme acesso a informações sobre as ações das empresas e de seus integrantes, a figura do líder passou a ser amplamente exposta. Os clientes estão, agora, muito mais atentos ao que faz a pessoa que ocupa o cargo de liderança, identificando-a como um retrato daquela empresa. Por isso, se o líder é arrogante, antipático, imagina-se superior aos demais, os clientes não se identificarão com tal comportamento e procurarão a concorrência. O líder, portanto, tem de estar próximo das pessoas, empenhar-se em ser respeitado e admirado por elas. E só é possível receber isso se você, por sua vez, também respeitar e trabalhar genuinamente visando o bem-estar das pessoas.

- **Ter conhecimento** — Líderes de verdade sempre serão aquelas pessoas que sabem mais. Esse "saber mais" não está relacionado obrigatoriamente a dominar integralmente o conhecimento técnico usado na empresa, mas, sim, em ser aquele que é capaz de fazer com que todos ajam em harmonia para produzir benefícios para os clientes, o que é a essência de qualquer empreendimento de sucesso. Você sempre terá de estudar muito, não só em relação aos conhecimentos exigidos pelo cargo que ocupa, mas também para construir a cultura empresarial e dominar os mecanismos de gestão da instituição.

- **Ser curioso** — O senso comum costuma maltratar a curiosidade e as pessoas que são curiosas. Chegam até a apontar para terríveis consequências que podem advir de manter mentes curiosas; basta ouvir o ameaçador dito popular "A curiosidade matou o gato". Talvez a noção de que ser curioso é algo ruim venha da confusão que se faz entre "curiosidade" e "bisbilhotice", o ato malévolo de fuçar a vida dos outros com o intuito de fazer intrigas. Ser curioso, querer conhecer e aprender coisas novas, ir fundo na investigação de algo sempre foi o pontapé inicial de todas as grandes invenções que nos permitiram desde descer das árvores até subir ao espaço a bordo de foguetes. Não hesite em perguntar: Por que é assim? Este é o melhor jeito? Como podemos fazer diferente e melhor? Ter essa curiosidade sadia fará com que você comece a compreender melhor a necessidade dos funcionários e a receber mais insights em relação ao que deve ser feito e inovado na empresa.

LIDERANÇA DIVIDIDA

Além de tentar incorporar à sua personalidade essas sete características, um líder competente tem ainda mais um movimento estratégico a fazer: dividir com outras pessoas as funções da liderança, preparando aqueles que o sucederão. Para o líder moderno, é confortável poder contar com outras pessoas que tenham uma capacidade de liderar tão desenvolvida quanto a dele. Isso tornará muito mais leve o peso da responsabilidade de estar à frente de uma organização.

Fazendo assim, esse líder terá com quem repartir a responsabilidade das decisões, terá com quem decidir, de igual para igual, quais as melhores soluções para os grandes desafios que surgirem, e, algo prosaico mas fundamental, poderá até mesmo tirar férias sabendo que a empresa continuará a ser administrada com eficiência e capacidade de tirar proveito das oportunidades que surgirem.

Preparar sua sucessão à liderança em uma empresa é uma obrigação do líder. Esse é um processo fundamental tanto para a continuidade da organização como para a própria qualidade de vida do líder. Sem fazer seu sucessor, você se tornará insubstituível. E se você nunca poderá ser substituído, se transformará em um escravo. Não poderá se ausentar, não viajará com as pessoas que ama, não terá tempo para ninguém.

De nada valerá tanto poder e dinheiro, pois não terá como usufruir dessas benesses. Nessas circunstâncias, a única, e duvidosa, recompensa que você terá é a de ver satisfeita a sua vaidade. Por não confiar nas pessoas, você não encontrará nem tempo e nem liberdade para empreender em outras coisas. Sua desconfiança em relação aos outros será retribuída na mesma moeda, seus colaboradores tampouco confiarão em você. Em um ambiente assim, você não terá capacidade de desenvolver sua equipe, de delegar responsabilidades, de criar uma cultura de sucesso na empresa.

O verdadeiro líder é aquele que, de maneira natural, preparará outras pessoas para assumirem toda e qualquer posição no negócio, inclusive o seu. Esse é o seu papel: estar sempre contribuindo para tornar as pessoas à sua volta personagens cada vez melhores, nas esferas profissional e pessoal. Agindo assim, sempre estará rodeado por gente capacitada para assumir qualquer posição sempre que for necessário.

Em um ambiente assim, você, líder, será capaz de gerir seu tempo e integrar de maneira suave sua vida pessoal e profissional, assunto que será tratado no próximo capítulo. Será livre para se desapegar das conquistas passadas e voar para outros destinos profissionais, viver outros desafios. Fará tudo isso com a consciência de que toda essa liberdade pertence a você, pois sua ação deixou um legado, um presente, para que aqueles que o sucederão sejam capazes de continuar acrescentando valor e bem-estar relevantes para os clientes.

Capítulo 24

A IMPORTÂNCIA DA BOA GESTÃO
do tempo para o bem-estar pessoal e profissional do médico

Fulano é um médico oftalmologista. Já está no mercado de trabalho há cerca de dez anos. Formou-se por uma boa universidade, fez residência em um hospital de renome e seus clientes gostam dele. Isto é, quando o veem, pois, como acontece com vários outros profissionais da saúde, fulano tem um sério problema com sua agenda. Ele está sempre atrasado, e seus pacientes ficam muito tempo esperando que chegue à clínica.

Não conseguir estar no trabalho na hora certa é um problema sério, mas pior ainda é você, como acontece com este nosso médico e tantos outros, marcar consultas cedo, pela manhã, sabendo, já de véspera, que não estará lá no horário combinado. Fulano está plenamente consciente de que só conseguirá chegar ao consultório às 9h da manhã, mas mesmo assim orienta sua secretária a agendar pacientes a partir das 8h da manhã.

Fulano não é uma pessoa má, que não se importa em deixar as pessoas, muitas vezes idosas, esperando em vão pela sua chegada. Nem é um tolo ingênuo que considera que poderá se atrasar indefinidamente sem que seus clientes fiquem irritados e possam até mesmo trocá-lo por um outro profissional mais pontual. O que faz com que Fulano tenha esse comportamento potencialmente autodestrutivo é o desespero de atender, de dar vazão à sua agenda. Ele (ainda) tem um número grande de clientes e não quer deixar de atender nenhum deles, mas por ser incapaz de controlar sua agenda e não conseguir se organizar, ele se comporta dessa maneira condenável.

Essa maneira de trabalhar dos médicos, como atrasados crônicos, é um tiro no pé. A forma precária com que leva sua vida profissional fará com que nosso Fulano se estresse, como também provoca insatisfação e descrédito em seus pacientes. Nesse estado emocional negativo, ele não conseguirá entregar os serviços com a qualidade que gostaria de oferecer às pessoas. Tampouco conseguirá aumentar seu faturamento realizando, por exemplo, outros procedimentos entre as consultas. Ele não terá tempo para nada, sua agenda estará eternamente bagunçada e não será possível garantir que os compromissos sejam cumpridos.

No final, o prejuízo será total. A possibilidade de ganhar mais dinheiro marcando consultas em horários irreais será apenas uma ilusão para uma mente desorganizada. Pelo contrário, além de não receber esses recursos, ele estará perdendo marketing, destruindo sua credibilidade e comprometendo seu posicionamento de mercado. E os clientes se tornarão cada vez mais raros.

UMA BOA AGENDA É CRUCIAL

Para o sucesso de qualquer profissão, é necessária a pontualidade e ter os compromissos bem organizados, mas para o médico, essa exigência se reveste de outra importância, na medida em que as pessoas que o esperam estão quase sempre com problemas de saúde e, por isso, fragilizadas. Ter uma agenda organizada é, portanto, um ponto crucial na vida do médico. É tão relevante manter seu fluxo de trabalho acertado, que sugiro aos colegas médicos que reservem um período no início do mês exclusivamente para organizar os compromissos para os próximos trinta dias. Uma agenda bem montada será o segredo de seu sucesso.

A raiz do problema que gera uma agenda desgovernada é a falta de controle do médico sobre os números de seu negócio, algo de que falamos nos capítulos anteriores. Naquela correria imposta pela espiral da pobreza, que faz com que esse profissional da saúde tenha muitos diferentes empregos, ele vê a água entrar em seu barco, mas não consegue identificar onde estão os buracos. Para tentar equilibrar seus ganhos, o médico acredita que a solução é atender o maior número de clientes possível e perde controle sobre seu tempo e a qualidade do que entrega.

Curiosamente, há quem se orgulhe de ter uma vida assim, corrida e sempre no limite. Já conheci pessoas que acreditavam que estar superocupado é símbolo de sucesso. Elas enchem a boca para dizer: "Ah, não tiro férias há muitos anos." Sinto uma grande tristeza quando escuto algo assim. Na verdade, trabalhamos para ter prazer, mais qualidade de vida e para poder usufruir de momentos de descanso e de lazer junto à família. O trabalho nos garante os recursos para termos essas boas coisas, mas temos de nos envolver com ele na dose certa para colhermos seus frutos.

Médicos costumam ter, mais até do que os altos executivos de grandes organizações, uma vida corrida e ritmos loucos de entrega. Para controlar seu tempo, não basta apenas manter bem organizados os horários em que atenderão e farão procedimentos. Todos nós devemos nos relacionar com o tempo de maneira a integrar harmoniosamente nossa vida fora e dentro de nosso trabalho. Só poderemos afirmar que somos os senhores de nosso tempo quando conseguirmos distribuir, de maneira equilibrada em nosso dia a dia, o tempo dedicado ao trabalho, à vida em família, os cuidados com nossa própria saúde, a participação nos eventos de nossa comunidade e, de quebra, algumas horas de puro ócio, de modo que possamos usufruir com alegria de todos esses momentos.

Também no âmbito de nosso trabalho, há tarefas a distribuir que exigirão o remanejamento do tempo que empregaremos em nossas diferentes atividades de médicos. Quando atuamos em uma clínica, temos três funções que precisamos exercer. Ao atendermos os pacientes, estamos no papel de técnicos. Ao nos envolver em decisões de negócio, como contratar pessoas, adquirir equipamentos, pagar contas, cobrar valores, estamos no posto de administradores. E quando olharmos para o futuro, decidirmos ampliar o alcance de nosso trabalho ou nos aventurar em diferentes áreas, será o médico empreendedor quem fará isso.

Temos, portanto, de trazer esses papéis para nosso dia a dia e dar espaço e importância para eles. Quando estou focado exclusivamente em minha atividade fim, que é atender pessoas ou realizar procedimentos, acabo não abrindo espaço em minha agenda para essas outras duas atividades que, no longo prazo, farão uma grande diferença em meu posicionamento profissional. E a boa notícia é que, ao nos dividir entre nossas personas técnicas, administrativas e empreendedoras, não prejudicaremos em nada nossos ganhos financeiros no final do mês. O mais provável é que, com o tempo, nossa performance financeira melhore ainda mais.

FIM DA PROCRASTINAÇÃO

Ao nos decidirmos, de fato, controlar nosso tempo, conseguiremos nos organizar para não mais procrastinarmos as decisões e providências que devemos tomar nas tarefas administrativas e financeiras da empresa. E chamo a atenção para esse ponto por saber que a tendência dos médicos é focar o atendimento e adiar todo o resto. Mas isso nos faz perder dinheiro.

Se separarmos algumas poucas horas por semana para pensar no negócio, ficaremos surpresos com como isso poderá impactar nossa remuneração. Com essa análise mais apurada do negócio, você pode decidir deixar de lado alguns serviços que lhe remuneram mal; também pode perceber o quanto está perdendo por não realizar as cobranças do que lhe é devido; ou descobrirá, ao controlar com atenção os pagamentos realizados pelos convênios médicos, que eles tendem a simplesmente deixar de pagar incríveis 20% a 30% das consultas e procedimentos que você realizou. Tudo isso sempre esteve ali diante de você, mas, por ter o hábito de deixar isso para depois, você não enxerga onde estão, afinal, aqueles buracos pelos quais a água entra no barco.

A qualidade de vida do médico, a vida que imaginamos e queremos ter, passa pela gestão do tempo. Posso garantir isso, pela minha própria experiência. Controlar nosso tempo traz ganhos formidáveis para qualquer um. Nos últimos anos, tenho aberto espaços em minha agenda para cuidar melhor da gestão da minha clínica e pensar novas possibilidades para minha carreira, que vão além do exercício técnico de médico. Quando passei a fazer isso, meus horizontes se ampliaram. Essa nova atitude tem me proporcionado conhecer outras pessoas, receber convites e enxergar várias possibilidades que até então eram inéditas para mim. Eu tenho me sentido mais feliz, mais realizado e, por estar com mais controle sobre meu negócio e minhas contas, menos explorado.

Com essa nova postura diante do tempo, me sinto mais oxigenado e disposto. Com isso, quando estou diante de meu paciente, me torno muito mais presente e atento. Permaneço focado ao atender meu cliente. Nesse momento, não estou preocupado com contas, pagamentos, com o que não está dando certo, porque sei que essas questões estão com seu tempo organizado e previsto dentro de minha agenda para serem resolvidas.

O PODER DO FOCO

O segredo é conseguir refrear nosso impulso de querer fazer várias coisas ao mesmo tempo. Para escrever este livro, por exemplo, abri um espaço semanal em minha agenda em um horário determinado, dedicado exclusivamente a produzir estas páginas. Nesse dia, naquele horário fixado, eu deixava todas as outras questões fora de minha mente.

Muitas vezes, passamos toda a jornada correndo para baixo e para cima, mas quando chega a noite, nos damos conta, do fundo do nosso cansaço, de que nosso trabalho pouco rendeu. Isso ocorre principalmente quando fazemos várias coisas ao mesmo tempo. A nossa produtividade está relacionada diretamente à força do foco que colocamos na tarefa que nos propomos a realizar. Meu conselho é: escolha as tarefas mais relevantes por ordem de prioridade e fixe-se nelas até completá-las. Somente após completar uma tarefa, passe para a próxima.

Parece uma sugestão banal, mas temos a mania de procrastinar tudo, empurrando para amanhã o que tem de ser feito. Agindo assim, estamos sempre no quadrante da urgência, puxando os cabelos, porque aquele é o último dia para finalizar a promessa, entregar o que foi prometido. E ao trabalhar na pressa, na aflição de pensar que não dará tempo, você fica totalmente atrapalhado, quebra sua rotina, descumpre compromissos que já estavam agendados, coisas importantes são deixadas de lado ou são malfeitas.

Como foi dito no exemplo do oftalmologista Fulano, ter uma agenda completamente lotada é um convite para uma vida profissional e pessoal confusa e inefetiva. Ao colocar dois, três compromissos espremidos em horários muito próximos, ou até exatamente no mesmo horário, você sabe, claro, que não poderá cumpri-los. Você estará sempre atrasado, e seus clientes, zangados com você. Mas, além disso, uma agenda muito cheia literalmente bloqueia qualquer possibilidade de você ter espaço para encaixar eventuais oportunidades que possam surgir.

E que oportunidades poderiam ser essas que uma agenda atrapalhada não deixaria se tornar realidade? Se você tem seu mindset de crescimento desenvolvido, não se sentirá satisfeito na rotina de seu dia a dia. Essa rotina, é verdade, paga suas contas, mas é só o que faz. Não leva você para um outro nível. Para poder passar para o nível seguinte, você tem de fazer algo fora do arroz com feijão de sempre. É como acontece nos videogames: para passar para a fase seguinte, você tem de enfrentar um supervilão e derrotá-lo. As armas para atingir esse nível mais elevado estão em colocar na agenda os passos para você construir a vida com a qual sonha.

A vida com que sonho é uma vida com liberdade financeira, você poderá dizer. Ótimo. Para isso, você terá, talvez, de fazer um curso de gestão, conversar com pessoas que o ajudarão a fazer bons investimentos, criar espaço para que as oportunidades surjam: um convite para um congresso, alguém que o procure com uma proposta de sociedade ou a possibilidade de uma viagem para conhecer empresas inovadoras. Se sua rotina não lhe dá tempo nem mesmo para dormir direito, essas oportunidades voarão e pousarão em outros consultórios. Você precisa criar espaços, portanto, para ter tempo de aproveitar essas possibilidades, que nunca sabemos ao certo quando virão, e se voltarão um dia.

Vamos imaginar que um jovem médico tenha como meta tornar-se especialista. Ele é um clínico-geral, está na batalha para garantir o dinheiro para pagar as contas e ter uma reserva para prestar prova para a especialidade sonhada. Mas se esse médico não abrir espaço em sua agenda para estudar para essa prova, jamais será aprovado. Passará a vida sonhando, entre atrasos e consultas mal remuneradas, e nunca atingirá esse objetivo, que poderia elevar sua vida a um patamar bem mais confortável.

NÃO É SÓ O DINHEIRO

Sem termos recursos financeiros, conseguimos fazer poucas coisas neste mundo. Mas se dedicarmos todo o tempo que temos exclusivamente para alcançar determinada meta de remuneração, não conseguiremos nem mesmo almejar objetivos mais significativos. E o mais irônico é que, se não planejarmos metas maiores, de longo prazo, não teremos nem mesmo esse dinheiro que tanto queremos. Nosso progresso material é algo que só virá à medida que formos capazes de nos transformar e ser empreendedores.

Para empreender, temos de gerir nosso tempo. Quando você se dispõe a correr o risco de criar algo novo em sua vida, sua agenda tem de se ajustar a essa postura. Se em sua agenda só está marcado "trabalho", "trabalho", "trabalho", ou se você não tem agenda alguma, não haverá espaço ali para usar a cabeça para pensar e organizar um novo negócio que lhe permita crescer. No momento em que você desenvolve o mindset de crescimento, a lista de tarefas a cumprir passa a ser feita de acordo com essa mentalidade.

A minha agenda, hoje, é muito mais empreendedora do que foi no passado. Antigamente, meus compromissos eram os de um técnico médico. Nela, não havia espaço de planejamento e de abertura de novas oportunidades no dia a dia, e me convenci de que, se não criasse novas oportunidades em minhas ocupações diárias, eu nunca sairia do atoleiro do dia a dia de um técnico. Foi a partir de então que comecei a me aperfeiçoar como administrador e dei os primeiros passos em minha caminhada empreendedora.

Dessa forma, saí exclusivamente do sonho e passei a realizar coisas. Hoje, tenho feito muito mais coisas do que eu poderia ter imaginado em qualquer momento de minha juventude ou durante minha formação médica. Minhas metas e suas consequentes realizações foram surgindo ao longo de minha vida, algumas poucas sem ser completamente planejadas, e sou grato a muitas pessoas por ter conseguido conquistá-las.

Há autores que dizem que ao lado de metas mais simples, relativamente fáceis de ser realizadas, devemos também colocar metas difíceis. Esses objetivos mais complexos, que em alguns momentos podem parecer impossíveis de ser alcançados, funcionam como um combustível que nos movimenta para a frente. Perseguir essas metas difíceis, portanto, traz muito mais satisfação do que ter em nossa lista de desejos apenas alvos fáceis de ser acertados. Abra espaço para grandes metas em sua agenda do dia a dia. Algo simples que você faça na direção desse objetivo maior já lhe dará energia para caminhar nessa direção. E aí, as coisas acontecerão.

AGENDAS ELÁSTICAS

Hoje a tecnologia facilitou muito que tenhamos elasticidade em nossas agendas, pelo menos na maneira de colocar nelas os eventos que teremos de cumprir. Eu trabalho com agendas simples, destas que vêm nos aplicativos em celulares. Há várias delas que são excelentes e fáceis de usar, com a vantagem de que seus dados estão na nuvem e podem ser acessados de qualquer lugar. A sua agenda pode ser, inclusive, integrada com a que sua secretária utiliza e com todos seus computadores. Se acrescentar ou remover algo, todos são notificados e atualizados imediatamente.

Tenho os compromissos fixos, que são marcados na agenda. Por exemplo, todas as quintas-feiras, das 9h30 ao meio-dia, é o momento em que me dedico a gravar vídeos para serem postados no YouTube. Nesse horário, me sento com a equipe de produção de vídeo e gravo meu conteúdo. Tenho também, claro, outros compromissos, como dar palestras, ir a congressos. Eu coloco esses eventos na agenda, e minha secretária marca as consultas adaptando os horários a esses eventos.

Deixo alguns espaços vagos em minha agenda para encaixar encontros ou reuniões que podem surgir sem planejamento. Tenho utilizado esses espaços principalmente para fazer networking, com alguém com quem quero conversar e que marca um café comigo, e vice-versa, ou uma pequena reunião para a prospecção de alguma oportunidade. Tenho mobilidade suficiente em meus horários para encaixar tais eventos. São compromissos que não seriam considerados "importantes" para o dia a dia de minha antiga agenda de técnico, mas que são extremamente relevantes do ponto de vista de criar redes de contatos e empreender.

Costumo usar, ainda, a primeira hora da manhã, logo após acordar, para fazer atividades físicas. Assim, não atrapalho minha agenda profissional, e minha agenda não atrapalha minha atividade física. Em geral, coloco esses compromissos mais pessoais, que não envolvam a família, no primeiro horário do dia. Acordo, faço atividades físicas, e isso me ajuda a começar meu dia de trabalho com boa disposição.

Deixar "vácuos" na agenda é uma medida inteligente. Isso dá mais elasticidade ao seu dia a dia. Na minha agenda no consultório, os vácuos são às terças e quintas-feiras na parte da manhã. Na segunda-feira pela manhã, repasso com a secretária como será a distribuição das tarefas na semana, e, eventualmente, reservamos esses dois turnos para o que for urgente. Caso não exista alguma atividade que eu queira marcar para esses períodos, como me encontrar com pessoas, eles são ocupados pela marcação das consultas com os clientes.

Caso a decisão seja a de realizar consultas, agendamos com aqueles pacientes que estão precisando ser atendidos com mais urgência. Isso tem se mostrado crucial. Se eu ocupasse todo meu tempo, como costumava acontecer, marcando consultas com quinze, vinte, trinta dias de antecedência, não teria espaço para os casos mais urgentes. Quando eles surgissem, teríamos de remanejar horários já marcados há bastante tempo, atrasando as pessoas e prejudicando os clientes regulares.

Mesmo tendo reuniões na manhã de segunda-feira para acertar as tarefas da semana, o que é tratado ali é principalmente uma sintonia fina da agenda. Meu planejamento costuma ser mensal. Esse é um prazo mais confortável para organizar os dias em que eventualmente não estarei no consultório para estudar, participar de cursos, dar palestras e conhecer novas pessoas.

Resumindo: faço um grande planejamento mensal, no qual bloqueio a agenda para os dias em que terei de me ausentar da clínica, deixo os turnos da manhã de terça e quinta-feira abertos, para eventualidades, e na segunda-feira pela manhã, confirmamos ou distribuímos os horários para as consultas e procedimentos que serão proporcionados aos clientes na clínica.

SAIA DA AGENDA DOS OUTROS

Passar a controlar nossa própria agenda é algo que produz transformações que vão além de aumentar nossa pontualidade. Isso também lhe dá a liberdade de sair da agenda dos outros. O que seria "sair da agenda dos outros"? É você determinar qual é o seu ritmo próprio, a maneira de ser e de trabalhar que você quer ter, e não se submeter mais aos interesses, horários e à condescendência das outras pessoas.

O que acontece é que, quanto maior for a percepção das pessoas sobre sua credibilidade e o valor que você poderá proporcionar, mais elas vão querer ter um pedaço de você, de seu tempo, de suas habilidades e de seu talento. Você passará a ser procurado por gente interessada em falar com você, tomar um café com você, propor negócios e outras solicitações, e se você as atender sempre que for requisitado, não terá mais controle sobre seu próprio tempo.

Há duas coisas a fazer. Você mantém firme sua agenda e abre os espaços que forem mais confortáveis para recebê-las. Dessa maneira, elas estarão subordinadas à sua agenda, e não será você quem as encontrará na conveniência delas. A segunda coisa a fazer é aprender a não ter medo de dizer "não" para os outros. Se alguém insiste em uma reunião com você, mas aquele não é um relacionamento que você está buscando e não lhe gerará qualquer valor profissional ou pessoal, não tenha medo de dizer "Meu caro, infelizmente não vamos poder nos encontrar. Posso lhe passar o contato de alguém que conheço que poderá ajudá-lo". Temos dificuldade em dizer "não", mas no lugar de simplesmente dispensar a pessoa, você pode fazer uma ponte e ajudá-la a chegar a alguém que talvez a ajude muito mais do que você seria capaz.

Devemos sempre ter o cuidado de ser sensíveis e delicados ao recusar nos encontrar com alguém. Também é necessário nos vigiar para que não nos tornemos arrogantes e ajamos como se fôssemos inacessíveis às pessoas. Temos de reservar tempo para escutar os outros, mas eles devem entender que nosso tempo é precioso. Deixe claro qual é a sua disponibilidade para quem lhe procura para uma conversa de trabalho. Você pode dizer, por exemplo, que tem quinze minutos para falar, e cabe à outra pessoa ter a habilidade de expor o que quer dizer nesse intervalo.

Controlar o tempo no qual você estará acessível é um comportamento comum de pessoas que são muito produtivas e são autoridades. Até os maiores CEOs são acessíveis, mas você terá dia, hora, local, tempo e deverá apresentar um motivo claro para se sentar à frente deles e conversar. Mesmo que você não seja ainda um profissional muito requisitado, eduque as pessoas em relação a isso. É de grande relevância que seus clientes, sua secretária, seus parceiros e sua família respeitem sua agenda e as prioridades que você coloca nela.

VOCÊ NÃO É UM PRONTO-SOCORRO

O seu cliente, principalmente, deve saber o quão acessível você é. Se chegar um paciente aqui na clínica no meu momento de escrever, ele será instruído a deixar um recado. Ele será atendido no momento em que meu horário de escrever terminar. Se ele está em meio a uma crise severa, já foi orientado por mim sobre qual protocolo deve seguir. Ele sabe para onde ir nessa hora. Minha clínica não tem serviço de pronto-socorro, então ele será atendido com muito mais eficiência se for até o hospital. Lá existe um pronto-socorro.

Seus pacientes podem imaginar que você está disponível todo o tempo, a qualquer dia e horário. Mas se você deixar que eles pensem assim, lhes passará uma ideia falsa. No dia em que você não conseguir atendê-los no momento exato em que eles assim o quiserem, eles se enraivecerão, e você perderá esses clientes. É preciso, portanto, que você explique o quanto à disposição deles você estará, sendo claro, franco e transparente. Instrua-os sobre como proceder em caso de emergência, para onde ir. Provavelmente eles concordarão com seus critérios e continuarão como seus pacientes. Talvez alguns não fiquem satisfeitos e continuem insistindo em ter um atendimento 24 horas por dia, 7 dias por semana. Se você não puder atendê-los dessa maneira, eles procurarão outra pessoa que lhes deem o que desejam.

Passei por essa experiência. Houve um momento em minha vida em que meu telefone tocava de manhã, à tarde e à noite, com clientes me solicitando. Minha vida estava um inferno. Eu me sentia infeliz, e minha agenda não funcionava. O mesmo ocorria na clínica: as pessoas apareciam por ali sem horário marcado e queriam ser atendidas de qualquer maneira. Mas chegou um momento em que organizei esse movimento. Agora tenho os turnos reservados para esse atendimento fora da agenda, e meus clientes estão bem informados sobre como devem proceder.

Devemos ficar felizes de ter a capacidade e a coragem de dizer ao público como funcionamos, como agimos e o tipo de profissional que somos. Eles aderirão ou não ao seu modo de trabalhar, de acordo com a vontade deles. Mas posso dizer que essa maneira de agir melhorou muito minha qualidade de vida e não diminuiu o número de clientes e os valores que recebo pelo meu trabalho.

É muito melhor alinharmos as expectativas que nossos clientes têm em relação ao que vamos lhes oferecer. Isso tem de ficar muito claro para eles. "É assim que funciona: eu estarei disponível e sempre retornarei todos os contatos, mas dentro de determinadas condições que são tais e tais." É uma comunicação muito franca. Assim, tudo fica mais fácil. Eles sabem o que esperar, e eu cumpro o que prometo. É honesto, e as pessoas percebem e valorizam isso. O seu cliente continuará sendo seu cliente.

Talvez alguém menos familiarizado com o dia a dia da atividade médica possa estranhar por eu falar de uma maneira que pode ser interpretada como fria em relação às emergências vividas pelos pacientes. Obviamente não há qualquer frieza de minha parte em relação aos meus pacientes, muito pelo contrário. Mas o que quero enfatizar é a necessidade de você, médico, se organizar e se planejar para que essas emergências não tumultuem sua vida profissional.

É claro que emergências acontecem, e acontecerão. A não ser que você trabalhe em um hospital, muitas delas você não poderá atender. As emergências não podem, no entanto, ser uma rotina. O que vemos, muitas vezes, é que as emergências fazem parte da rotina do médico. Ele está atendendo no consultório e a qualquer momento tem de sair correndo, e as pessoas que estão ali esperando terão de voltar outro dia.

O ideal é que você tenha uma equipe que saiba como proceder, como encaminhar o paciente, não sendo preciso que você tenha de sair correndo quando surgir uma situação como essa. Essas pessoas que trabalham com você é que o tornarão um profissional produtivo, na medida em que assumirão os procedimentos mais repetitivos e operacionais, enquanto você poderá se dedicar mais às tarefas ligadas ao seu crescimento e que permitirão que você conquiste suas mais ousadas e sonhadas metas.

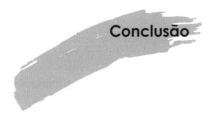

UM NOVO TEMPO,
um novo paciente, um novo médico

Em toda a história da humanidade, a Medicina nunca evoluiu de uma maneira tão rápida e profunda como no período entre 1890 e 1930. Nesses quarenta anos, foram feitas descobertas e invenções fundamentais, tais como a seringa hipodérmica, a anestesia, a penicilina, o estetoscópio, o medidor de pressão arterial (esfigmomanômetro), os processos de pasteurização e esterilização, a radiografia, a aspirina e o sonrisal.[1] Essa era de descobertas trouxe profundos impactos sobre o controle das enfermidades e o prolongamento da vida das pessoas, em um avanço para a história da saúde humana até então nunca visto.[2]

Quase um século mais tarde, a Medicina voltaria a dar outro salto gigantesco. Há quem diga que enquanto em 1900, época dessa primeira revolução da Medicina, o conhecimento médico dobrava a cada cem anos, atualmente isso se dá em meros dezoito meses. O motor que produz essa velocidade supersônica no aumento do conhecimento é, sobretudo, a tecnologia da informação. A facilidade de acessarmos informações, de trocarmos conhecimentos e de acelerarmos o entendimento de todos esses dados, que nos foi proporcionada nesta era digital, é o principal fator responsável pelo atual crescimento exponencial da ciência.

Acredito, no entanto, que assistimos agora a uma transformação que, a seu modo, vem pressionando radicalmente um dos pilares da prática da Medicina que, até então, nunca havia sido submetido a qualquer movimento. Estou me referindo à mudança do relacionamento entre os médicos e seus pacientes. Se nós, profissionais da Medicina, sempre fomos venerados pelos clientes como detentores de um conhecimento inalcançável, misterioso e quase mágico, que nos viam como autoridades capazes de lhes dar a vida e os afastar da morte, essa nossa antiga imagem está perdendo suas cores e contornos rapidamente.

---

[1] SVECENKO, N. O prelúdio republicano, astúcias da ordem e ilusões do progresso. In: *História da vida privada no Brasil*, vol. 3. São Paulo: Companhia das Letras, 1998, p. 9.

[2] Ibidem.

Tal situação não se reflete somente na classe médica, mas também acontece com professores, advogados, políticos, governantes e diversas outras profissões que tinham como vantagem a detenção da informação e do conhecimento e que perderam seu "poder" devido ao acesso universal à informação na era digital, o que gera uma necessidade urgente de uma transformação na forma de atuar de todos esses profissionais.

Isso vem ocorrendo porque, atualmente, a pessoa que se senta diante de nós chega em nosso consultório armada de informações. Alguma dessas certezas, captadas descuidadamente de sites leigos, certamente não serão tão exatas, e outras serão francamente erradas e baseadas em mitos. Mas esses possíveis enganos não mudam o fato de que essas pessoas agora têm uma vida própria, um modo particular de pensar, tornaram-se donas de sua existência e de suas decisões.

SEREMOS PARCEIROS

Essa realidade, como informei em várias ocasiões neste livro, exige que nós, médicos, nos reinventemos para cumprir o importante papel que nos cabe nesta nova era: ser parceiros de nossos clientes, mas sem deixar de lado a relevância dos conhecimentos técnicos e da experiência que adquirimos, que são imprescindíveis para os orientarmos bem e ajudá-los a tomar as melhores decisões para a manutenção de uma boa saúde ou, caso estejam fragilizados e doentes, para seu tratamento e recuperação de sua saúde. Nossa tarefa urgente é a de nos adaptar para atender a esse cliente, muito mais senhor de si e exigente. Teremos de nos capacitar ainda mais, precisaremos nos relacionar com eles com muito mais clareza, transparência, respeito e apreço.

Por essa razão, talvez a palavra que melhor defina nosso papel atual seja a de tutor. Somos tutores de nossos clientes. Nossa função é ajudá-los a tomar as melhores decisões, com o apoio das mais avançadas informações técnicas e balanceadas pelos nossos mais profundos sentimentos humanistas.

Não será mais suficiente olharmos para nossos clientes e nos prontificarmos a curá-los, receitando medicamentos ou executando procedimentos que os livrem de enfermidades, minimizem sua dor ou lhes proporcionem uma vida mais saudável. A expectativa agora é a de que tratemos as pessoas como clientes. E devemos entendê-las exatamente dessa maneira, como clientes, com os mesmos direitos, necessidades e, não devemos esquecer, todas as obrigações de consumidores de quaisquer outros serviços.

Enxergar as pessoas a quem atendemos dessa maneira é uma mudança de visão essencial para nos adequarmos ao outro eixo central da proposta que trago para este livro: meu encorajamento para que desenvolvamos um mindset de crescimento, o que nos tornará empreendedores capazes de lidar com nossa atividade profissional como um negócio capaz de gerar benefícios para as pessoas, um sentimento de realização para nós e a consequente recompensa financeira.

Como empreendedores, teremos muito mais a ganhar com esse novo formato de pensamento e ação do que apenas ganhos materiais. Empreender nos dará a liberdade de ir muito além de nosso consultório. Poderemos transformar nossas ideias em coisas reais, faremos com que nosso negócio tenha nossa cara, nos associaremos em pé de igualdade com outras pessoas, seremos reconhecidos e respeitados como prestadores de serviços que entregam valor para os outros, que tornam suas vidas melhores e mais felizes.

Não só a deles. Nossa vida também será melhor e mais feliz a partir do momento em que internalizarmos essa nova maneira de pensar. Foi assim que aconteceu comigo. Eu me tornei um ser humano melhor quando ampliei meu olhar para além da postura técnica que, até então, eu assumia diante de meus clientes. Passei a ser menos preconceituoso em relação às inovações. Na verdade, foi a partir dessa mudança que passei, de fato, a enxergar as novidades que estavam chegando sem cessar à Medicina.

Hoje, vejo a pessoa que está diante de mim como alguém único, distinto daquele paciente que, no início, eu conhecia apenas pelos dados populacionais que me foram apresentados em minha formação técnica. Agora me sinto não só um profissional mais habilitado para trazer benefícios para aqueles que me procuram, como estou mais feliz com esse novo papel que pude assumir ao abrir minha cabeça, saindo da zona de conforto em que eu estava antes.

PARTIR PARA A AÇÃO

Esse é o legado que eu gostaria de deixar àqueles que lerem este livro. Espero que sua leitura seja interpretada como um convite para que você, leitor, mude sua maneira de pensar, transforme seu mindset em uma mentalidade empreendedora e se sinta pronto para partir para a ação. São mudanças às quais chegaremos dando um passo de cada vez.

Se ao final da leitura você se convenceu de que deverá tentar algo novo em sua atuação profissional, mas ainda sentir algum receio, não se sinta incomodado por isso. O medo da mudança faz parte de todo processo de renovação. Comigo não foi diferente. Em todos os passos que dei na direção de me tornar um palestrante; ao decidir investir em novos (e caros) equipamentos; quando chegou o momento de passar a ver meus pacientes como clientes; nos momentos em que me aproximei de startups... em todos esses momentos, senti receio e fui tomado por dúvidas.

Mas o medo não deve nos paralisar. No máximo, podemos permitir que ele nos estimule a realizar todas as transformações necessárias de uma maneira mais pensada e organizada. Somos médicos, podemos curar nosso medo com o remédio do planejamento. Se colocarmos nossos planos no papel e planejarmos nossas atitudes, não haverá espaço para o medo.

As transformações nestes nossos novos tempos têm vindo com a velocidade e o ímpeto de um tsunâmi. Podemos ser arrastados por ele ou surfar nessa onda de mudança. Os que serão levados água abaixo têm os movimentos lentos da desinformação, a paralisia da preguiça, a rigidez do conservadorismo. Já os surfistas serão aqueles capazes de entender a importância da tecnologia na Medicina, de usar as novas técnicas a seu favor, serão criativos e, acima de tudo, cultivarão o senso de humanidade que, desde os primórdios, é o que nos habilita como médicos.

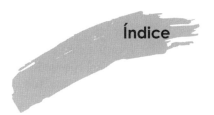

Índice

A

agendas elásticas 276–277
alavanca para a carreira 42
aprendizagem e retenção de informações 58
assessoria jurídica 141–142
atenção e proximidade das pessoas 26
atender às necessidades 32
atendimento humanizado 94
atitudes incorretas 85–86
atrasados crônicos 271

B

benchmarking 38, 101, 110, 155, 245
Big Data 178
BioMind, sistema de IA 68–69
bolha das empresas pontocom 157
burnout 36–37, 75, 208, 263
busca pela excelência 29
buy-out 141

C

Carol Dweck, professora de Psicologia 42
carreira acadêmica 82–84
Centro de Pesquisas de Inteligência Artificial para Distúrbios Neurológicos 68
código de blockchain 183
commodity 52–53, 67
comodismo 156
Conselho Federal de Medicina 27, 37, 63
consulta por convênios 114
consultório financeiramente viável 159
contador 115–117
correr riscos 79
credibilidade dos médicos 24
críticas na rede 128–129
cumprir a agenda 258
curso de oratória 218
custo de manutenção 125

D

descrição dos cargos 256
desempenho profissional 31
design
    de carreira 99
    thinking, metodologia 102, 168–169
doenças infectocontagiosas 26
"Doutor Google" 35
Dr. Kids 196

E

equívocos corriqueiros 240
espiral da pobreza 272
estabilidade financeira 79
estrutura de comando 264
estudo em grupo 57-58
estudos multicêntricos 147

F

fator de impacto 53
força do foco 274
Fundação Getúlio Vargas 41

G

gasto x investimento 204-205
Gerenciamento de Relacionamento com Clientes (CRM) 145
gestão

    de negócios 54-55
    de tempo 55-56

H

Haven Healthcare, empresa 92-93
healthtechs 15, 39, 203
Hipótese de negócio 164-165
história da humanidade 281
hostilidade no ambiente 255

I

imagem pessoal 32
impulso de liderar 263
indústria farmacêutica 147
iniciação científica 54
inovações incrementais 211
Instituto de Pesquisa Econômica Aplicada (IPEA) 36
inteligência artificial 55, 67, 171, 173
interesse nos consumidores 165

internação do paciente 179
Internet das Coisas 181-183
intraempreendedorismo 83-84
investidor-anjo 166

J

jornada do cliente 116-117, 212

L

laboratório de microbiologia 71
lean startup, conceito 166, 169
legislação trabalhista 127
Life Time Value (LTV) 237
livro

    caixa 246-247
    de procedimentos 150

lucro 240

M

máfia de branco 93-96
mapa dos papéis 100
marketing 32-33, 34, 91-92, 150

    digital 159-160
    negativo 37

Mark Zuckerberg 183
medicina

    de tráfego 80
    do trabalho 80
    tradicional 94

médico

    auditor 80-81
    das Forças Armadas 81
    generalista 63, 65
    palestrante 82

mentor 52, 60-62
mercantilização da saúde 229-230
mindset 206

    de aprendizagem 29-30

de crescimento 42, 45, 217, 263, 276
digital 154, 156
fixo 42, 44, 48, 156, 217

mito do sucesso 33-34

N

negócio secundário 207
network 79, 81
nome e autoridade 231

O

organização financeira da empresa 141

P

Pablo Neruda, poeta chileno 62
penicilina 22
perícia médica 80
pessoa jurídica e física 239
pessoas positivas 43-44
pioneiros em aderir às novas tecnologias 154
planejamento de carreira 38, 124-126
plantões semanais 124
posições de liderança 261
preconceitos arraigados 89-90
Produto Mínimo Viável (MVP) 103, 105-106, 110, 169
prolongamento da vida das pessoas 281
proposta de valor 116

R

registrar o sonho por escrito 41-42
Regra de Pareto 84
rei da Medicina 24
relacionar-se de maneira positiva 217
rendimento médio 134
revista Veja 193

robôs 173
roubar clientes 148-149

S

serviço de pronto-socorro 279
sigilo de dados 186
sistemas
    de agendamento 210
    de tributação 116
Sociedade Beneficente Israelita Brasileira Albert Einstein 193
Software as a Service (SaaS) 39, 158
suicídio profissional 32
Swing Riots, incidente 191-192

T

tabela de preços da clínica 227
tecnologias modernas 222
tele-
    cirurgia 199-200
    consulta 193-194
    medicina 70

Teste de Caminhada 143
ticket médio 126, 211
trabalhar em sociedade 75
trabalho técnico-financeiro 136
troublemakers 12
Tummi Air, aplicativo 203, 205

V

Vale do Silício 47, 104, 160, 161, 255
valor
    de mercado 33
    intangível 149-150
valores pagos aos profissionais da saúde 231